"十四五"职业教育国家规划教材

 "十四五"职业教育江苏省规划教材
"十三五"江苏省高等学校重点教材
（编号：2019-1-057）

说课、微型课与模拟授课技能训练与指导

（修订版）

主　编　刘毓航　蔡旺庆
参　编　张新高　张体奎　夏万杰
　　　　仇玉文　邓晓玲　易忠兵

南京大学出版社

图书在版编目(CIP)数据

说课、微型课与模拟授课技能训练与指导/刘毓航，蔡旺庆主编. —南京：南京大学出版社，2020.12(2025.1 重印)
ISBN 978-7-305-24155-0

Ⅰ.①说… Ⅱ.①刘… ②蔡… Ⅲ.①多媒体教学—教学研究 Ⅳ.①G434

中国版本图书馆 CIP 数据核字(2020)第 265676 号

出版发行	南京大学出版社
社　　址	南京市汉口路 22 号　邮　编　210093
书　　名	说课、微型课与模拟授课技能训练与指导
	SHUOKE WEIXINGKE YU MONI SHOUKE JINENG XUNLIAN YU ZHIDAO
主　　编	刘毓航　蔡旺庆
责任编辑	钱梦菊　　　　　编辑热线　025-83592146
照　　排	南京开卷文化传媒有限公司
印　　刷	南京新洲印刷有限公司
开　　本	787 mm×1092 mm　1/16　印张 12.25　字数 290 千
版　　次	2020 年 12 月第 1 版　2025 年 1 月第 4 次印刷
	ISBN 978-7-305-24155-0
定　　价	42.00 元
网　　址	http://www.njupco.com
官方微博	http://weibo.com/njupco
官方微信号	njupress
销售咨询热线	025-83594756

* 版权所有，侵权必究
* 凡购买南大版图书，如有印装质量问题，请与所购图书销售部门联系调换

前 言

当今世界多极化、经济全球化、文化多样化、社会信息化日新月异,新一轮科技革命和产业变革也进入快车道,互联网＋、云计算、大数据、人工智能、三维(3D)打印、5G技术等现代科技深刻改变着人类的思维、生产、生活以及学习方式,后疫情时代人类社会何去何从？全球将面临诸多问题与挑战。

党的"二十大"报告指出：教育、科技、人才是全面建设社会主义现代化国家的基础性、战略性支撑。必须坚持科技是第一生产力、人才是第一资源、创新是第一动力,深入实施科教兴国战略、人才强国战略、创新驱动发展战略,开辟发展新领域新赛道,不断塑造发展新动能新优势。

当前我国已步入中国特色社会主义新时代,正在统筹推动"五位一体"总体布局和协调推进"四个全面"战略部署,贯彻落实创新、协调、绿色、开放、共享的新发展理念,深化供给侧结构性改革,坚持经济高质量发展,深入实施创新驱动发展战略,推进大众创业万众创新,全面实施中国式现代化强国建设,努力实现"两个一百年"的奋斗目标。新时代更迫切需要教育优化人才培养结构,加快培养各类紧缺人才。

教育大计,教师为本。有好的教师,才能有好的教育,师范院校是培养教师的主阵地,教学基本功是教师职业素养的关键部件。目前,许多教育行政部门以及师范院校都非常重视师范生教学基本功的训练与培养。师范生教学技能竞赛既是诊断与评估师范院校人才培养的有效手段,也为师范生教学技能的训练营造了良好氛围,提供了极好的平台。这种"以赛促练、以赛促学、以赛促改"举措,能极大地提高师范生教学技能。为了促进师范生综合素质的全面提高,师范生教学技能竞赛在湖北、湖南、浙江、江苏、福建、河南、江西、安徽等许多省份如火如荼地展开。为了配合这些高规格的比赛,师范院校的校级及院级教学技能比赛已经成为新常态。湖北省普通高校师范专业大学生教学技能竞赛由模拟授课和即席演讲构成；福建省的师范生技能竞赛分为四个环节：教学设计、多媒体课件制作、模拟授课和专家问答；安徽省师范生技能竞赛分为三个部分：说课(含教学设计)、多媒体课件制作、汉字书写；湖南省师范生技能竞赛由教学设计、多媒体课件制作、教育问答和片段教学等四个部分组成；江苏省师范生教学基本功大赛分为三个部分：文化基础知识(教师资格国考、专业基础知识)、通用技能(含钢笔字、粉笔字、口语表达)、专业技能(2012—2014年是说课,从2015年改为模拟授课及相关专业技能)；全国师范院校师范生教学技能竞赛有教学设计、课件制作、即席讲演、模拟授课等四个环节。由此可见,说课、模拟授课已被列为师范生教学基本功比赛的重要项目。

教师资格考试改革于2011年正式启动,浙江、湖北两省率先试点,2012年河北、上海、广西、海南加入试点行列,2013年下半年又新增山西、安徽、山东、贵州4个试点省份。

根据中华人民共和国教育部关于教师资格考试与定期注册改革工作的统一部署,改革工作于2015年在全国全面推开,即2015年入校的专科以上学历(含专科)的师范生要取得教师资格证书必须参加"国标省考",且笔试、面试成绩都要合格。幼儿园教师资格考试笔试科目为《综合素质》和《保教知识与能力》,小学教师资格考试笔试科目为《综合素质》和《教育教学知识与能力》。笔试合格后还有面试环节,其中说课、微型课、模拟授课是面试的常用形式。

2017年全国师范类专业认证全面开启。认证以"学生中心、产出导向、持续改进"为基本理念,坚持"一践行三学会"(践行师德、学会教学、学会育人、学会发展)为育人标准。认证有现场考察环节,说课是学生职业技能检测的必测项目。

说课、微型课以及模拟授课教学已经在师范院校引起重视并积极实施,目前绝大多数师范院校把上述教学技能纳入必修课程或选修课程,但是这些课程教学在多数师范院校仍处在发展阶段,还有许多方面需要完善与提高。

本教材2019年被评为"十三五"江苏省高等学校重点建设教材,2021年被评为"十四五"职业教育江苏省规划教材,2023年被评为"十四五"职业教育国家规划教材。本次修订一方面吸收一些理论最新成果,同时修改一些案例;另一方面每章增加了"学习目标"和"课后练习",同时还附上说课、模拟授课视频资料。这样不仅方便同学们移动化学习,还为教师的线上、线下混合式教学提供便利。

本书有三篇共十一章内容。第一篇是说课,共有六章内容,主要阐述了说课的意义、说课的认识、说课的方法、说课的技巧和艺术以及说课模式、说课案例等;第二篇是微型课,共有两章内容,主要阐述了微型课的意义、特点、教学策略、教学评价以及案例等;第三篇是模拟授课,共有三章内容,主要阐述了模拟授课的意义、基本结构、规范要求、教学策略、教学评价以及案例等。

本书由盐城幼儿师范高等专科学校的刘毓航教授、蔡旺庆教授主编,在编写过程中得到了盐城幼儿师范高等专科学校众多领导、同仁的真诚关心。江苏省盐城市新河实验小学部分老师、盐城幼儿师范高等专科学校学前教育学院部分学生为本教材提供了说课、模拟授课视频,南京大学出版社为本书的出版付出了大量的心血,编者在此一并表示由衷的感谢!

由于编者理论水平有限,实践能力不足,本书难免存在一些纰漏,敬请专家、同行和同学们批评指正。

编 者

2023年12月

目 录

第一篇 说 课

第一章 说课基本知识 … 3
- 第一节 说课概述 … 3
- 第二节 说课界定 … 7
- 第三节 说课类型 … 8
- 第四节 说课内容 … 10
- 第五节 说课模式 … 14

第二章 说课策略与技艺 … 17
- 第一节 说课准备 … 17
- 第二节 说课策略 … 19
- 第三节 说课艺术 … 24

第三章 说课方法与评价 … 32
- 第一节 说课方法 … 32
- 第二节 说课评价 … 33

第四章 说课训练的组织与管理 … 41
- 第一节 说课训练的意义 … 41
- 第二节 说课训练的基本原则 … 43
- 第三节 说课训练的基本要求 … 46
- 第四节 说课训练的路径 … 47
- 第五节 说课训练的策略与方法 … 48
- 第六节 说课训练应注意的几个问题 … 50

第五章 小学说课案例 … 53
- 第一节 小学语文学科 … 53
- 第二节 小学数学学科 … 60
- 第三节 小学英语学科 … 65
- 第四节 小学思想品德学科 … 77
- 第五节 小学音乐学科 … 85
- 第六节 小学体育学科 … 91
- 第七节 小学美术学科 … 97

第八节 小学科学学科……103

第六章 幼儿园说课案例……109
第一节 健康领域……109
第二节 语言领域……112
第三节 社会领域……114
第四节 科学领域……116
第五节 艺术领域……118

第二篇 微型课

第七章 微型课概述……123
第一节 微型课的意义……123
第二节 微型课的界定与特点……124
第三节 微型课的基本要求……125
第四节 微型课的授课策略……126
第五节 微型课的评价标准……127

第八章 微型课教学案例……129
第一节 小学微型课教学案例……129
第二节 幼儿园微型课教学案例……139

第三篇 模拟授课

第九章 模拟授课概述……149
第一节 模拟授课的意义与界定……149
第二节 模拟授课的类型与结构……151
第三节 模拟授课的基本要求……153
第四节 模拟授课的评价标准……154
第五节 教师资格证考试面试流程及评分标准……155

第十章 模拟授课策略……160
第一节 课前准备策略……160
第二节 情境创设策略……164
第三节 新知教学策略……166
第四节 巩固小结策略……169
第五节 课件制作策略……170

第十一章 模拟授课教学案例……174
第一节 小学模拟授课教学案例……174
第二节 幼儿园模拟授课教学案例……183

参考文献……190

第一篇 说 课

微信扫码

说课案例视频
与说课稿

第一章

说课基本知识

> **学习目标**
> 1. 了解说课的概念、特征、类型及意义。
> 2. 熟悉说课的内容及基本结构。
> 3. 掌握说课的基本要素及相互关系。
> 4. 理解"五课"(即备课、说课、上课、观课及议课)之间的异同。

第一节　说课概述

一、说课的含义

说课，最早可以追溯到中等师范学校学生基本功训练和汇报表演中的"小学教材讲析"。而将其作为一种教学、教研改革的手段，最早是由河南省新乡市红旗区教研室于1987年提出来的。1991年，《中国教育报》对新乡市的"说课"做了详细的宣传报道，"说课"得到教育界的一致认同。1992年，全国说课协会在河南省新乡市成立。1993年11月，全国第一部说课专著《说课探索》出版发行。如今说课已被广泛应用于学校日常教研、教师培训以及教学技能比赛活动中。实践证明，说课活动能有效地调动教师投身教育教学改革、学习教育理论、研究课堂教学的积极性，是提高教师教学素养，造就研究型、学者型、创新型教师的有效途径。

(一) 广义定义

说课指说课活动，即指教师以口头言语表达形式为主，以教材和教育教学理论为依据，针对某节课或某个课题的具体内容，以青年教师或师范学生为对象，对其进行教学技能训练与培养的组织形式，是有计划、有目的、有组织地促进教师深入备课，提高教师职业素质的研究活动和教学活动。

(二) 狭义定义

说课，就是教师以教育教学理论为指导，在精心备课的基础上，面对同行、领导或教学研究人员，用口头语言和现代化信息手段阐述某一具体课题的教学设计，并与听者一起就教学目标的达成、教学流程的安排、重点难点的把握及教学效果与质量的评价等方面进行预测或反思，共同研讨进一步改进和优化教学设计的教学研究过程。

说课源于中师，始于小学，成于实践。它有较强的针对性、示范性和有效性，其形式灵活，方法简便，易于推广，具有旺盛的生命力。

二、说课的构成要素

说课活动的主要构成要素有说课者、听说者、语言表达和说课稿等，它们是相互联系、相互作用、有机统一的整体。

（一）说课者——说课活动的主体

说课活动的主体是指教师或准教师，他们是说课活动的策划者、扮演者，是说课过程的实施者。说课是教师自我展示、反思完善、历练教学技能的重要过程，是教师上好课的基础和前提，是全面提高教师整体素质的一种好的形式。

（二）听说者——说课活动的客体

说课活动的客体（听众）是指同行、领导或教学研究人员，他是说课活动的学习者、指导者和研究者，是说课过程的评判者。通过说课活动，说课者得到听说者最客观、最直接、最有效、最公正的评价，从中能吸取先进的理念、科学的方法、有效的措施，达到优化课堂教学设计的目的。同时对听说教师也是一种有效的素质培训，听说者不仅要认真听说，边听边思，而且要对说课教师的说理做出客观正确的评判，这个过程既是检查听说者已有教学水平的过程，又是促进自己综合运用教学理论的过程，有利于听说者教学综合素养的快速提升。

（三）语言表达——说课活动的媒介

语言表达就是把自己想要表达的意思通过语言组织流畅地描述出来，让别人明白自己的想法和意图，最好能得到听说者的认同并能产生积极的共鸣。怎样才能在陌生人面前畅谈无阻呢？首先要进行细致的语言组织，然后运用一定的表达技巧，循序渐进地陈述自己的观点、思路。语言表达能力直接影响着说课的质量与效果。师范生提高语言表达能力的主要途径有：① 多参加社会实践锻炼；② 经常参加学校的演讲、辩论比赛活动；③ 课堂上积极思考，踊跃发言；④ 参加培训，接受专家针对性的指导。

（四）说课稿——说课活动的核心

"说课稿"是为说课活动准备的文稿，它不同于教案。教案只呈现"教什么"和"怎样教"，说课稿则重点说清"怎样教、怎样学"和"为什么要这样教、这样学"。教师在了解课程标准、吃透教材、简析内容以及在拟定教学目标、教学重点和难点的基础上，遵循整体构思、融为一体、综合论述的原则，分块写清，分步阐述说课内容，以进一步提高说课效果。

说课四个要素之间的关系如图 1-1 所示。

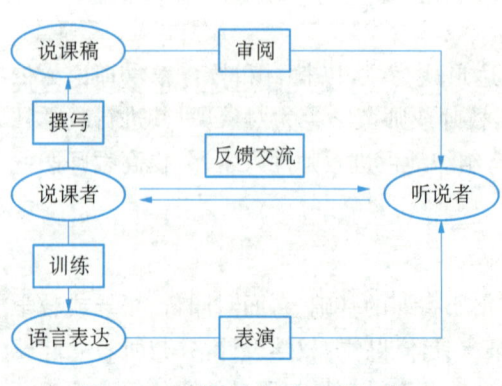

图 1-1　说课四个要素之间的关系

三、说课的特征

说课不同于上课,也不等同于备课,它是介于备课和上课之间的一种集体教学研究活动。其基本特征有以下几个方面。

(一) 科学性

说课要求教师以科学理论为指导,用科学方法解决教学活动中的矛盾与问题,要遵循教学规律,积极学习教育教学理论,更新教育教学观念,避免教育教学中出现随意性和盲目性。说课中一个又一个的"为什么"、一个又一个的教学意图,能使教学程序的设计更符合教学原则,教学活动安排更为合理、有序、科学。

(二) 独立性

说课作为一种客观存在的教学组织形式中一个相对独立的步骤与形式,具有不可替代性。说课兼备课、上课之长,致力于教学研究,是备课、上课所不能替代的。说课有自己的目标任务、过程结构和评价体系。因此,独立性是说课之所以有生命力的最基本的特征。

(三) 整体性

说课是教学中的一个子系统,它是由口头表达、教育理论、教材剖析、教学设计、教师素质等因素组成的相互制约、相互作用的一个有机整体。说课活动是说课者综合教学素养的展示和表演,它受多种因素制约,任何一个说课环节的起伏变化都会影响说课活动的质量和水平。因此,说课活动是系统工程,是整个教学研究活动中的一个子系统。

(四) 高深性

说课活动的听众不全是接受教育的学生,而往往是具有一定教研能力的领导和专家。说课者为了使自己的说课达到较高水平,就必须要学习先进的教育理论,提升说课的理论层次。听说者要进行评说,更需要熟悉教材、了解学生、理解课堂并懂得教育学、心理学、学科教学论、现代信息技术等方面的知识,这样说课者与听说者都能在较高层次上进行切磋与交流。因此,说课是一种高层次的教研活动形式,可以锻炼与提高许多参与者的教育教学能力。

(五) 多样性

由于说课的学科、目的、任务和要求、教材内容以及教师素质差异,说课活动需要从实际出发,因地制宜,形成各具特色的不同模式。这种多层次、多类别、多规格的说课活动,反过来又能有效地促进各地区、各学校对说课活动的深入研究。

(六) 灵活性

说课形式灵活,简单易行,不受时间、地点、人员、教学进度和教材的限制。大到国家、省、市范围内的说课竞赛,小到学校教研组的说课教研以及师范生的说课训练,无论何时何地参与者之间都可以进行交流。可见,说课具有较好的参与合作特点,能很好地补齐教学与教研、理论与实践相脱节的短板。另外,和教案相比,说课稿可长可短,讨论范围可大可小,涉及教学内容可多可少,具有较大的灵活性。

(七)预见性

说课不仅要求教师说出"怎样教",而且要说出学生"怎样学"。教师要对所教学生的知识技能、智力水平、学习态度、意志品德、认知特点等方面的差异进行分析,预测学生学习中的困点和痛点,根据不同情况采取相应措施加以破解。说课者还要说出自己设计的问题,研判学生如何回答,教师应做怎样处置。因此,说课要对教学过程中可能发生的问题进行预测,从而在课堂教学中因势利导,随机应变。

(八)创新性

党的"二十大"报告指出:培育创新文化,弘扬科学家精神,涵养优良学风,营造创新氛围。说课是一种新颖的教学研究活动,是课堂教学构思的显性化,是课前课后理性思维的激情碰撞。说课者要充分发挥自身的特长和教学风格,而评课者更要善于发现说课者的创新之处,对说课者的亮点与特色予以认同。说课者通过同行、专家的点评与交流,扬长避短,不断增强理性认识,从而提高教学设计能力。

四、说课的意义

(一)说课有利于增强教研活动的实效

以往的教研活动一般都停留在上几节课,再请几个人评评议议,上课的老师处在一种比较被动的地位,听课的老师也不一定能理解授课教师的教学意图,导致教研活动低效甚至无效。通过说课,授课教师有机会展示自己教学的意图,呈现自己处理教材的方法和目的,让听课教师更加明白应该怎样去教、为什么要这样教,从而使教研的主题更加明确,重点更为突出,极大地提高教研活动的实效性。另外,还可以通过对某一专题的说课活动,统一思想认识,研讨教学思路,探索课堂改革,提高教学实效。

(二)说课有利于提升教师备课的质量

在备课过程中,不少教师只是简单地备怎样教,很少有人会去想为什么要这样教,备课缺乏理论依据,导致备课质量低下。通过说课活动,可以引导教师去思考和交流为什么要这样教、这样学,这就能从根本上提高教师备课的质量。

(三)说课有利于提高课堂教学的效率

教师通过说课,可以进一步明确教学的重点、难点和关键点,厘清教学思路,明确各教学环节师生活动安排及时间分配,选择恰当的教法和学法,有效地掌控课堂,优化教学过程。这样就可以克服教学中目标不明确、重点不突出、难点不突破、训练不到位、教学资源使用不充分等问题,从而不断提高课堂教学的效率。

(四)说课有利于教师的专业成长与发展

教师的专业成长源于教育实践,教师专业发展的基点是教学理论知识、教学技能和教育实践。说课活动作为教师教学研究实践中理性思考与新话语交流的平台,是新时期教师学习文化的重要"构件",是教师个体与听众之间相互学习、相互交流的好形式,是通过平等参与在理性层面和操作层面上形成自我培训的好机制。说课能使教师在不断"深思"与"探索"中实现观念更新和文化再造,在教学与研究、理论与实践的有机结合中促进教师对新课程标准、教材与教参的深度解读,以及对现代教育理论、先进教学经验的不断积累。

第二节　说课界定

一、说课与备课的异同

(一) 说课与备课的相同点

无论是备课还是说课,其目的都是为上课服务的,都属于课前的一种准备工作。从它们的内容上看,说课是一种深层次备课后的展示活动,它们在教学内容方面具有一致性;从活动过程上看,它们都需要教师研究课程标准、教材和学情,运用相关教学理论,选择恰当的教学方式,设计最优化的教学流程。

(二) 说课与备课的不同点

1. 内涵不同

备课是教师个体独立进行的一种静态的教学研究行为,而说课是教师集体共同开展的一种动态的教学研究活动。在对教学问题研究与反思方面,说课要比备课更深入、更透彻、更细致。

2. 对象不同

在备课中,教师独立进行教学设计,不面对学生和教师,而说课是直接面对其他教师,说出自己的备课依据和备课思路。

3. 目的不同

备课是为了正常、规范、高效地上好课而服务的,是以提高课堂教学质量和有效促进学生发展为直接目的的。而说课是为了使教师学会反思、改进和优化备课,它是以提高教师整体素质和实现教师专业化发展为目的的。

4. 要求不同

备课强调教学活动安排的科学、合理、全面,为上课提供操作性强、条理清晰的教学流程,是备课的关键所在。因此,备课只需要写出教什么、怎样教就可以了,无须说明为什么要这样教。而说课则不一样,它不仅要说出教什么、怎样教,还要从理论上阐述为什么这样教。

二、说课与上课的区别

(一) 说课与上课的要求不同

上课主要解决教什么、怎样教的问题,而说课不仅要解决教什么、怎样教的问题,还要阐述"为什么这样教"。说课的重点在于完成教学任务、反馈教学信息,从而提高教学效果,而上课要求必须有效地让学生进行知识感悟和技能训练。

(二) 说课与上课的对象不同

教师上课的对象是学生,而说课的对象是具有一定教学经验的同行、领导和专家。由于对象不同,因此说课更具有灵活性,它不受时间、空间的限制,不受教学进度的影响,不会干扰正常的教学秩序。

(三) 说课与上课的内容不同

说课的内容是解说自己对教学材料的理解、教学设想、方法、策略以及组织教学理论的依据,而上课的内容是对教学材料进行具体的分析,向学生传授知识、培养技能、训练学习方法等。

(四) 说课与上课的意义不同

说课的意义主要是提高课堂教学的效率以及教研活动的实效,而上课的意义是引导学生有效领悟和应用新知识,培养相关能力。

可见,说课是介于备课和上课之间的一种教学研究活动,对于备课而言,它是一种教学改进和优化活动;对于上课而言,它是一种更为严密的科学准备。因此,从某种意义上讲,说课是对整个教学活动和教学研究过程的一种折射。

备课、说课、上课、观课与议课间的相互关系如图1-2所示。

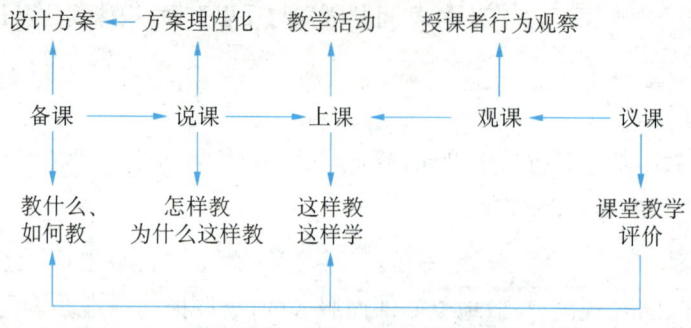

图1-2 备课、说课、上课、观课与议课间的相互关系

总之,备课是一种预设研究,上课是一种临床研究,观课是一种比较研究,议课是一种诊断研究,说课是一种策略研究。

第三节 说课类型

说课作为教学研究活动的重要形式,因其目的和要求不同,常常有不同的分类方法。

一、按目标和形式分类

(一) 训练性说课

即将走上教育岗位(准教师即师范生)或刚走上教育岗位(新教师)的对象都要经历这一过程。训练性说课旨在帮助说课者熟悉教学流程、理清教学思路。

（二）研究性说课

根据明确的研究课题，说课者与听课者通过讨论、答辩、对话等方式进行交流与研讨，从而不断促进与改善教师个体和群体的教学工作，提高备课理性水平，突破教学难点问题，探讨教学热点问题，这是教研活动常用的形式。

（三）示范性说课

示范性说课即由教学骨干、教学能手或相关专家承担，由地区教研主管部门或学校组织的一种说课活动形式。说课教师结合自己的教学特色或特长做精心准备，面对教师或师范院校学生做示范展示，努力做到突出教学新理念，诠释教学新思想，展示教学新才华。

（四）评比性说课

参加说课的教师从事先确定好的课题中抽签，确定自己说课的课题，在规定的时间内研读教材，写出说课提纲，然后登台表演，评委要对说课做出客观公正评判。这种类型常见于各种级别的说课比赛、教师岗位应聘的能力测试等情况。

（五）汇报性说课

教师通过说课，向教学管理人员、领导汇报自己的教学（教科研）工作，让教学管理人员从中了解教师的专业水平，掌握学校教学科研动态，制订相应的校本培训计划，做到对学校科研水平的有效掌控。

二、按知识结构分类

（一）课时说课

课时说课是指说出一节课的教学设计意图、理论依据和基本模块。这是说课的原始类型，也是说课的常见组织形式。一般师范生教学基本功大赛常运用课时说课。

（二）单元说课

单元说课是指说出某一个知识单元的教学设计意图、理论依据和基本框架。常见于各级别教学信息化大赛中的教学设计能力比赛。

（三）章节说课

章节说课是指说出教材某一章、某一节的教学设计意图、理论依据和基本框架。这种类型常见于教研室或备课组的教学研究活动。

（四）专题性说课

专题性说课是指围绕教学中的某一重点、难点、热点或其他问题而进行的一种有主题、有重点的说课形式。其要求说课者针对这个问题，结合教育教学的理念和实践，阐述自己的观点、依据或解决问题的方法，有时还需要进行现场答辩。专题性说课具有切入点小，便于深入、角度自由、可即时交流和评价等特点。

三、按教学时序分类

（一）课前说课

课前说课是指教师在上课前认真研读教材、领会编写意图，利用教学资源初步形成教学设计的基础上的一种说课形式,通过课前说课活动,教师可以借助集体的智慧来预测课堂教学的实际效果,最终达到改进和优化教学设计的目的。

(二)课后说课

课后说课是指教师按照既定教学设计进行授课,并在课后向听课人员阐明自己教学得失的一种说课形式,是对个体教学过程的集体反思与研讨活动。通过这个环节,说课者和参与讨论者对教学成败得失有了更加清晰的认识,从而为进一步改进和优化教学设计提供可能。

第四节 说课内容

一、说教材

说教材,就是要全面准确地把握教材:一是要确定学习内容的深广度,明确"教什么、学什么";二是要揭示学习内容中各部分知识与技能之间的逻辑关系,为设计教学顺序提供遵循,知道"如何教、如何学"。

(一)分析教材的地位与作用

在认真研读新课程标准和教材的基础上,要阐述说课课题在教学单元乃至整个教材中的地位与作用,说明教学内容是在学生学了哪些知识的基础上进行开展的,是前面所学的哪些知识的延伸与应用,又为后面哪些知识的学习打下坚实的基础,它在整个知识体系中处于什么地位。

(二)预设说课课题的教学目标

提出教学目标主要解决两个问题:一是阐明目标确定的依据,如新课程标准要求、教育理论、学生心理特点及认知规律的依据等;二是要将目标具体化即具有可操作性。要从认识、理解、掌握、应用四个层面来确定教学目标。课时教学目标越明确、越具体,反映说课者的认识越充分,教学设计的安排就越合理。根据新课程标准的要求,分析教学目标也可以从知识与技能、过程与方法、情感态度与价值观这三个方面加以阐述。

(三)领会教材编写意图,确定重点与难点

教师在准备说课时,要充分利用教学资源,详细阅读教材,深刻领会教材编写的基本理念、整体框架,阐述编者对教学内容的编排意图。教师不仅应说出学习重点、学习难点是什么,同时要说明确定这些重点、难点的依据是什么。教学重点是教材中起决定作用的内容,它的确定要遵循课程标准和围绕教学目标。教学的难点是学生学习时的困惑所在,需依据各学科特点和学生的认知水平而定。教学的难点往往与教学的重点相联系,难点大多表现在对知识的理解和技能的有效掌握上,化解了难点即为学生完整地掌握重点铺平了道路。

说教材时,说课者应尽力阐述自己对教材的理解与领悟,充分展示自己对教材整体把

握的能力,力求做到"说"得准确、"说"出特色、"说"出共性,同时也要"说"出个性。

二、说学情与学法

说学情,就是依据学生的年龄特征和认知规律,全面阐述学生已有的学业情况、目前的认知水平,为优化教学设计提供参考。

说学法,就是在摸清学生已经掌握的一些学习方法与手段基础上,并以此为切入点和落脚点,说出新知学习时应引导学生感悟、领会的新的学习方法或思考习惯,从而有助于学生新知识的理解和建构。

(一)学生的自身特点

学生是学习的主体,充分认识学生、了解学生是上好课的前提和基础,也是教学工作的首要问题,说课也是如此。例如,一位教师这样说学情:本班学生基础较差,对新知识学习的兴趣不浓、动力不足,学习主动性不强,缺乏好的学习习惯;多数学生喜欢表现,但缺乏自制力,逆反心理较强;本班学生好奇心较强,有很强的可塑性。

(二)学生的已有知识和经验

在当今信息化时代,无论是否接受过学校教育,学生肯定具备了一定的知识与经验,这是学生学习新的知识与技能的基础与前提。准确了解学生已有的知识与经验,有利于教学中实现学生从"旧知"向"新知"的迁移,解决教师"怎样教"的问题。例如,教师可以这样说学情:学生已有知识零碎,没有形成系统,结构不完整;新知识比较抽象,学生没有感性基础,与学生的生活经历差异较大。

(三)学生的学习方法和能力

在进行新知识教学时,认真分析和了解学生已有的学习方法和学习能力,可以有针对性地指导学生从已有学习方法和学习能力体系中搜索有用信息,培养学生独立分析问题、解决问题的能力。说学法,就是要说出使学生从已有学习方法向新的学习方法转化的切入点或路径,说出学生学习新知识时应重点关注的方法,有助于解决"怎样学"的问题,即在"学会"向"会学"的转化上给予充分的指导。例如,一位教师这样说学法:本节课以学生为主体,在教师提供有关材料的基础上,让学生根据自己提出的问题,在动手操作、讨论、交流中获得新结论,从而培养学生的自主学习意识,掌握自主解决问题的方法。

(四)个性发展与集体提高

新课程标准要求:一切为了学生的发展,就是要求教师采用科学的教学方式,使每个学生都能得到充分的发展。个性发展与集体提高,就是要对班级的班风、学风、合作精神和团队意识等方面进行简要的分析,同时要对班级中的特殊个体(如后进生、学困生、特长生)进行单独分析,以解决"合格+特长"的问题。

三、说教法与手段

手段为目的服务,方法为内容服务,介绍教法和手段的要点和条理要清楚,同时要说明采用这些教学方法和手段的理论依据。说教法和手段要努力做到与教学流程中的做法相一致,避免相互错位、界定不清。

(一)说教法

说教法,主要说明在教学过程中将采用的主要教学方法及依据,即说出所选取的教学方法。教学方法是由教学内容、教学目的决定的,选择教法要参照学生认知规律和年龄特点。说课者要从简单分析学生的实际情况出发,选择恰当的教学方法,如果每节课所需要的教法不止一种,要分别说明选择的依据。教法的选择和运用要以探究式教学为主,即教学过程要实现"自主化、合作化、问题化"。在课堂教学过程中,教师要重视培养学生自觉学习、主动学习的习惯;要创造机会让学生有课堂合作学习的时空;要引导学生发现问题、分析问题、解决问题,从而发展学生的智慧,培养学生的能力,使学生掌握规律性的知识,达到举一反三、触类旁通的境界。

(二)说教学手段

现代课堂教学手段主要指媒体平台、互联网+的使用。传统教学媒体有教科书、教具、模型、黑板、图表等,现代教学媒体有投影、录音、计算机、电视、网络和电子白板等。特别是媒体平台、互联网+引入课堂,可以使黑板加粉笔的"黑白世界"变得有声有色、形象生动。教师既可以预先实践,摄制录像,显现关键的细微之处,让学生看得明白,又可以在现场实验,以投影方式放大效果,让学生观得真切,还可以博采现场情境,采用案例故事再现的方式,以活跃课堂气氛,提高教学效果。

教学手段是教学方法的重要组成,教师要结合不同的教学内容将多种教学媒体如小黑板、挂图、图片、幻灯、录音、录像、电影片段、媒体平台等引进课堂。多样化教学手段的运用可以大大增强教学的直观性与趣味性,增强学生的感性认识,提高学生的学习兴趣,给学生留下更深刻的印象。因此,教师的说课应说明在教学过程中根据教学内容的具体需要,准备采用哪些教学手段以及采用这些手段的好处,所用教学手段有时要当堂演示给听课的专家或同行观看。

四、说教学程序

所谓教学程序,就是指教学活动的系统展开,它具体表现为教学活动进行的时间顺序,即教学活动是如何开始的,又是怎样展开的,最后又是如何结束的。说教学程序是说课的重点部分,通过这一环节能反映教师的教学思想、教学个性和教学风格。一般说教学程序分为以下几个部分。

(一)说教学思路

教学思路,就是教师依据新课程标准和教学目标来构建教学过程,根据教学内容,配以教学方法手段来组织教学。传统课堂教学思路为:组织教学—复习旧知—导入新课—讲授新课—应用知识—巩固练习—小结作业。在新课程改革中,要求重视学生智力、能力发展,因此,现代课堂教学思路通常为:设置情境,激发兴趣(学会参与)—信息加工,构建知识(学会学习)—实践操作,内化能力(学会迁移)。例如,科学学科教学设计思路一般为:创设情境—提出问题—猜想与假设—制订计划—进行实验—收集信息—解释现象—

巩固应用等。

(二) 说教学结构与流程

教学结构不同于教学过程，教学结构是教师对教学具体程序的归纳，形成若干板块，而教学过程是教学流程中的步骤。现代教学强调教与学的互动、情境创设与情感体验。教师在课堂教学中会设计若干师生互动的模块，如创设情境、架设桥梁；探究新知、自主构建；回归生活、解决问题；布置作业、拓展延伸等，这就是一种组合式块状的说课表达。

说教学流程就是围绕教学思路或教学结构，说具体的教与学活动的安排以及这样安排的理论依据。在说教与学的内容时，不能像给学生上课那样详细讲解，而要力求做到详略得当，重点内容重点说，难点突破详细说，理论依据简单说。只要让听说者知道"教什么""怎样教""为什么这样教"就可以了。同时，要适当说明这样安排的目的和将要达到的预期效果。

(三) 说师生互动交流

课堂上活跃的师生双边活动是成功教学的一个重要标志，教学中学生参与学习的深度与广度是师生双边活动的重要体现。师生双边活动包括教师准备提哪些问题、这些问题的主要作用是什么、学生如何参与、教师如何组织、学生可能会出现哪些误区、教师有什么应对措施等。在说师生多边活动时，要根据需要讲明突出重点、突破难点的具体做法，要在剖析、点拨、质疑上下功夫。多边活动力求体现教法与学法的和谐统一、知识传授与智力开发的和谐统一、德育与智育的和谐统一。

(四) 说课程资源开发

每节课都可能涉及课程资源的开发，只是有的教师还缺乏自觉意识。如在讲课时联系现实生活的例子，给学生补充课外的资料或视频等，都是课程资源开发的内容。以语文课程为例，语文课程资源包括课堂教学资源和课外学习资源，如教科书、教学挂图、工具书、其他图书、报刊、电影、电视、广播、网络、报告会、演讲会、辩论会、研讨会、戏剧表演、图书馆、博物馆、纪念馆、展览馆、布告栏、报廊、各种标牌广告，等等。自然风光、文物古迹、风俗民情、国内外的重要事件、学生的家庭生活及日常生活话题等也都可以成为语文课程的资源。说课时教师需要说明本节课开发了哪些课程资源，其目的是什么，效果怎样。

(五) 说教学过程的优化

教学过程由五个要素构成，即教师、学生、教材、教学方法和教学手段，一切教学活动都是围绕这五个要素来展开的，它们之间形成了一定的关系，如图 1-3 所示。

教学环境是指教学过程中人际交往的心理环境，它是由融洽、民主的师生关系和团结友爱、积极进取的集体舆论组成的。它是一种激励场，是形成班风、学风的精神支柱。

教学过程的优化是指教师有效地组织教学活动的理论体系和工作体系，教师通过对教学系统的分

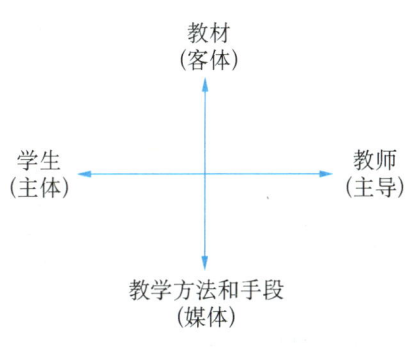

图 1-3 教学环境（背景）

析与评判,通过对最优教学方案的选择和安排,力争在现有条件下用最少的时间和精力去获取最大可能的结果,这就是教学过程的最优化。

五、说板书设计

板书是直观教学的重要组成部分,很能体现教师的教学风格,通过教师的板书也能够看出教师对教材的把握情况。学生看着板书就能了解教师讲课的思路,了解教材的逻辑线索,因此有经验的教师很注重板书设计的艺术。学生把板书的内容记在本子上,课后看着笔记本就能复述该节课的主要内容。

近年来随着多媒体教学手段或导学案的运用,不少教师上课时没有了板书或板书随意化。从目前的教学情况来看,多媒体还不能完全取代板书,因为多媒体课件是滚动的,而板书是相对静止的。多媒体课件演示一般都比较快,学生记录不下来,而板书留在了黑板上,便于学生记录和思考。

说板书主要说板书结构和设计意图。板书设计要视具体说课要求而定,一般而言,若是教学研究活动中的说课,这一环节可以省略,若是业务评比,则可在说课的过程中直接在黑板上演示。

六、说教学评价

教学评价是课堂教学的重要组成部分,它包括教师对学生的评价和学生对教师的评价以及学生相互之间的评价等。根据课程标准的要求,在课堂教学中要做到评价主体多元化和评价方式多样化。具体到某一节课中,评价就涉及教师是怎样开展评价的、在课堂教学中主要评价了什么、其设计意图是什么以及效果如何等。如有的教师的数学课,在评价内容方面,基础知识通过巩固练习和达标测试步步清、人人清,其目的是通过评价关注每一个学生,实现教育过程的公平,不让一个学生掉队;有的老师在评价方式上注重评价到组,对小组实行捆绑式评价,其目的是鼓励学生的合作学习,让学生形成合作团队。说教学评价,就是要说清楚自己采用了哪些评价方式,想要达到什么样的评价目的和评价效果。

第五节 说课模式

说课是备课和上课的中间环节,是教师从上课的流程设计转向理性指导下的综合设计。它需要有很强的理论支撑,有预设的过程行为和预期的目标达成。因此,说课过程的组织有一些模式可研究,并有一些方法可探讨。

一、说课的传统模式

以前多数学校将"说课"作为教师教研活动的一种形式,往往对说课缺乏基本研究,其组织和准备过程都较为简单,经常停留在"个人准备"到"众人听评"的简单模式。即:① 个人钻研教材——确定教学目标;② 选择教法学法——设计教学过程;③ 寻找理论依据——写出说课文稿(说案);④ 面对听说者——展示说课过程。

这种模式,从备课到说课基本上是教师个体的创造性劳动。从阅读构思、收集信息到撰写说案,几乎都是说课者个人在准备,其他众多听说者只起到听众作用,他们对教材不熟悉或钻研不透,评议时难以走深入微,只能做一些粗略浅显的发言,结果是表面上看似热闹,但实际效果很不理想。

二、说课的现代模式

随着教育改革的不断深入,现在许多学校对说课模式做出了不少的改进,通常采用"多向组合说课架构",有效落实新课程标准的要求,实实在在地在新课改中促进教师的专业化发展。现将常用模式介绍如下。

(一) 个体与群体融合模式

1. 集体探讨,专人准备

按学科或年级确定课题,集体讨论说课总体方案,然后推荐一名老师做具体说课准备,说课教师可以将集体讨论中的初步构思融入备课之中,汇聚集体智慧,再加上自身的特长,使得共性与个性、听者与说者相互融合。

2. 集中说课,合作研讨

集中说课,合作研讨,即一人说课,众人听评。说者所说的内容既有个人钻研的成果,又有集体意见的汇总,应根据说课要求,群体参与评议,吸收合理化建议,改进不足,形成新的共识。如果意见不能统一,可以求同存异,允许保留意见,通过教学实践检验,找出改进措施。

(二) 说课与备课结合模式

说课主要是围绕"教什么""怎样教"以及"为什么这样教"这三个方面展开的,将备课隐性思维显性化。其实,教师备课中有许多经验积累和资料准备,如资料收集、学情了解以及教学信息取舍等内容,将这些内容加入说课之中,会对青年教师的培养产生很大帮助。

1. 示范性说课

由业务骨干和教学能手根据自己的教学特色或专业特长做充分准备,为青年教师或实习学生做说课示范,突出教学新理念,诠释教学新思想,展示教学新技能。

2. 专项型说课

为了帮助青年教师提高备课、说课技能,可以围绕某一个专题中的一个专项进行说课:一是说如何分析、处理和重构教材内容,提高知识教学与思维训练的深度和广度;二是说教学方法选择的针对性、过程性以及该方法的实施步骤;三是对说课中若干板块说教材、说学生、说教法、说程序等项目中的专项的构思和准备。

(三) 课前设计与课后反思兼顾模式

有些教师说课时,以传统的方法设计教学程序,用空洞的理论尽力美化自己的教学设计,使理论与实践相互脱节,造成说课程序化、教条化,失去了说课应有的活力。而采用上课以后说课的模式,教师既能讲清课前的构思与设想,又能说出"预想"与"现实"的差异,从而做出相应的调整与变更,最后请听课教师评议。

上课以后说课的基本程序是:教学设计(整体构思)—用教案方式表达(撰写教案)—上课(实施教学)—总结反思得失(重新审视)—提升理论层次(寻找依据)—用说课稿文字表达(形成说案)—说课(展示说课)—评议(交流提高)。

课后练习

1. 什么是说课?说出它的主要特征及其类型。
2. 说课的内容有哪些?它的基本结构是什么?
3. 说课活动的基本要素有哪些?它们之间有何关系?
4. 师范生说课评价项目有哪些?每个项目评价的主要内容是什么?
5. 比较"备课、说课、上课、观课及议课"之间的异同。

第二章
说课策略与技艺

> **学习目标**
> 1. 知道说课准备的具体内容。
> 2. 掌握说课的基本策略。
> 3. 熟悉说课的艺术特点。

第一节 说课准备

一、知识准备

知识是基础,没有较为丰富的知识,要想说好课是不可能的,因此,说课前首先要做好知识准备。知识准备的内容很多,其中比较重要的是学科课程标准、教材知识以及相关学科知识。

(一)熟悉学科课程标准

学科课程标准是指导学科教学的纲领性文件,教材是根据课程标准编写的。这一点说课教师往往会忽略。说课前,教师一定要研读课程标准,掌握其所规定的教学任务、教学目标以及各年级的教学要求、教学中应遵循的原则,尤其是要根据教学内容细化落实课程标准所规定的教学目标。离开课程标准的具体要求,说课就会迷失方向。

(二)钻研教材

说课者要熟悉所说教材的编写意图和教学目标,了解知识的承接性和延续性,对知识系统的内在联系要做到心中有数,还要掌握本节课在本册教材中所处的地位和作用,明确重点、难点和关键点。

(三)涉猎其他学科的知识

说课者要扩展知识视野,具备多学科、多层次的知识结构,这样才可以做到游刃有余,使说课具有深度和广度。

二、理论准备

说课的理论意味很浓,教师没有一定的理论水平是说不好课的。说课者需要在理论指导下去研究教学内容的剖析、教学过程的设计、教学方法的运用，否则说课就会缺少高度。因此，说课者在说课前要针对教学实际需要，有计划、有步骤地学习教育学、心理学、学科教学法等有关理论，了解教育规律，掌握所教年级学生的生理、心理特点，认识说本节课所要遵循的教学原则，明确本学科的主要教学方法及要求。只有这样才能不断提高教育理论的素质，为说课奠定坚实的理论基础。

三、技术准备

（一）明确说课的内容和要求

要想说好课，首先应明确说课要"说什么"。关于说课的内容，没有什么固定不变的"框框"，通常包括说教材、说学情、说教法、说教学资源开发、说教学程序和说教学反思等几项内容，其中说教法里包括教师的"教"和学生的"学"两个方面。

说课不但要求教师要说出"怎样教"，而且要说清"为什么这样教"的理论依据（包括课程标准依据、教法学法依据、教育学和心理学的依据等），使得听者既能知其然，又能知其所以然，达到理论与实践的有机结合。

（二）掌握说课的技巧

1. 加强说的功夫

说课尽管有不同的类型、不同的目的，但都要用语言表述。要动口，要有说的功夫，就要加强说的训练。说课时要注重语气、语量、语调、语速、语感，要进入角色，脱稿说课，不能用背稿的语调，要用"说"或者"讲"的语气。

2. 分清内容主次

教师在说课时对说课的各方面内容不能平均使用力量，不能胡子眉毛一把抓，要分清主次，只要说清"是什么"和"为什么"即可。应把主要力量放在说教学程序上，这是重头戏。

（三）准备好说课所需的教具

说课前要准备好本次说课所用的尺、挂图、小黑板、卡片、幻灯片、录音录像、多媒体课件等教学用具，以及表演的饰品和板书的工具。说课时根据需要可做必要的介绍和演示。

四、心理准备

由于说课时间短、信息量大、要求高，许多新手会有较大的心理压力。如果说课教师心理压力过大，则容易在说课时失去心理平衡，因过度紧张而手忙脚乱、顾此失彼，影响正常水平发挥，这就需要说课教师在说课活动之前做好充分的心理准备。

（一）充分认识说课的重要性

说课活动是在短时间内较快提高教师素质的最佳形式，也是大面积提高教学质量的有效途径。教师要充分认识到这一点，形成迎难而上的意识，从而变压力为动力，积极踊跃地参与这项活动，主动学习现代教育理论，认真钻研课程标准、教材和教法，使自己的教学水平和专业能力在原有基础上更上一层楼。

（二）增强自信心

由于说课之前已大概圈定了范围，教师已对这些内容做了准备，因此说课教师要卸下思想包袱，消除紧张心理，说课时从容自如，同时要充分相信自己的实力，让自身能力得到最大化的发挥。

（三）注意自我心理调节

说课没有学生配合，一切靠自己完成，有时可能会出现小失误，这时需要教师发挥教学机智，稳定心理状态，巧妙、及时地予以弥补。这种自我控制心理的能力不可能一蹴而就，需要在平时不断加以训练。

"凡事预则立，不预则废""不打无把握之仗"，这都说明做好事前准备的必要性。做好充分的心理准备是说课成功的起点，也是自我提高的过程，只有准备充分，才能提高说课的质量，不断提高自身业务素质。

五、做好说课前的演练

说课是教师参与教育科研、提高教学能力与水平的重要路径。无论参加哪种类型的说课活动，要想取得理想的效果，还必须要做好说课前的演练工作，邀请同行或专家参与说课现场模拟，检测说课准备情况，对说课稿件、说课各环节进行反思与评估，虚心听取同行和专家的意见与建议，并及时对说课稿和说课环节做修改和完善，为参加正式说课活动做好充分准备，以便取得好的说课效果和比赛成绩。在演练时要关注细节，注意教师所处的位置，注意表情和肢体语言的运用，板书和操作等活动要自然、和谐、落落大方。

第二节　说课策略

说课策略包括理论的准备、程序的设计、说课现场情感的投入以及语言的表达等多个方面。

一、理论运用策略

说理是说课的灵魂所在，教学设计中的各个环节都需要一定的理论支撑，要有相应的理念、理论作引领。在说课中要将说理论与说实践有机地结合起来，不要片面追求高深的理论，否则容易不接地气。

（一）学习教学理论，指导教学实践

说课活动需要教师认真学习先进的教育思想、教育理论、课程知识和课程理论，掌握国内外教育教学改革动态，获取最新的教育教学信息，形成厚实的知识积淀。唯有这样才能在说课实践中运用到精准的理论依据。

1. 认真研读学科课程标准

《基础教育课程改革纲要（试行）》指出："国家课程标准是教材编写、教学评估和考试

命题的依据,是国家管理和评价课程的基础。"内化课程标准是教师有效教学的有力保障。说课中,一是要熟悉课程标准对本节课内容的基本要求;二是要知道课程标准对学生的学习预期;三是要了解本学科的课改理念,应贯彻怎样的教学原则;四是要清楚课程标准中建议的教法和学法。教师只有研读课程标准,与新课程理念有效接轨,其教学实践才能自觉高效。

2. 掌握相应的教育科学理论

教师不仅要学习教育学、心理学的有关原理,熟悉教学论基础知识,而且要学会应用系统论、控制论、信息论原理来设计自己的教学过程。系统是指由若干相互依存、相互制约的要素为了达到一定目的而组成的有机整体,教学系统是由师生共同活动组成的旨在提高教学质量的管理系统。运用系统论的观点和方法,旨在对教学活动的结构和过程进行系统考察与分析,从理论和技术层面提供实现最优化教学的系统方案。教学系统的有效控制需要四个条件:精确的目标,详细的控制程序,良好的反馈,控制系统的有效调节。教学控制论是运用控制论的原理和方法进行分析,以达到教学过程最佳控制的理论,而教学信息论是运用信息论、系统论、控制论等学科的基本原理和方法研究教学过程中的教学信息传播、变换、反馈规律的理论。同时,教师要握好理论与实践的融合度。一方面,理论过浅,没有针对性,说些通用的准则,就会给人以"虚设""不贴切"的感觉;另一方面,不是所有的教学程序、教法学法都要"寻根探底",无直接联系或不需要的理论则没有必要说出来。

3. 彰显学科教学理念

学科教学理念是指导本学科教学的思想主线,也是说课的重要理论支撑,在说课时要将其放在突出位置,这样能使说课更加具有分量、力度和光彩。

如数学新课改中指出:注重学生发展,改变学科本位;数学源于生活实践,又应用于经济社会;提倡多元学习,学会科学探究;运用现代技术,感悟学习过程;积淀思想方法,培养创新能力。这样的学科教学理念要求说课者在说课时,设计出诸如问题探究式教学、发现式教学以及与社会生活息息相关的案例式教学等教学模式。

(二) 感悟教学实践,丰富教学理论

教师学习教学理论,通过理论来指导教学实践,可以达到从高位审视自己实践行为的目的。相反,教师感悟、总结教学实践,将自己行之有效的教学实践提升到理论层次,对实践做出合理的解释,则能丰富和发展教学理论。

教师要善于对自己课堂上的经常性做法、教法做梳理,做到能用精辟的话语概括行之有效、深受学生欢迎的具体教学经验,拓展教学理论,并不断为新的教学实践保驾护航。

二、程序设计策略

说课中程序设计的总体策略:① 理论依据要与教学过程行为密切相关,要将理性思考变为实践行为;② 让听说者明白教什么、怎样教以及为什么这样教,将实现怎样的教学目标;③ 说课思路清晰,详略得当,重点内容重点说,难点突破详细说,理论依据合理说,创新举措强调说。

程序设计一般从以下两方面入手：① 要厘清一节课的组成部分及各部分之间的联系、顺序和时间分配；② 根据各部分的教学功能给出教学阶段的"名称"。例如，新课改教学实践中有的老师就将教学程序设计为：创设情境，导入新课；探究合作，学习新知；应用反馈，拓展提高；梳理知识，小结作业；资源开发，课堂延伸。

三、情感表达策略

课堂教学离不开情感交流，离不开对学生的情感智慧培养。说课不仅要说教什么、怎样教以及为什么这样教，而且要用"心"来准备，用"情"来表现教师情感教育的活力。教师在说课现场要准确表达自己的情感，一方面，可以将预设课堂或过去课堂的情感，通过自己的语言予以表现；另一方面，可以用自己的情感语言调动听说者的情绪和思想，感染他人，以产生共鸣效应。

（一）说课要有激情

所谓激情，它是一种快速强烈地爆发而又时间短暂的情感。这种激情往往表现出的是合理、恰当的自信，准确而又简洁的推论，生动而又贴切的陈述。如果能将科学的态度、科学的精神转化为激情，就能大大提高说课的表现力和感染力。

（二）说课要有热情

所谓热情，它是一种强有力的稳定而又深刻的情感。说课的说稿文字量不要太大，说课时间一般在 10 分钟左右，但完成一项说课任务花费的时间和精力很多，需要阅读许多相关的文献资料，需要分析教材，研究学生，选择教法学法，需要深刻反思教学行为。因此，只有以积极的情感、饱满的激情、稳定的心境、满腔的热情投入说课活动之中，才能保证说课活动取得丰硕的成果。

四、语言组织策略

师范院校高年级学生或新入职的年轻教师在说课时往往会因为语言组织不到位而影响说课效果，而教师的教学语言是教师传授知识、进行思想沟通的桥梁，运用得好，可使教学取得事半功倍的效果，相反会功亏一篑。说课的语言组织应遵循以下几个原则。

（一）非理莫语

一方面，说课时不合理的话、没有依据的话不要说，另一方面，说课时要尊重他人，平易近人，力求做到语言表达有理有据，通俗易懂，教学态度和蔼可亲。

（二）言而有信

教学设计与构思都应建立在课堂实际之中，要求真实、具体、不虚假，能够前后呼应，让听者充分感受到说课者掌握知识的广度、理解知识的深度以及教学技艺的厚度。

（三）言之有物

说课中的理论与实践、构想与践行、过程与环节都要力求"血肉丰满"，避免空话连篇、装腔作势。谈理论时一定要有实践的辅证，谈具体做法时也必须有理论的支撑。

（四）言而有度

言而有度是指说课时要精选文字和语言，最大限度地发挥有限时间内的语言传播效应,既体现说课的连贯性、逻辑性和机智性,又干净利落,简洁得体,给人以美感和愉悦。

五、特殊场景下的说课策略

(一)新教师的说课策略

1. 重点要突出

说课的重点就是要说出教学的理论依据,即"为什么要这样教"。但是有些新教师弄不清重点,说课还是围绕着"怎么教"展开。由于偏离了说课的重点,结果把说课变成了讲课的浓缩,将本来是一节40分钟课的内容压缩在10分钟或15分钟完成,效果当然很差。

2. 着装要得体

新教师刚从学校毕业,正是意气风发、个性张扬的时候,在衣着上有时会追求时尚和另类,这容易使评委对其产生浮躁和稚嫩的印象。因此,在参加说课时要尽量避免风格混搭,或者避免穿着带有嘻哈、朋克味道的服装,不穿色调过于灰暗的衣服,更不能以朴素为借口,穿着粗鄙。着装要么阳光简洁,要么端庄雅致,要能在外形气质上体现教师的职业特点。

3. 眼神要专注

由于紧张,不少师范生和新教师说课时目光闪烁游离,要么低头看地板,要么把说课稿当救命稻草,死死盯住稿纸,连说问候语都要看稿;还有的说课教师的目光自始至终只盯在某一处,或只看着某一位评委。这些都会给人以注意力涣散、准备不充分、心理素质低下等不良印象,影响说课效果。说课者眼神要清澈坚定,明朗真诚,尽可能地和每一位评委有眼神交流,可以和表情温和的评委多交流,和表情严肃的评委少交流,这样既对自己的发挥有利,也尊重了评委。与听众之间良好的目光交流能让说课更具现场感,更有感染力。

4. 表情要自然

比哭还难看的笑,不如不笑;献媚讨好或故作深沉的表情,不如没有表情。做作多余、过于世故的笑容在说课时有害无益。有些习惯性的表情也是要不得的,比如紧张时不断吞咽口水,发现自己读错字或发错音时吐舌头、摇头和皱眉,并伴随满脸尴尬、歉意和惶恐等。说课者刚进场时要自然大方,向评委问候时要略带微笑,不卑不亢又礼貌敬重。最重要的是,表情是针对说课内容的,而不是针对人的,要根据自己的说课内容做出适当的表情辅助,或激昂、或深邃、或欢快,随其节奏缓急、情理交替做适当调整。至于失误如读错词、发错音时,可以自然纠正,或者将错就错,惶恐尴尬的表情只会加深、加重自己失误的痕迹。

5. 肢体要大方

说课者肢体上的细节误区主要体现在握拳、持讲稿的手过高或过低、上半身僵硬或扭捏、站立时脚步移动频繁等,甚至有些人会呆立不动,如雕塑一般,这些都是说课时的大忌。大部分人都会为自己的说课内容配上一定的手势,然而大多数人存在幅度过大、频率过快、手势机械单一、无效动作过多等情况。在说课时,肢体和目光、表情一样,都是语言的左膀右臂,与语言相辅相成、交相辉映,适当的肢体动作不仅可以缓解紧张的心理,还能释放表达的热情,使得说课声情并茂、动静相宜。手势的收放、双肩的起落、头颈的摆动没有固定的模式,要因人而异、因稿制宜,扬己所长、避己所短。总的原则要舒缓柔畅、自然圆润,尽可能地与说课内容浑然一体,以达到最佳说课效果。

6. 语言要亲切

有些新教师的语言表达基本功不太扎实,在语音、语感上面存在不足,这需要长期的专业指导和用心调整,非数日之功就能立竿见影。这里强调的是若干细节问题,如断句破词、咬字不清、经常重读回读、多余的注释与解说等,还有些人有明显的口头禅,如"这个……那个……""然后……然后……""嗯………哦……""是吧……对吧……"等,这些都会使说课效果大打折扣。有条件的情况下,说课者语速的快慢、语调的轻重、节奏的缓急以及字符间、段落间的间隔长短都要在专业老师的指导下仔细地推敲和反复练习,在语言上务求达到整个过程流淌着沉稳中带着激情的旋律、跳跃着理智里带着明快的音符。

7. 板书要讲究

新教师说课往往不重视板书,更缺乏对一节课板书的整体设计。有的新教师说课只写一个"课题",其他什么内容也没有;有的新教师板书重点不突出,胡子眉毛一把抓;有的新教师板书随手写,没有整体设计与规划,也不注意各知识点之间的逻辑关系。一手好的板书,能给人以美的享受,也能弥补说课中的不足,给评委一个好的印象。

8. 收尾要从容

收尾谢幕时,不少人有虎头蛇尾之嫌。好不容易把内容讲完,于是神经及口气一下子全松开了,匆匆鞠个躬,说句只有自己听得见的"谢谢"就仓皇逃离讲台,这显然是十分失礼的,甚至会影响评委对其最终的评判。在结束说课时,最好停顿3秒,然后说:"以上就是我说课的全部内容,谢谢大家,老师们辛苦了。"再大方微笑地鞠躬,从从容容地退场,为自己的说课画上一个圆满的句号。

(二) 应聘教师的说课策略

现在绝大多数从师范院校毕业的学生在考编时都要进行理论考试和面试考核,其中说课技能考核是一项重要内容。多数学生往往对说课缺乏理解、准备不充分而导致考试结果不理想,从而失去一次就业选择的机会。从实践经验来看,一般要注意以下问题:① 不能把说课当作备课,按照教案来说课。② 不能把说课当作上课,把听说课的老师和领导视为学生,如正常上课那样说课。③ 说课不是"背课",也不是"读课",要突出"说"字,既不能按说课稿一字不差地背下来,也不能按说课稿一字不差地读下来。一节成功的说课,一定是按自己的教学设计思路,有重点、有层次、有理有据、口齿清楚地进行表达。④ 说课的时间不宜太长,也不宜太短,通常按照考试要求,规定时间10~15分钟,一般以8~12分钟为宜,留2~3分钟进行现场答辩。⑤ 注意运用教学理论来分析研究问题,防止就事论事。⑥ 注意避免过于表述"理论依据",脱离教材、脱离学生、脱离教学实际,空谈理论。要提倡创新,但不要全盘否定常规教学,否定传统教学的思想和方法。⑦ 思路要清晰，语言要流畅，抑扬顿挫，富有变化，充满激情。⑧板书脉络清晰，书写规范，字体大小要合理，内容精练。

第三节 说课艺术

一、说教学目标的艺术

美国著名教育学家布卢姆指出："科学地确立学习目标是教学的首要环节。"他认为："有效的教学始于知道希望达成的目标是什么。"因此，目标是说课的首要内容，是教学设计的依据和检验教学过程的标准。

（一）教学目标的确定

教学目标的类型一般有课时教学目标、单元教学目标、学期教学目标与课程教学目标。每一学科、每一章节的教学目标应该是在该学科的课程理念指导下制定的，从而形成了以该课程标准为依据制定的课程教学目标。这些课程教学目标又必须分解到不同年级、不同教学单元来实现。可见，某教学章节、课时教学目标的确定，必须要通盘考虑和了解总目标与分目标的目标系统。要用新课程理念解读课程目标，用新课程的价值去追求更新的课程目标。

（二）教学目标的表述

教学目标的表述应该包括"行为"与"内容"两个层面，一方面要描述学生需要养成何种行为，另一方面又要说明这种行为能在其中运用的领域或内容，也就是说，"目标"重在叙述学生行为状态的变化，而不是描述教师教什么、怎样教。

教学目标如果描述得含糊笼统，就会很难检测；反之则便于检测。教学目标一般由四个要素组成：行为主体、行为动词、行为条件和表现程度。行为主体是学生；行为动词一般有认识、了解、知道、掌握、学会、运用等；行为条件一般表述有"通过＿＿＿＿观察分析""尝试＿＿＿＿实验操作""经过＿＿＿＿分析比较""开展＿＿＿＿调查活动"等；表现程度一般表述为初步认识（初步感知）、深刻领会、掌握运用、形成技能、培养能力等。

二、说重点、难点的艺术

（一）教学重点、难点的确定

教学重点是教学内容中最基本、最核心的知识与技能。基本知识主要有基本概念、基本原理、基本定律、公式法则、基本方法等；基本技能主要指用基本知识去完成某些学习任务，并且通过练习在实践中获得运用知识的一种能力。

教学难点是教学中难教、难讲、学生难以理解或容易产生错误的教学内容。学科教材有着自身的逻辑结构和知识体系，以其知识深度和思维难度呈现出教学中的难点，但它不是决定因素。教学难点主要取决于教师与学生的素质和能力。不同学校、不同班级、不同教师的教学难点的分布和表现程度都不一样。可见，难点与重点相比，具有相对性和不稳定性。

(二) 教学重点、难点的关系

教学重点与教学难点是两个不同的概念,教学重点不一定是教学难点,教学难点也不一定是教学重点。一般情况下,教学重点中的局部内容很可能是教学难点。在特定条件下,教学重点与教学难点又具有同一性,即教学重点就是教学难点,教学难点就是教学重点。例如小学数学《角的度量》的教学内容中,"量角的方法"既是教学重点,又是教学难点,因为读内外刻度的本领掌握了,重点也就解决了。

(三) 教学重点、难点的处理

说课者要全面正确地把握教学重点,应从以下几方面做起。

一是认真研读新课程标准。新课程标准在课程理念、课程目标、课程内容、教学要求和教学建议等方面做了全面的阐述,有些学科在单元教学中还写出了教材编写意图,对教学内容体系和教学进度也做了详细的说明。因此,新课程标准是教师确定教学重点的重要依据。

二是深入、细致地钻研教材。教材是课堂教学的主要依据,教学重点体现着教学内容的主要脉络和内在逻辑联系,备课时要加以罗列和梳理,力求做到科学合理、全面准确。

三是全面了解学生的知识结构和学习技能。学生是学习的主体,任何教学活动都是在学生现有知识结构和学习能力的基础上进行的,因此,教师深入了解学情显得尤为重要。对于大多数学生已经掌握或容易掌握的教学重点,教师就没有必要花费许多时间进行讲解,而是可以腾出更多的时间让学生自己去感悟与体验。

教学难点通常是教师难教、学生难学的内容,一般情况下,难点是学生基础知识和认识能力不足造成的,难点的突破与化解可以通过以下做法来排除。

其一,降低坡度。教师在讲解难点时,要适当放慢学习节奏,尽力缩小问题之间的跨度,要给学生充分思考的时间与空间。

其二,直观形象。在说教学难点时,说课者要讲清楚教学时教师是如何充分应用各种直观教学手段,帮助学生增加感性认识,努力使复杂语言直观化、抽象符号形象化、抽象问题具体化的;是如何利用教具、挂图、实物音像、动画和现场模拟等教学资源,形象生动地补充感性知识,然后归纳总结上升为理性知识的。

其三,分散化解。有些教学内容难点可以逐步分解,说课者要讲清教学时是怎样采取分散讲解、各个击破的原则,当各个难点化解以后再用适当的方法组合起来,讲清该难点的概念或规律。

三、说教材地位的艺术

根据新课改要求,教师必须有先进的课程观和教材观,课程已经走向民主、走向开放,从"文本课程"走向"体验课程",教师不再是课程的执行者、旁观者,而是课程开发的参与者、研究者。教师对教材可以有自己的理解与解读,对教学内容可作变革与创新,课堂上的教学内容可以不同于课本上的内容,允许师生互动"生成"新的内容。

说教材一般可以从以下几项说起:① 教材是什么、有何特点;② 教学内容的地位与作用是什么;③ 内容编写的思路、重点难点是什么;④ 通过对教材内容的分析,说出本节课的教学目标是什么;⑤ 简单说明教材处理的想法,引出教学策略。值得注意的是,在实际说课时,以上五个方面不可能面面俱到,应根据教材特点有选择、有重点地说。

四、说教学方法的艺术

教学方法是教学过程中基本要素之一,是说课整体结构中的重要组成部分。适当的教学方法有利于教学目标的达成,说课中要选择好教学方法,并且能在教学过程中有意识地实施好这种教学方法。一节课的教学方法是多样的,任何一种教学方法都不可能是最佳的,在实际教学中通常以一种方法为主、多种方法为辅。小学教学方法一般有:① 语言性教学方法,即讲授法、谈话法、阅读指导法;② 直观性教学方法,即演示法、参观法;③ 实践性教学方法,即实验法、练习法、表演法、实习作业法;④ 研究性教学方法,即讨论法、发现法、探究法等。教学有法,教无定法,教学方法的选择一般由以下几个因素决定。

1. 因"课"选法

不同的学科、不同的课型、不同的教学内容应有不同的教学方法。例如,新授课通常选用讲授法、谈话法、讨论法、探究法等;复习课通常选用谈话法、练习法等;技能课通常选用实验法、演示法和练习法等。

2. 因"人"选法

不同的班级、不同的学生、不同的教师会有不同的教学方法。如小学低年级学生适宜选择动手实验法、演示法、情景激趣法和讲授法;小学高年级学生适宜选择谈话法、讨论法和探究法;幼儿园儿童适宜选用情景教学法、操作探索法、交流讨论法、电教演示法。有些教师擅长生动的语言表达,有的教师擅长运用直观教具或多媒体制作,也可以根据教师自身特点选择教法。

3. 因"物"选法

不同的教学内容、不同的教学环境、不同的教学设备也会产生不同的教学方法。教师在选择教法时可因地制宜,不可超越实际条件。

五、说教学过程的艺术

所谓教学过程就是教学活动展开的过程,它表现为教学活动推移的时间序列,通俗地讲,就是教学活动是如何发起的,又是怎样展开的,最后是如何结束的。说教学过程是说课的重点部分,只有通过对教学过程设计的阐述,才能反映说课者的教学思想、教学活动安排是否科学合理、具有艺术性及教学个性。

教学过程设计不仅与不同学科相关,还与不同的教学过程观相关。现代教学过程观主要有:教学是认识与实践的活动过程;教学是认识、情感、技能等领域的一种变化过程;教学是一种发现探究过程;教学是一种信息加工处理过程。如图 2-1 所示为传统课堂教学观与现代课堂教学观的对照示意图。

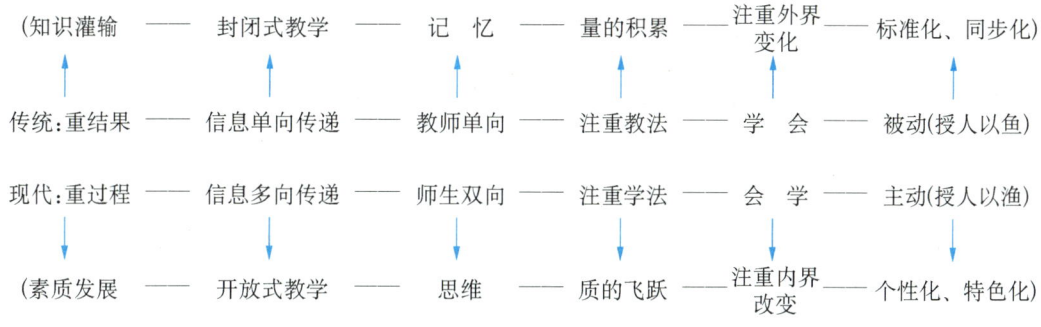

图 2-1 传统课堂教学观与现代课堂教学观的对照示意图

在说课中,针对不同的教学过程观,可有如下几种教学过程设计:① 复习导入—讲授新知—巩固应用—小结作业;② 创设情境—明确任务—提出猜想—探索证明—获得结果;③ 创设情境—观察想象—激发情绪—情感转化;④ 提供信息—接受信息—信息加工—演绎总结—感悟升华。

六、说板书设计的艺术

课堂板书,既是科学,又是艺术。称它为科学,指的是它要将课文内容系统化、条理化、形象化,有助于突出教学重点、突破教学难点。说它是艺术,指的是它能综合运用文字、图画、线条、色彩等手段,强化表现力,让学生的思想情操、审美观念受到感染和熏陶。

(一) 板书的意义

板书是使学生通过视觉而获得知识信息的,它是最简易的利用视觉交流信息的渠道,它比从听觉获得信息的时间长几倍。板书有利于巩固课堂所学的知识,因而是提高教学质量和效果不可忽视的一种教学手段,其意义具体表现在以下三个方面。

1. 调控学生思路

学生看着板书,听着教师的讲解,就会依据板书所提示的信息,边听边思考,板书的内容就可以引导和调控学生的学习思路,使学生的思考力和注意力集中在教师所讨论的课题上。

2. 构建知识结构

每门学科都有自己的知识结构和体系,这些知识结构和体系往往用语言表述不容易阐述清楚,但以板书的形式将其表现出来,就可以为学生提供较为直观的知识框架和结构,有利于帮助学生构建知识。

3. 化抽象为具体

课堂上只有教师的语言描述和抽象的讲解,学生不易在具体思维的基础上扎实地建立起知识体系。如果通过板书边讲边写,就可以使抽象的知识变得形象具体,易混的概念、定理、法则、公式变得条理清楚,从而容易使学生理解和掌握。

(二) 说课板书设计的原则

1. 学科性原则

不同学科的知识体系和特点是不同的,说课者在设计板书时一定要考虑自己所教学科的特点。

2. 实用性原则

板书使学生按照教师的教学思路去分析、理解问题,使学生掌握知识、构建知识体系,所以说课者要根据不同年龄、不同年级来设计不同形式的板书。

3. 直观性原则

板书设计要图文并茂、言简意赅,能使学生通过简单形象的图画,从形象上理解抽象的概念原理和法则,从整个板书的排列总结出本课的主要内容、重点内容所在,一看板书就能回忆起本课的内容。

4. 灵活性原则

课堂教学是师生的"双边活动",没有一成不变的模式,需要灵活处理包括板书在内的课堂上出现的各种问题,预先设计的板书也应随着教学实际情况的变化而变化。

5. 艺术性原则

板书是教学艺术的直观展示,它融科学性、实用性和艺术性于一体,是教师的微型教案。说课者要追求板书的艺术性,可将现代脑图理论、美术构图原理、硬笔书法艺术等融为一体,给听众留下深刻印象。

(三) 板书六忌

一忌空——黑板上只写寥寥几个字或仅仅留下课题,甚至是零板书。

二忌满——教学方法忌满堂灌,板书设计忌满黑板。说课中没有时间满黑板地写,评委和听众也不愿意看你满黑板地写。

三忌乱——板书无计划、序号乱、随手信笔、层次不分、条理紊乱、缺乏内在联系;板书位置乱,东写一个公式,西写几个字,杂乱无章。

四忌散——中心不明确,犹似乱麻。

五忌潦草——板书龙飞凤舞,写得含糊不清,别人只好推测和猜想。

六忌差错——常见错误有以下三种:一是乱造字;二是写错别字,张冠李戴,鱼目混珠;三是演算失误。这些都会严重影响教学效果。

总之,在板书设计中,板书要规范、准确、赏心悦目。

(四) 板书设计的常见类型

精湛的板书不是文字与线条的简单结合,而是教师通过有目的的构思将教材中的重要内容按一定规则画出的思维导图。

在说课中,教师必须根据教材特点,讲究板书艺术构思,做到形式多样化、内容系列化、表达情境化,同时要求教师根据教学实际,遵循板书的基本原则,具有明确的目的性、鲜明的针对性、高度的概括性、周密的计划性、适当的灵活性、布局的美观性、内容的科学性及形式的直观性。这样才能给人以清晰、顺畅、整洁、明快的感受。小学教学常见的板书设计形式有以下几种。

1. 提纲式板书

提纲式板书是最常见的形式,也最容易使用。它是将一节课的主干内容按照教学进程提纲挈领地写在黑板上。如苏教版《小学数学三年级(上册)》第十单元"认识分数"一课的说课板书设计如图 2-2 所示。

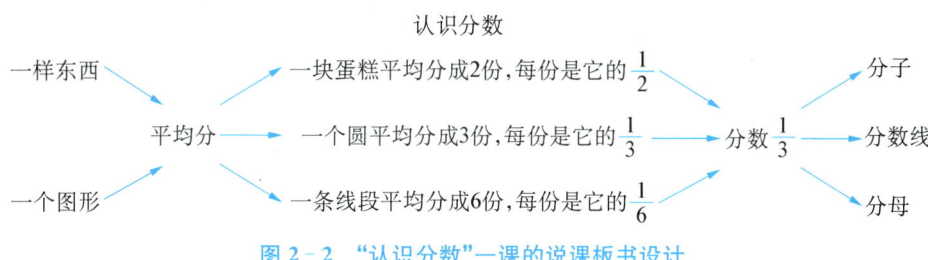

图 2-2 "认识分数"一课的说课板书设计

2. 结构式板书

结构式板书常适用于表达有着密切联系的知识。设计时用直线、箭头将知识点联系起来以形成知识块,便于学生综合认识。如苏教版《小学数学三年级(下册)》第二单元"年、月、日"一课的说课板书设计如图 2-3 所示。

$$
\text{年、月、日} \\
\text{一年} \to 12 \text{ 个月} \begin{cases} 31 \text{ 天月份:} 1、3、5、7、8、10、12; \to \text{大月} \\ 30 \text{ 天月份:} 4、6、9、11; \to \text{小月} \\ 28 \text{ 或 } 29 \text{ 天月份:} \begin{array}{l} 2(28 \text{ 天}) \to \text{平年}(365 \text{ 天}); \\ 2(29 \text{ 天}) \to \text{闰年}(366 \text{ 天}). \end{array} \end{cases}
$$

图 2-3 "年、月、日"一课的说课板书设计

3. 表格式板书

表格式板书以纵横不同的项目关系来呈现知识点和其内在联系,便于教师归纳总结及学生理解记忆。比如苏教版《小学语文三年级(上册)》第 19 课"航天飞机"一课的说课板书设计如表 2-1 所示。

表 2-1 "航天飞机"一课的说课板书设计

	飞行高度	飞行速度	作用
普通飞机	两万米	4 个多小时	运货、载客
航天飞机	几十万米(更高)	7 分钟(更快)	释放、回收
智慧老人	各有所长,不可替代		

4. 对比式板书

对比式板书是把相近或截然相反的两件事物放在一起进行比较,分析其特点,进一步揭示事物的本质特征和发展规律。如苏教版《小学语文四年级(上册)》第 22 课"九色鹿"

一课的说课板书设计如图 2-4 所示。

<pre>
    九色鹿   调达
    见义勇为   见利忘义
    不图回报   背信弃义
           誓守诚信
</pre>

图 2-4 "九色鹿"一课的说课板书设计

再如英语教学中的人称代词和所有格(物主代词)学习板书设计如表 2-2 所示。

表 2-2 人称代词和所有格(物主代词)学习板书设计

人称代词		所有格(物主代词)	
主格	宾格	形容词性的物主代词	名词性的物主代词
I	me	my	mine
you	you	your	yours
he	him	his	his
she	her	her	hers
we	us	our	ours
they	them	their	theirs

表 2-2 所示板书让学生通过直观比较，深刻了解了人称代词和所有格(物主代词)的几种表现形式。这种板书形式还适用于名词的单复数、时态变化等，将其做对比，不仅可以促使学生积极思考，而且对于提高学生分析、比较、判断的能力有积极的作用，还能使学生获得的知识不容易被遗忘。

5. 图文结合式板书

图文结合式板书通常是画出示意图，并附上文字说明。比如牛津版《小学英语三年级(下册)》第四单元"Time"、牛津版《小学英语六年级(下册)》第五单元"The Seasons"两课的说课板书设计分别如图 2-5、图 2-6 所示。

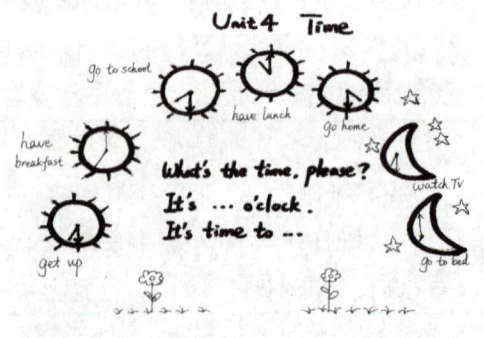

图 2-5 "Time"一课的说课板书设计

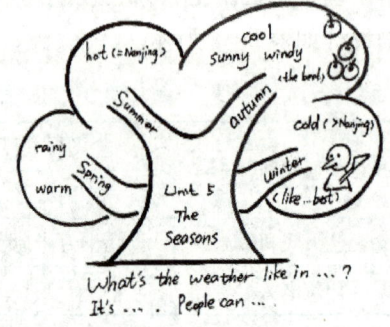

图 2-6 "The Seasons"一课的说课板书设计

6. 分解式板书

分解式板书是指以某种核心词汇、关键词语为母体，分解出若干要点，以便于进行深入剖析与讲解。如苏教版《小学语文三年级(下册)》第3课"庐山的云雾"一课的说课板书设计如图2-7所示。

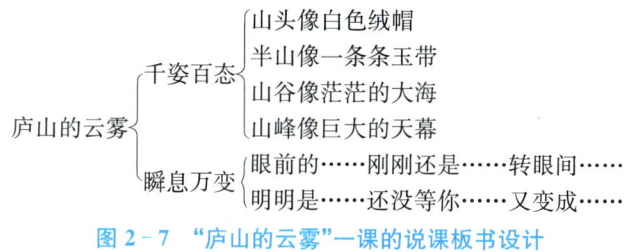

图2-7 "庐山的云雾"一课的说课板书设计

七、说教学媒体应用的艺术

党的"二十大"报告指出：推进教育数字化，建设全民终身学习的学习型社会、学习型大国。《基础教育课程改革纲要(试行)》中指出："促进信息技术与学科课程的整合，逐步实现教学内容呈现方式、学生的学习方式、教师的教学方式和师生互动方式的变革"，"充分发挥信息技术的优势，为学生的学习与发展提供丰富多彩的教育环境和有力的学习工具。"因此，说课者要注意通过合理选择和运用现代教学媒体，调动学生学习的积极性，图文结合、音像并茂、动感与色彩有机融合，使学习内容形象直观，形成合理的教学过程结构，达到最佳的教学效果。

在说课实践中，由于说课时间有限，说课教师不可能像上课一样充分展示教学媒体在教学过程各个环节的使用情况，应着力向听说者说明：① 使用哪些教学媒体、什么地方使用、想产生怎样的教学效果；② 教学过程中，教师怎样调节与控制教学媒体的使用；③ 在视听过程中，师生如何介入，学生需要领会、体验、感悟些什么。

课后练习

1. 简述说课准备的具体内容。
2. 说课的基本策略有哪些？举例说明。
3. 阐述说课的主要艺术特点。

第三章

说课方法与评价

> **学习目标**
> 1. 掌握说课的基本方法。
> 2. 知道说课评价一般观察点及评价标准。

第一节 说课方法

一、确定说课课题

说课时首要任务就是确定说课课题。有时说课课题是指定好的,有时是可以自己选择的。自己选择课题时最好选择与自己业务能力专长相匹配的有关章节,要考虑其具备代表性、典型性和示范性,既能充分体现本学科的主要特点,又有利于将最新课改精神融入其中。

二、找准理论依据

关于课堂教学策略、教学方法的理论很多,有教学论中的教学规律、教学原则、教学策略方法和教学组织管理等方面的理论;有现代流行的系统论、控制论和信息论;还有教学艺术与技巧方面的理论;等等。说课时要以教材为基础,以课程标准为依据,以学情为出发点,以学生的发展为宗旨,认真研读有关理论知识,上位找准理论依据,下位升华、提炼教学经验,力争做到"言之有理、自圆其说"。

三、定好说课程序

说课中的"程序"与教案中"教学过程"的主要区别是:前者是理性思维下的过程呈现,它体现授课者的逻辑顺序和时间顺序,以及这两个顺序的有机组合;后者主要是过程性和阶段性的安排。

设计好说课程序,主要从以下三个维度来考量:一是要理清说课内容的知识体系与逻辑结构,它是静态的,是要求学生全面掌握的,是教师说教学程序中的内含主线;二是教师在课堂上所表现的教学程序和结构,它是动态的,是在师生互动中呈现出来的;三是教师说课时"说"的程序,即对于先说什么、后说什么、突出什么、淡化什么等问题的统筹处理。

四、突出说课重点

说课的内容非常丰富,一节 40 分钟的课的构思与设计,不可能说得面面俱到,应有所侧重。说课应突出以下几点:一是着重介绍新的教学模式或者教学方法,以及对它们所产生的教学效果的预测;二是要从教育学、心理学角度出发,分析学科思维的特点,说明本节课进行思维训练的依据;三是从课堂实际出发,介绍具体学习方法与步骤。

五、彰显说课个性

教师在说课中要明确说出目标意图、理论依据和内容缘由,说清"为什么要这样做";要亮出自己的观点与见解,同时要说出在这些观点的指导下,如何采取相应的教学措施与手段。教学方法与手段的选择是受教学经验和个性影响的,不同性格、个性的教师在各自教学经历中往往会积累出各不相同的个性化教学经验,因此,教师说课时要突出自己的个性,体现自己的独到之处、创新之举。

六、丰富表达手段

说课主要通过语言、文字、图表、图像以及媒体平台等手段来陈述和表达。说课以科学理论为依据,体现它的科学意韵;文字语言表达思维,交流情感,容易引发说听者之间的共鸣互动;图表图像用于直观呈现,有助形成对听说者的听视觉冲击,引起注意和思考;体态语言生动形象,具有鲜活性。总之,多样的表达形式有利于提高说课效果。

说课尽管有多种表达方式,但仍然以"说"为主。要提高说课的功力,应注意以下六个方面:① 守时守信,不要随意超时;② 表情自然、大方、谦逊;③ 语言简练、流利、速度适中;④ 条理清楚,层次分明,逻辑性强;⑤ 表达完整,理由充分,具体实在;⑥ 个性特长纷呈,有感染力。

第二节 说课评价

一、说课评价原则

有说课,必然要有说课评价,否则难以引领和把握说课方向,也难以保证说课的质量和水平。说课评价一般应遵循以下几方面原则。

(一)及时性原则

要使说课评价收到最快、最佳效果,最好的办法是"现场说、现场评",这样可以防止因遗忘而降低评价效果。听说者处于现场氛围中,思想情绪高涨,最容易阐述自己的观点,畅所欲言,使说、评双方都能得到有效启发,促进说课水平与质量的提高。

(二)客观性原则

评价的客观性,主要指评价者实事求是、客观、公正地对说课者所说的内容进行评价。

评价者对说课活动的目的意义及评价的标准要求要相对统一,坚持用"一分为二"的观点来审视说课,尽力避免带有个人的兴趣爱好、情感倾向、价值观念等主观因素。评价者既要善于发现说课中的闪光点,肯定成功的做法或探索,以保护说课者的积极性,又要客观地指出说课中存在的问题与不足,提出改进和优化的意见与建议。

(三) 发展性原则

发展性原则要求评价不是"面向过去的结果",而是"面向未来的发展",要用发展的眼光看待评价的结果,要将评价的结果作为未来进步和提高的起点,激励说课者加强学习,改变现状,求得新的发展。

(四) 参与性原则

说课,从其活动形式和活动效果来看,实际上是一种教学研究方式。它符合当前教育改革与发展的新形势、新变化、新要求,能有效促进教师的专业成长与发展。因此,听说双方都能参与评价,相互研讨、共同切磋,这是说课的基本要求,也是提高教师说课水平的重要保障。

二、说课评价功能

(一) 诊断性功能

说课评价是一种及时反馈,可以使听、说双方不断获得反馈信息,使听、说双方借助于反馈信息调节各自的行动。对一次具体的说课来说,评价它好在哪里、差在何处,可以让说课者了解自己说课过程中的成败得失及原因,看到自己的成绩和不足,找出问题的症结,以便总结说课经验教训,扬长避短,使自己的说课水平更上一层楼。

(二) 激励性功能

说课评价等于把竞争机制引入说课活动,可以驱动被评价者的内部活力,促使说课者认真对待,想方设法地说好课,同时还可以有效地激励各方的积极性、创造性,为提高说课质量与水平而共同努力。

(三) 导向性功能

说课活动的特点与性质决定着参加说课的教师的行为准则和价值取向,只要认真参与说课活动,教师必然会从中收益。说课评价的导向作用主要表现在以下几个方面:① 彰显先进的教学理念;② 诠释现代化教学思想;③ 展示丰富的教学才能;④ 体现新颖的教学境界。

(四) 决策性功能

说课评价的结果是鉴定说课质量和教学质量以及教师水平的依据之一,既可以为教育行政领导推广说课和教学经验提供可靠的决策依据,也可以为在教师中客观公正地评先选优、晋职升级、奖优惩劣提供事实依据。

三、说课评价内容

(一) 说课者理解教材情况评价

1. 能否全面理解和把握新课程标准

新课程标准规定了各门课程的性质、目标、内容体系,提出了教学与评价的建议。因此，只有新课程标准才是教师组织实施教学的唯一依据，而教材只不过是教学实施的重要载体。评价说课者是否理解和把握教材，就应该看教师在说课中是否全面正确理解课程标准，是否掌握新课程标准中规定的教学要求和教学目标。

2. 能否全面准确掌握教材地位与作用

教材是教师根据新课程标准、按照学生身心发展特点和社会发展需要编写的一种教学资源，是教师实施教学活动的主要依据。评价说课者对教材的理解把握情况，就是要看他能否把教学内容置于整个教材体系进行通盘考虑，既要寻找到授课内容的"前继知识"，即新知识学习的切入点和生长点，又要衔接好"后继知识"，为进一步学习做好知识储备，做到承上启下。

3. 能否全面正确确定教学重点难点

突出教学重点、突破教学难点是组织教学的一个基本原则。评价说课者是否把握教学重点和教学难点，不能只听其有没有说明重点难点，而是要从设计教学流程中全面考察，重点内容需要花费足够时间详细阐述，难点内容应讲清讲透，而且要说出对难点问题的处理方法。

（二）说课者落实教学目标评价

基础教育课程改革提倡从知识与技能、过程与方法、情感态度与价值观这三个维度构建各学科的培养目标，并使之贯穿于基础教育全过程。因此，评价说课者落实教学目标情况，不能只看其有没有对三维目标进行阐述，而是要关注其所设计的各个教学环节和教学活动中有没有落实或实现教学目标。

（三）说课者选择教学方法评价

1. 方法选择是否体现学科特点

小学各学科都有自身特点和教学要求，不同的学科、同一学科的不同教学内容在选择教法时应该有其差异性。小学语文、数学、英语是基础性、工具性学科，侧重于传授基本知识和基本方法，为其他学科的学习奠定基础，这些学科一般选择"讲授法、谈话法、讨论法"等方法；小学体育与健康是运动技能、技巧性学科，目的是让学生锻炼身体、增强体质、了解健康知识，这门学科一般选择"演示法、练习法、讲授法"等方法；小学音乐、美术是培养学生鉴赏方面的知识和方法，提高学生的审美能力和人文素养，这些学科一般选择"实习作业法、练习法、参观法"等方法；小学科学是让学生了解一些科学现象、培养探索精神的学科，一般选择"演示法、发现法、实验法、探究法"等方法；小学思想品德课是一门形成优秀品德素养、养成良好行为习惯的学科，一般选择"游戏法、故事法"等方法。由此可见，在评价说课时，应从学科性质和特点出发，全面审视教学活动设计，对其选择的教学方法做出客观、公正的评判。

2. 方法选择是否符合学生身心特点和认知规律

教学实践证明，教学方法在一定程度上能引导学生的学习方法，选择符合学生身心特点和认知规律的教学方法，有助于学生形成学习方法，提高学习能力。因此，评价说课者教学方法的选择时，必须从教学内容出发，按照课程标准对教学目标进行要求，联系学生的年龄特点，综合分析教学方法使用的合理性与有效性。

3. 方法选择是否有利于激发学生的学习兴趣

评价教学方法的好坏,最显著的标志是这种教学方法能否激发学生的学习兴趣和学习积极性,能否便于形成民主、和谐、平等、互动的师生关系。因此,教学过程中努力构建自主、合作、探究的学习氛围是教学方法选择的重要标杆。

(四)说课者设计教学程序评价

说教学程序设计是说课的核心环节,这个环节可以充分检验教师是否准确把握课程标准、全面理解教材以及贯彻落实三维目标。评价一个教学程序设计的优劣,可以从以下几个方面加以观察:① 教学过程设计是否围绕教学目标展开,教学活动安排是否为教学目标服务;② 教学内容安排是否联系学生生活实际,是否与教材资源相结合;③ 教学结构是否完整,教学节奏是否合理,重点是否突出,难点是否化解;④ 教学方法、教学媒体使用是否得当;⑤ 教学过程是否条理清楚,步步相扣,逐步深入。

(五)说课者教学素养评价

说课活动中,对说课者教学素养评价应侧重于教学活动设计、教学理念陈述和突发事件处理策略等方面,通过设置"请你谈谈这样设计的理论依据""如果学生遇到这种情况,你有什么解决办法"等问题来评判说课者的教学素养。这种侧面的评价可以促使教师备课时"多问几个为什么",上课时"多想几个为什么",教学反思时"多提醒自己现在缺什么,应该多学些什么"。

四、说课评价方式

(一)自我评价

说课者说课结束后,可以根据实际表现对说课过程和说课结果满意程度进行自我评价和剖析,为别人的评价提供背景和现实支持,是进一步进行其他评判的基础。

(二)同行评价

说课活动结束后,参与说课活动的领导和其他老师应根据自己的经验和对教学的理解,对说课的内容发表个人的意见和建议,最后由组长做总结。这种评价形式比较适合校本说课活动。

(三)专家评价

这种评价形式通常适合于主题型说课活动,组织教师以说课研究解决教学中遇到的问题,聘请课程专家、教材专家、教研人员和学术骨干(特级教师、学科带头人、教学能手等)对说课活动做出评价。这种评价行为本质上是一种专业引领,是教师与专家面对面的教学研究方式。

(四)评委评价

这种评价大多数应用于说课比赛活动,如江苏省"两课"评比活动、江苏省师范生教学基本功大赛就是把说课项目作为一个评比项目。教育行政部门组织评委班子,通过对选手的说课情况进行全面评价,评出结果与等第,去引导学校或教师自觉进行说课研究,带动地区和学校加强师资队伍建设和师范生教学基本功训练。

五、说课评价要求与标准

华东师范大学课程教学与比较教育研究所所长、博士生导师钟启泉教授曾指出:"评价是查明已形成和已组成的学习经验在实际上能产生多少预期结果,同时,评价过程总是包括鉴别计划的长处和短处。这有助于检查已组织和已编制的教学计划的基本假设的效度;同时能核查用于实施教学计划的其他条件的有效性。"因此,教学评价是教学过程的结束,也是新一轮教学过程的开始。

(一)小学教师说课评价表

以小学教师说课评价表为例,见表3-1。

表3-1 小学教师说课评价表

姓名		课题		科目		班级	
项目	评价指标		评价标准			等第	得分
说教材(30分)	1. 确定教材地位与作用。 2. 确定教学目标。 3. 确定重点难点。 4. 分析处理教学资源。		1. 准确分析教学内容的地位与作用(6分)。 2. 正确表达三维目标,可观察、可检测(8分)。 3. 准确梳理教学重难点,能说出缘由(8分)。 4. 能挖掘和整合课程资源,突出可行与创新(8分)。			A(26~30分) B(22~25分) C(19~21分) D(19分以下)	
说教法学法(30分)	1. 选择教法。 2. 选择学法。 3. 教学手段应用。		1. 教法得当,体现学生主体,有利于目标达成(8分)。 2. 教法学法设计有依据(4分)。 3. 一法为主、多法辅助,能在教学程序中有落实(5分)。 4. 学法选择新颖,体现新课改理念(8分)。 5. 现代信息技术使用合理,能优化教学效果(5分)。			A(26~30分) B(22~25分) C(19~21分) D(19分以下)	
说教学程序(30分)	1. 教学环节设计。 2. 教学资源利用。 3. 教学时间安排。 4. 教学效果预测。		1. 教学环节紧扣,符合学生认知规律,能与教法、手段紧密联系(8分)。 2. 能围绕教学目标,创设教学情景,激发学习兴趣,突出主体地位(8分)。 3. 采用多种学习形式,突出重点,化解难点,注重学习能力提升(5分)。 4. 合理设计教学反馈与评价,及时预测教学效果(5分)。 5. 科学安排好各环节的教学时间(4分)。			A(26~30分) B(22~25分) C(19~21分) D(19分以下)	

续 表

姓名		课题		科目	班级	
教师基本素养（10分）	1. 教师形象。2. 语言表达。3. 理论素养。4. 教学板书。		1. 举止大方，文明规范，服饰得体（2分）。2. 语言流畅，普通话准确，表达精练，有感染力（3分）。3. 有较高的理论素养，且较好地与教学实际相结合（3分）。4. 板书工整、流畅、有条理（2分）。		A(8~10分)B(6~7分)C(5分)D(5分以下)	
	定性评价				总分	

评价表中还保留了"定性评价"的空白，作为定量评价的补充和说明。根据说课类型不同（如示范性说课、研究性说课），为了让参与者更能充分发表自己的意见和建议，阐述自己的观点和想法，评价者在口头评价的基础上，还可做进一步精要的文字评价。

（二）幼儿园教师说课评价表

以幼儿园教师说课评价表为例，见表3-2。

表3-2 幼儿园教师说课评价表

姓名	课题	科目	班级	
项目	评价指标	评价标准	等第	得分
说教材(30分)	1. 揭示教育价值。2. 明确重点难点。3. 确定活动目标。	1. 运用幼儿教学的新课改理念，揭示教学内容的价值（6分）。2. 正确分析教学内容的特点、重点与难点（6分）。3. 根据《幼儿园教育指导纲要》与《3—6岁儿童学习与发展指南》要求和幼儿发展水平，设计好切实可行的活动目标（9分）。4. 做好"三个维度""五大领域目标"的整合，体现全面发展的要求（9分）。	A(26~30分)B(22~25分)C(19~21分)D(19分以下)	
说教法学法(30分)	1. 设计教法。2. 设计学法。3. 选用手段。	1. 教法选择要彰显幼儿的主体地位，以游戏为主要形式，体现积极有效的师幼互动（5分）。2. 一种教法为主，多种教法辅助，注重个别差异，突出重点，突破难点（5分）。3. 有意识对幼儿"自主、合作、探究"学习方式进行引导（5分）。4. 教法学法设计要符合幼儿认知规律，有利于活动目标的落实（5分）。5. 灵活使用各种教学手段，优化教学效果（5分）。6. 具体阐述方法选择的理论依据（5分）。	A(26~30分)B(22~25分)C(19~21分)D(19分以下)	

续 表

姓名		课题		科目		班级	
说教学程序(30分)	1. 设计环节。 2. 利用资源。 3. 安排时间。 4. 预测效果。		1. 教学环节设计科学、合理，结构完整(6分)。 2. 活动过程彰显幼儿主体性及互动的多样性(6分)。 3. 突出重点难点，衔接过渡自然，时间分配合理(6分)。 4. 充分利用直观教学手段和教学资源(6分)。 5. 反思与评价教学设计，预测教学目标的达成情况(6分)。		A(26～30分) B(22～25分) C(19～21分) D(19分以下)		
教师基本素养（10分）	1. 教师形象。 2. 语言表达。 3. 理论素养。		1. 举止大方，文明规范，服饰得体(2分)。 2. 语言流畅，普通话准确，表达精练，有亲和力(3分)。 3. 有一定的理论素养，富有教学机智(3分)。 4. 板书工整、流畅、有条理(2分)。		A(8～10分) B(6～7分) C(5分) D(5分以下)		
总评	A(86～100分) B(76～85分) C(60～75分) D(60分以下)				评委签名		

（三）师范生说课技能评价表

师范生说课技能评价表见表3-3。

表3-3 师范生说课技能评价表

项目	评价内容	分值(分)	得分(分)
理念与目标	1. 体现新课程理念，符合课程标准要求(5分)。 2. 教学目标明确、具体、表述角度一致，涵盖认知、能力、情感态度等维度，适合幼儿及小学生年龄特点(7分)。 3. 对教学内容的特点、作用及其适宜性分析到位(4分)。 4. 重点、难点确定准确，说理依据充分(4分)。	20	
内容与过程	1. 活动设计有创新，结构完整，环节衔接自然(10分)。 2. 活动围绕目标设计，重点突出，层次清晰，安排合理，符合幼儿及小学生认知规律，充分体现他们的主体地位(10分)。 3. 教学方法、手段运用、目标落实、重点难点解决及其师生互动等方面的阐述清晰(12分)。 4. 恰当说明活动过程设计的教育教学理论依据(8分)。	40	
方法与手段	1. 活动准备充分，教学具选择有利于目标达成，对活动准备及其依据分析合理(4分)。 2. 教学方法和手段符合幼儿及小学生年龄特点，教学资源丰富，适时运用混合式教学(6分)。 3. 灵活采用集体、小组、区域等多种教学组织形式，注重兴趣、智力、情感培养，关注探究体验(6分)。 4. 教学方法、学习方法选择说理充分(4分)。	20	

续 表

项目	评价内容	分值(分)	得分(分)
表达与展示	1. 普通话标准,教态自然、大方得体,口语、态势语表达符合儿童化口语要求(5分)。 2. 体现教师专业素养和基本功(3分)。 3. 运用多媒体课件恰当辅助说课(2分)。	10	
答辩与交流	1. 紧扣问题回答,针对性强(4分)。 2. 思路开阔、思维敏捷,逻辑性强(3分)。 3. 语言流畅、富有情感(3分)。	10	

课后练习

1. 简要叙述说课的一般方法。
2. 师范生说课评价项目有哪些?每个项目评价的主要内容是什么?
3. 小学教师、幼儿教师及师范生说课评价的内容是什么?

第四章

说课训练的组织与管理

> **学习目标**
> 1. 了解师范生说课训练的意义。
> 2. 知道师范生说课训练的基本要求。
> 3. 理解师范生说课训练的路径与模式。
> 4. 掌握师范生说课训练的方法与策略。

第一节 说课训练的意义

说课是当今教师必备的一项职业技能,是综合考核教师业务素质的重要手段,师范类专业认证要进行说课能力检测,师范生竞聘教师岗位有时也有说课这个重要环节。因此,说课活动在近些年逐步受到师范类院校的高度重视。

师范生说课训练是指师范专业的学生在教师的指导下,在对将要从教的某科课程充分备课或见习听课的基础上,依据教育学、心理学及学科教学论知识,对拟任课程的课堂教学进行设计,写出说课稿,然后面向同学和指导教师叙说自己的教学设计及依据(或分析所听之课的教学设计,找出其理论依据,然后面向同学和指导教师叙说出来),最后与指导教师及同学一起对自己所说内容进行分析评价,共同研究改进意见,以进一步完善该课设计,提高课堂教学技能的一种操作性研究活动。师范生说课训练具有以下意义。

(1)能促进学生强化教育学、心理学、学科教学论的学习,提高这些理论课的地位,增强教与学的积极性,突出师范性。说课重在说依据,在训练指导过程中,为了设计出最佳方案和说得有理有据,就必须知晓相关的教学理论。说依据的要求促使师范生必须为每一个教学设计寻找出合理的解释,这样既能增强他们学习这些课程的兴趣,提高学习的效率,又可在长期的说课实践中培养学生运用教育理论来分析和解决教学实际问题的能力,形成熟练的教学技能。

(2)强化学科专业的学习意识。教师要想给学生一杯水,必须有一桶水或取之不竭的源头活水。师范生为了把课说得丰富、生动、有趣,就要对即将从教学科的专业知识了如指掌,才能在处理教学内容时得心应手,设计合理,说得精准,这必然会引起师范生重视学科专业课的学习,不断自主强化专业学习意识,以期在说教材处理等环节时能把握住重点与难点，确保在今后的教学实践中能把课上好。

（3）能提高师范生的综合教学能力，缩短学生的成长周期，加快他们从学生到教师角色转换的进程。在说课训练中，师范生无论是自己说还是听别人说，都有一个学习提高的机会。具体说来：① 通过说教材处理训练，师范生会按教法课中的要求提前熟悉小学新课程标准及相应教材，明确该学科在不同年级教学中的地位及教学总要求，领会教材编写意图及编排思路，找准基础知识及基本能力训练的关键和纽带，弄清每节课的教学关键点等，将有利于培养师范生钻研和驾驭教材的能力；② 通过说教法与说学法的训练，师范生就会在熟练把握教材内容的基础上，为该课程教学选择恰当的教学方法和学习方法，教会学生自己学习，达到教法学法化、学法教法化的境界，这样经常训练可以培养师范生正确选择教法及学法、提高指导学生学习的能力；③ 通过说教学程序训练，师范生可以学会根据科学化、最优化的要求，对课堂教学的全过程进行周密的思考和精心的安排，考虑怎样对一个单元进行教学设计，怎样对一节课进行设计（包括导语设计、情景设计、内容组织设计、提问设计、练习设计及板书设计等），通过长期训练，有利于培养师范生课堂教学的设计与组织能力；④ 说课时要说出教学设计的学情依据，师范生就得对不同学生的学习情况进行经常性分析，这样就可以培养他们了解学生、分析学生、因材施教的能力。另外，在对各项教学设计寻找最合理依据及根据教育理论对教学行为进行设计的过程中，也会增强师范生自身学习的动机和兴趣，提高他们的理论水平和学习能力。

（4）能促进师范生加强教学技能训练，养成良好的教师心理和业务素质。一位优秀的小学教师，必须具备能说流利普通话，能写一手正确、规范、工整的钢笔字、毛笔字、粉笔字等教学基本功；说课要求面向听说者阐述自己的教学设计及其理论依据，这就要求说课者能正确使用普通话，做到语言清晰、流畅、准确、生动，而且要具有感染力，经常这样训练可以提高师范生的语言表达能力；写说课稿，对他们的钢笔字书写能力提出了明确要求，说课过程中展示板书是要求师范生把所设计的板书用粉笔字当众演示出来，这又能促使他们提高粉笔字的练习实效，有些课文要求制作教学挂图，迫使师范生要对简笔画给予足够的重视，因而说课训练可以提高师范生三字一话的水平。此外，面对大众的说课，还能锻炼他们的心理素质和胆识。这些都有利于教师良好心理和较高业务素质的养成。

（5）可以形成研究讨论氛围，提前培养师范生的科学研究意识。说课训练需要教师强化指导，指导者必然会受到某些情境的启发，从而可能发现自己教学中存在的某些问题，并开始意识到自己教学行为的缺陷或知识的不足，这就会促使他们通过商讨以求改进。在说课实践中，师范生也必然会遇到种种教学问题，为了说好课，他们会主动跟指导老师或同学进行研究讨论，说出自己的见解，听取别人的合理化建议，从而能扬长避短，学会科学的研究方法，逐渐形成严谨的治教态度和敏锐的科研意识。

（6）对以后的小学教学改革具有潜在的促进功能。说课是一种对课堂教学艺术进行操作性探索的研究活动，一方面要求对课程标准与教材进行深入研究，另一方面还要对教学理论及学生学情等方面进行积极探索，因而每一次说课活动都可能对以后的小学课堂产生重大影响。师范生作为未来师资队伍的新生力量，受传统观念影响较小，通过说课训练，会在为自己的教学设计寻找合理依据的过程中反复思考、权衡，把先进的教育理念及长期说课所形成的研讨习惯和反思习惯带入未来的小学课堂，带到小学教师队伍中去，这样既加快了师范生教学心理的成熟,又会进一步影响其他教师的教学理念,对以后的小学教学与改革产生深刻影响。

第二节　说课训练的基本原则

说课活动不仅植根于师范院校的课堂之中,而且也是师范生见习实习活动中重要的教学研究形式。因此,说课活动成为师范生一项新颖的教学基本功,已在师范院校的课程教学中逐步得到实施。说课活动组织与实施应遵循以下基本原则。

一、目的性原则

师范生说课训练活动应凸显教师教育的目的。

(一)帮助师范生梳理设计思路,把握授课过程

师范生说课往往缺乏自信,对教学过程总体思路不太熟悉,通过说教学过程,可以让学生从更宽更高的角度熟悉教学过程,理清教学思路,从而更好地把握课堂结构。

(二)指导师范生进行针对性的教学反思

师范生通过说课训练可以将模糊的隐性知识转化为可交流的显性知识,正是这些显性知识为学生提供了直接反思的对象。因此,较为详细地介绍教学程序可以提高师范生对教学实践的反思能力,使其教学过程的设计得到进一步优化,教学方法更为科学,教学手段更为合理,教学效果也会有更大提高。

(三)锻炼师范生的表达能力,培养自信

表达能力有语言表达能力和非语言表达能力,这些表达能力可以在说教学程序中得到集中体现。说教材的叙述性语言,说教学过程预演的教学语言,说教学程序中运用的表情、手势、姿态、语速、音调等动作语言都能在说课活动中得以提升,随着表达能力的提高,师范生的自信心也会不断得到增强。

二、科学性原则

(一)说课训练目标的明确性

说课源于备课,服务于上课。师范生说课训练不仅以提高学生说课基本技能为最终目的,而且以他们将来走上教师岗位,胜任课堂教学,成为一名优秀的人民教师为宗旨。因此,教师在指导师范生说课训练时要以能上课、上好课为目标,要让师范生在充分了解小学课堂(幼儿园课堂)、理解小学课堂和不断研究小学课堂(幼儿园课堂)的基础上去进行说课训练。

(二)说课训练内容的正确性

能否把握说课内容、突出说课重点是说好课的关键。说课时,有些教学内容只需要概括要点,使听说者能听清楚教的是什么就行,不必全部交代。说课的重点应该是具体的教

学设想和理论依据。说理论依据主要说清楚"为什么这样教",让听者在"知其然"的基础上"知其所以然"。说教学程序时,要自然地把握好教学语言,大胆设计新颖有趣、简明扼要的导入语,激人奋进、引人深思、回味无穷的总结语,以及准确、精练、恰当的提问语,让听说者从你的说课中看到你在课堂教学中的影子。因此,说课者应置身于听众思维与学生思维的交汇处,站在备课与上课的临界点,变换"说"位,研究"说"法,找准"说"点。

(三)说课训练程序的规范性

一次完整的说课活动的规范程序通常为:学习理论—钻研教材—分析学情—确定学法—选择教法—设计教学程序—撰写说课稿—分项训练—登台表演—点评修改—上课实践—总结提高。说课训练时,不仅要让师范生熟悉说课程序,而且在说课训练的起始阶段必须要求师范生严格按照程序练习,不可断章取义,虎头蛇尾,自觉养成良好的说课训练习惯。

(四)说课训练形式的多样性

师范生说课训练,可根据学校条件和学生实际需要采取灵活多变的形式进行。可以进行小组说课、班级说课、学校说课和校外说课等形式,也可以依据学生需要进行分项、分类别专门训练。在训练时间的选择上也可以长短结合、因人而异。在训练指导安排上可以采取"一对一""一对多"或"多对一"等形式。力求做到张弛有度,因材施教,共同提高。

(五)说课训练组织的合理性

说课训练活动要在学校有关部门的统一组织下有计划、有目的、有步骤地进行,组织部门在学生分组、指导老师安排、时间分配、设备场地配备以及考核评比等方面要力求做到科学、合理及有序。

三、理论联系实际原则

(一)说课要有理论指导

说课中教材分析应以学科基础理论为指导,学情分析应以教育学、教育心理学以及新课程标准为指导,教法应以教学论和学科教学法为指导,力求使所说内容言之有理、言之有据和言而有信。

(二)要提升理论高度

在说课实践中,绝大多数说课者往往只注意教法学法本身的选择和运用,而忽视了这些教法学法的理论依据,更不善于将实践中的有效教学方法和手段上升到理论高度,从而使教法学法设计显得不够丰满。说课训练中要引导师范生将每一个教法学法设计力争上升到教育教学理论层次,并在教学过程中接受检验。

(三)理论与实践要有机统一

在说课实践中,有些学生要么只说做法,不说理论,要么就是做法与理论不匹配。在说课训练中,要不断帮助学生完善及提高说课理论水平。要引导学生在说课中既要避免空谈理论,不切实际,又要避免只谈做法不谈理论依据的情况,还要避免为增加理论色彩而张冠李戴,出现理论与实践不一致的情况。

四、实效性原则

若想每次说课活动的开展都能达到预期目的,收到实效,必须做到以下几点。

(一) 目的明确

说课活动一般有检查、研究、评价和示范等几种目的。检查性说课主要是教师检查师范生的教学技能情况;研究性说课主要是师生之间、生生之间的教法探讨;评价性说课主要是教学比赛活动;示范性说课主要是给学生树立说课样板,供其学习参考。展开说课活动前,要根据说课类型确定目的,做好相应准备工作。

(二) 针对性强

这点主要是针对检查性说课和研究性说课两种类型而言的。检查性说课一般针对工作态度、专业知识、教学能力等内容;研究性说课一般围绕突出重点、突破难点、寻求解决问题的思想方法等内容。在说课活动组织前,要根据说课类型和说课群体的特点提出针对性的问题,通过书面形式提供给听说者,这样评说者可以事先做好充分准备,便于对问题进行集中研究。

(三) 准备充分

说课训练与组织中,说课者和评课者要根据本次说课活动的目的进行系统准备,认真钻研课程标准与教材,分析学情,做到有的放矢。说课者要撰写条理清楚、有理有据、重点突出、言简意赅的说课稿,评课者要有评价的标准体系和清晰的评价提纲。

(四) 评说准确

评说要科学准确,指导性强。说课活动结束后,参加评说的师生要积极发言,抓住说课过程的重大问题以及倾向性、普遍性、规律性问题进行点评,主持人或指导老师还要将已经达成的共识和存在的分歧进行归纳总结,以便在日后的说课活动中加以改进与提高。

五、创新性原则

说课是深层次的教学研究活动,是教学构思转化为教学活动之前的课前预演,其本身也是集体备课。教师在指导师范生说课活动时要充分让每一个师范生展示自己的教学特长及教学风格,树立创新意识和勇气,大胆设想,小心求证,探索出新教学思路和教学方法,不断发现问题、分析问题和解决问题,使说课活动永远保持"新鲜",充满生机和活力。

六、时代性原则

以往的说课形式是"一人说课,众人聆听",而现在随着新课程改革的深入,说课需要变一人见解为多人智慧,变众人聆听为集体参与。在新课程背景下,说课活动应坚持"以学为本",全面贯彻落实自主、合作、探究的课改核心理念,进一步体现和提升。

第三节 说课训练的基本要求

根据说课训练的内容及师范生既是学生又是准教师的特殊身份,对他们进行说课训练应注重以下几个方面。

一、训练活动要科学

教师在组织说课训练时,训练的内容、训练的组织、训练的检测与评价都要进行科学的安排和系统的设计,训练时应目的明确、计划周密、组织高效、要求严格,体现出科学性。训练的目标、意义、内容、组织及评价的要求要事先印发给师范生,并规定专门的训练和检查时间,让他们有章可循,有法可依,防止流于形式。

二、训练活动要全面

说课训练旨在大幅度提高师范生的课堂教学技能,提高他们的教育素质,训练时要让每一位师范生都参与进去,都能自如地在众人面前登台进行说课汇报,都有一个相互学习和研讨的机会。另外,训练时还需要多学科协调,既要体现出他们的学科知识水平,又要体现出他们的教育理论水平,还要体现出他们的实际教学能力水平,以便后期的训练有明确的出发点和针对性。此外,训练环节要周全。在训练时,指导教师要进行全程监控,把理论学习、备说、施说、评说、实习等培训环节统一起来进行考察,并注意各个环节之间的衔接。

三、训练活动要创新

师范教育的培养目标是把师范生培养成合格的教师,这个"合格"并不是一个统一的规格,而只是一个最基本的要求,因而训练时要把说课的常规要求同说课者的个人风格结合起来,在训练内容、形式及评价方式方法上灵活把握,鼓励师范生对课堂教学进行大胆的创新设计,只要说得合情合理,就应给予肯定和赞扬,大力提倡创新性说课。

四、要突出"说"的训练

说课的价值和目标重在说出自己的教学设计及其依据,而不是写,更不是讲课,因而训练时要让师范生当众述说,重点是说清打算怎么教和为什么这样教的问题,通过说来提高师范生的各项教学能力,而不能以写说课稿来代替说课,也不能把说课当成试讲。

五、要提高训练的实效性

要坚持理论联系实际,遵循实践第一的原则。施说时要讲究时效,应以10~15分钟为宜,时间不应过长。说课训练中要引导学生树立问题意识,要善于提出问题、分析问题,通过交流研讨提高解决问题的能力。

六、要做到评价的及时性

说课评价侧重于看其教学设计、教学思路的科学性、可行性,评其对教学的指导作用,评其理论阐述的准确性,评其理论与实践结合的紧密性及适用性等。评价要做到及时、准确和全面,既要评价优点,也要评价不足,同时还要提出改进措施。

第四节 说课训练的路径

培养师范生的"说课"能力,基本的理论学习是必要的,但更需要实践。师范生"说课"能力的培养应集中时间进行,要加强课内与课外的结合。其训练路径为:学习理论→专业指导→自主训练→模拟比赛→总结提高。

一、学生学习理论

应在师范生掌握了一定教育教学理论知识并学习了教学论以后,给学生做"说课"理论与实践知识的专题讲座或开设选修课,指导学生学习课程标准,深刻理解新课标的基本理念、课程目标、内容标准及教学实施建议等内容,把握所说内容在教材中的地位作用、教学目标要求、重点难点、学生学习的心理障碍、教学时应采取的教法与学法、教学手段和媒体、教学时前后顺序的安排等,然后让学生进一步学习"说课"的特点,说课与备课上课的关系,说课的内容、要求及其问题等,使学生进一步加深对"说课"理论和方法的理解与掌握。

二、专业教师指导

从事教学论教学的专业教师要在学生学习掌握"说课"理论和方法的基础上,指导学生完成说课中的说课程标准、说教材、说教法、说学法、说教学程序设计和教学小结与课堂反思等内容,并对各项内容提出具体要求,使每一位师范生均能较准确、较熟练地编写出某一节课的"说案"。

三、学生自主训练

充分利用课内课外时间引导师范生对教学内容进行评说训练,这是"说课"的主体和重点,有条件的师范生可利用多媒体及微格教室反复进行。自主训练要求学生既要说出自己的教学思路和课堂结构,又要说出课程结构中各部分的内容和组织安排与时间分配,使整个教学程序动态化;同时还要说出"怎样教""为什么这样教"的理论依据,使教学有理有据。整个训练过程要以小组为单位轮流说,同时指导教师要组织学生进行评议、交流和总结,帮助说课者寻求最佳的教学方案。

四、模拟比赛交流

检验师范生说课水平和能力高低的主要手段就是"现场模拟比赛"。"现场模拟比赛"

能检验说课的适应性、可操作性和科学性,为说好课提供反馈信息;同时,比赛现场经验的积累和师生间有效的交流又能提高师范生的"说课"水平。比赛中出现的理论、技术等问题也必将迫使师范生进一步学习理论和专业知识,调动其学习的积极性,现场比赛的成就感也会激励师范生说课的信心和意志。"现场模拟比赛"的各个环节与要求要力争做到与真实比赛一样,氛围的营造、课题的确定、说课的准备、说课的时间要求及评委的提问等都要规范真实,这样才能收到预期效果。现场模拟比赛可根据实际需要,可以是小组说课、班级说课、年级说课、学校说课的形式,也可以在学校与学校之间举行校际说课比赛。

五、师生总结提高

说课是师范生一项重要的教学基本功,需要经常反复训练才能形成技能。要想提高师范生说课的质量和水平,每次说课后的点评总结是至关重要的。师范生说课不可避免地会存在这样那样的问题,有些问题说课者自己容易得到感悟,并能在以后的说课训练中加以修正,但是由于受经验、阅历、理论水平的制约,说课者本人对于很多问题无法感知,必须通过其他同学、指导老师、学科专家给予引导和点拨,使隐性问题显性化,从而使师范生的说课能力得到提高与完善。

第五节 说课训练的策略与方法

一、说课训练的策略

(一)帮助师范生熟悉说课的常规流程

说课的常规流程主要包括说教材、说教法学法、说教学程序三个部分。师范院校的学生在说课前应熟练掌握说课的常规流程。

(二)指导师范生认真准备说课稿及课件

要指导师范生在熟悉说课常规流程的基础上认真准备好说课稿和说课课件。首先要认真拟定说课稿,这是说课取得成功的前提。对于缺少临场经验的师范生来说,尤其要充分准备说课稿,仔细打磨。说课稿是为说课准备的文稿,将说课流程以书面化的形式固定下来,方便说课使用。有的学生容易将说课稿和教案混淆,有的学生撰写说课稿易拘泥于固定、呆板的模式,这些都需要有针对性地加以指导。写出一份优秀的说课稿并非易事,要引导师范生平时多研究、多积累,不但要深入研究小学教材和教学情况,还要多看、多参考一线教师的优秀说课稿。

从20世纪90年代起,随着计算机技术的迅速发展和普及,多媒体、互联网+教学已经逐步取代了传统的教学形式,因此,师范生在说课时还要精心准备好课件。说课课件是根据说课稿,把需要讲述的说课内容通过多媒体(视频、音频、动画、图片、文字)来表述并构成的课堂要件,它可以生动、形象地描述各种教学问题,是现代教学发展的必然趋势。指导师范生在制作和使用说课课件时应注意下面一些问题:为了保证文字的清晰醒目,课件上的文字要简明扼要,且文字与背景的对比度不能太低;图片要选用恰当;课件的操作要熟练。

(三) 加强教学基本功专项训练

成功的说课必须具备良好的教学基本功。教师职业技能训练的内容包括讲普通话和口语表达、书写规范汉字和书面表达、教学工作、班主任工作技能等四个部分,这是师范院校各专业的学生都应具备的必修内容,而说课则涉及前三个部分的教学工作技能,若想加强师范生教学基本技能的训练,还要深入了解并掌握十个类型的课堂教学技能,它们分别是导入技能、语言技能、讲解技能、提问技能、应变技能、强化技能、演示技能、板书技能、课堂组织技能及结束技能。此外,师范院校学生还应具备良好的说课现场应变能力。良好的说课现场应变能力表现为说课不拘泥于固定、呆板的模式,反应敏捷,思路清晰,观点正确,理由充分,语言准确清晰。再有就是要能根据说课的具体情况增删说课内容,在规定的时间内保证说课的完整性。

说课是提高教师素质及培养造就研究型、学者型青年教师的有效途径之一,也是师范生的必备教学技能。师范生应多思考多实践,避免进入说课的误区,平时要加强教学基本功训练,较快地提高说课的能力,为成功考编、应聘,以及将来做优秀的教师打下扎实的基础。

二、说课训练的方法

说课的观摩学习、说课稿的编写、分步训练、实战演练是说课技能训练方法的四个环节。

(一) 观摩学习

让师范生先进行说课的观摩学习,目的在于提升师范生的感性认识。先给师范生展示小学教师或高年级师范生的说课稿,让他们仔细阅读、讨论,逐步加以消化,然后播放小学教师或高年级师范生的说课录像,为师范生创造生动形象的教学气氛。通过观摩学习,师范生对说课的方法和过程有了进一步的认识,在脑海里也会形成说课的概念,便于理解、模仿和运用。

(二) 编写说课稿

师范生根据说课的基本程序自选内容或由教师指定内容,编写出说课稿,教师认真批阅,详细点评。师范生修改、完善,为说课训练做好充分的准备。

(三) 分步练习

在这一环节中,师范生模仿与教师讲解相结合,通过师生互动的方式让师范生详细了解说课的各个环节和要求,真正理解"教什么""怎么教"和"为什么这样教"的内涵要求,按照说课程序分步骤、分阶段、分项目逐项进行训练,能够比较顺利地分析某一节课的教学目标、重点和难点,明确本节课的内容及其与上下节乃至整个单元教学内容之间的关系,并能根据教学目标说出所选择的教法与学法,科学合理地利用现有教学条件和媒体来优化教学设计过程。分步练习更具有针对性,教师能有充足的时间去发现说课中的问题,从而能进行及时交流、及时指导,提高训练的有效性。

(四)实战演练

通过大量的学习观摩并经过分步训练之后,师范生对说课的基本内容已大致掌握,但必须经过大量的、系统的实践训练才能提升自己的能力。在这一环节,指导教师可以把全班学生分成若干小组,各小组选出一名组长,负责安排时间、地点、召集本组成员训练,并做好评议记录。利用微格教学把每位同学的说课情况录下来,反复回放,先让说课者自己反思,然后同学之间相互做出客观的分析与评价,指导教师再进行点评。师范生经过反复操练,真正领会和掌握说课的基本要领,逐渐提高自己的说课能力。

师范生说课技能训练的内容和过程如图4-1所示。

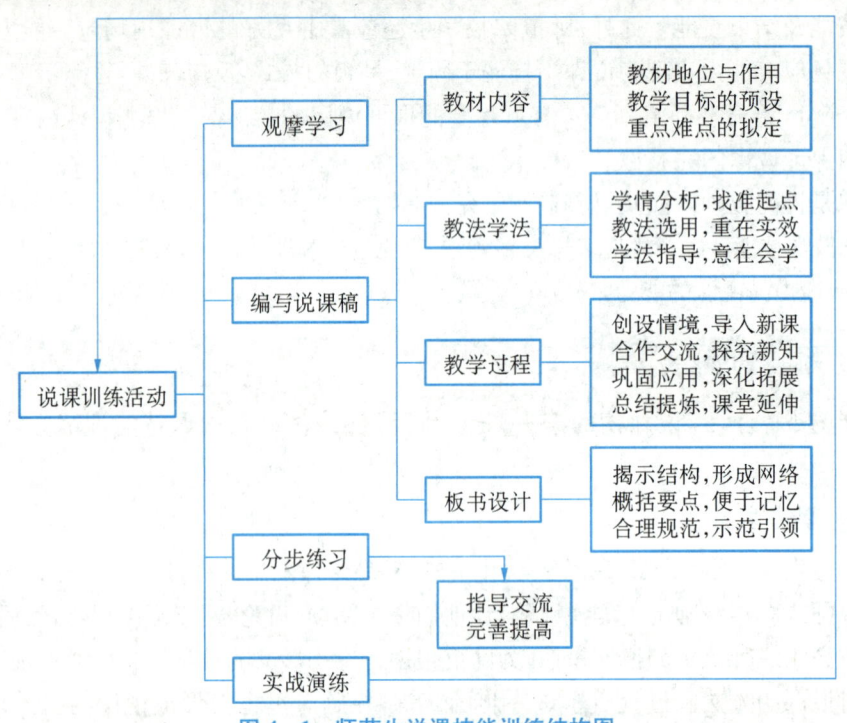

图4-1 师范生说课技能训练结构图

第六节 说课训练应注意的几个问题

一、说课训练要与教育实习有机结合起来

将说课训练贯穿于教育实习中,提高学生说课技能。说课作为一种创新的教学研究形式,如果贯穿到教育实习中,不仅能激发实习生学习教育教学理论的积极性,还能培养实习生的创新意识和能力,提高教育实习的质量。在教育实习中增加说课环节的操作方法如下。

(1)在校内实习(试讲)增加说课环节,在师范生到小学实习之前进行说课技能测试。校内实习以小组的形式进行,小组成员在试讲前先进行说课,学生通过说课阐述自己的教学思路、教法的选择、教学程序的设计等内容,供同组成员互相讨论、交流,这也是学生互相学习、互相促进的重要方式之一。

（2）在实习期间将课前说课与集体备课结合在一起,在备课小组中开展说课训练。对即将要上课的内容,大家可分别介绍自己的教学设计思想、教学方法的准备、学情分析、执教依据等。

（3）尝试课后说课。在校期间,由于师范生缺乏从教经历,一般都是采取课前说课。实习期间,师范生有机会参与课堂教学实践,可以结合上课或听课效果尝试课后说课并进行教学反思。

二、说课训练要与常规基本功训练考核融为一体

师范生常规基本功训练考核历史悠久。早在 20 世纪 80 年代,中等师范学校就开始对学生进行基本功训练,每年举行一次的毕业生基本功汇报表演在教育界产生了重大的影响,深受用人单位的认可与好评。常规教学基本功训练考核的内容主要有三字(钢笔字、毛笔字和粉笔字)一话(普通话)、简笔画、国画、水粉画、演讲、讲故事、声乐、器乐、舞蹈、小学教材简析等。到了 21 世纪初,又增加了动画、多媒体制作、英语单词书写等项目。但是,说课作为师范生的教学基本功是近几年才提倡的,还没有得到师范生的普遍重视,也没有得到师范院校领导老师的高度认可。

随着师范生职业技能训练的不断深化与推进,说课活动已经进入师范院校的课堂,说课技能训练也会逐步在师范院校进入常态化,要想全面提高师范生说课水平与质量,说课技能训练与考核成为师范院校的教学常规工作势在必行。

三、说课训练要与学科教学论教学有效对接

进入 21 世纪以来,学科教学论教学遭到了空前的弱化,具体表现为课时课量不足、师生上课敷衍、考核要求降低等。要想提高师范生的说课技能,必须重视学科教学论教学,将说课活动融入学科教学论之中,让学生了解学科课程标准,理解小学学科教材体系,掌握小学生的认知规律,熟悉小学课堂,认识小学教学活动设计模式。只有这样,才能从根本上改变目前的师范生说课训练状况,从而提高师范生的说课能力和水平。

四、说课训练中要对答辩环节十分重视

说课活动结束后,还有"答辩环节",即专家评委会根据说课者的说课内容提出 1~2 个问题,由说课者在 3~5 分钟之内对所提问题进行回答,进一步考核说课者的综合素质。说课者和指导老师往往对这一环节不够重视,导致说课者答辩效果欠佳。

在师范生说课训练指导中,要有意识地重视和增加该环节的训练,增强学生的感性认识,训练回答技巧,培养答辩能力。做好这一环节工作,主要解决两个问题,即问什么和怎样答,对于这两个问题的解决虽然没有固定的标准模式,但是也有一些大致的遵循。

"问什么"一般与说课学科、说课内容、说课过程中出现的问题以及专家评委的科研素养有关。根据实践经验,通常的问题有学科教学总目标是什么？该学科的特点是什么？学科课程标准的理念是什么？该学科的能力素养主要体现在哪些方面？本节课教学目标制定的依据是什么？教学重点难点确定的理由是什么？教学方法和学习方法在教学

实施过程中是如何落实的？你是采用什么方法手段来突破重点与化解难点的？你认为上好某一节课的要求是什么？你设计的某个教学活动是为体现怎样的教学思想？学科教法学法主要有哪些？等等。有时，也可以就"本节课某个知识点"进行提问，检查说课者对课本中知识点理解的准确性、深度以及前后知识的联系，以判断说课者的学科专业素养。

"怎样答"一般是问什么答什么，不需要展开回答。要根据学科课程标准、学科教学论、教育学、心理学及学科专业知识来回答，力求做到准确、有针对性、少而精。"怎样答"对师范生而言有一定的难度，在说课训练与指导中要有意识地增加这一环节，增强师范生的问题意识，掌握回答的方法与技巧，不断提高师范生答辩的自信心与能力。

五、明确师范生说课与在职教师说课的不同

（一）说课意义不同

在职教师说课可以解决小学教研活动中的一系列难题；而师范生说课有利于提高对新课程标准的理解和驾驭教材的能力，提高语言组织能力和口头表达能力。

（二）说课目的不同

在职教师通过说课提高教师素质和教学质量；而师范生通过说课活动实现教育专业培养目标，提高从业素质。

（三）说课内容不同

在职教师在说学情时，不仅要说明学生的年龄特征，而且还要说明任课班级的实际情况；而师范生说学情只要说明不同年龄段学生的特点即可。在职教师说教学效果是自己的实际教学效果；而师范生说教学效果则只是一种预测。

六、师范生说课训练应加强专业指导队伍建设

当前，担任师范生说课训练与指导工作的绝大部分是学科教学论老师，由于主客观原因，部分老师学习动力不足，再加上长时间不到小学听课和上课，对小学教育教学改革的最新动态缺乏了解。随着说课活动在师范院校的不断蓬勃兴起，对指导老师的指导水平也提出了更高的希望与专业化要求。因此，加快说课训练指导老师的专业团队建设迫在眉睫。

建立一支有敬业精神且高水平的说课训练指导团队需要有良好的机制和环境。不仅需要掌握有关说课的理论知识，精通学科课程标准，而且要有较强的小学课堂教学实践经验，经常加强培训交流，同时能不断总结出适合各种说课类型需要的相关指导方法，这样才能全面地提高师范生的说课水平和质量。

课后练习

1. 说出师范生说课训练的意义。
2. 简述范生说课训练的基本要求。
3. 师范生说课训练的路径是什么？
4. 论述师范生说课训练的方法与策略。

第五章

小学说课案例

> **学习目标**
> 1. 知道小学各学科说课稿的基本结构。
> 2. 会撰写小学各学科不同题材的说课稿。

第一节 小学语文学科

一、小学语文说课稿模式

各位评委老师,大家好!

我今天说课的课题是《_____》。(板书课题)

下面我将从说教材分析、说教法学法、说教学过程、说板书设计和说教学评价等五个方面进行说课。

(一)说教材分析

《_____》是_____教版_____年级(上/下册)第_____单元的第_____篇课文。该单元以"_____"为主题进行展开。《_____》是_____(文章体裁),主要写了_____(内容),表达了_____(中心)。课文最大的特色是_____(语言简练,层次清晰;描写生动、细致,充满诗情画意……)。

根据新课程标准对该学段语文教学的要求和本文的内容特点,结合学生的实际情况,我确定本课的教学目标如下。

(1)知识目标:能正确读写本课要求掌握的生字词(能正确、有感情地朗读课文;把握文章主要内容,抓住重点语段,品味重要词句所包含的思想感情……)。

(2)能力目标:通过研读课文,培养学生敢于质疑、收集处理信息和解决问题的能力,初步学会探究性学习。

(3)情感态度与价值观目标:引导学生从生活经历与体验出发,通过有感情地朗读课文,感受_____(培养_____,喜爱_____)。

考虑到学情实际,再加上本文的突出特点,为了落实本课的教学目标,我把教学重点、难点确定为紧扣课文语言文字,抓住关键词,着重体会_____。

(二) 说教法学法

语文课程标准要求：学生是学习和发展的主体，为让学生充分理解本课教学内容，结合学生阅读实际，教学中我主要选择学生参与式的教学模式，采取朗读感悟法、想象感悟法、情境教学法、评价激励法等教学方法，辅以现代教学手段，使学生积极参与到教学活动中来，乐于学，勤于思。

(1) 朗读感悟法：结合本课的语言特色，以读代讲，以读促学，通过自读自悟让学生在读中思、读中悟，充分感受课文的语言美、意境美。

(2) 想象感悟法：在本课的教学中，力求挖掘教材的空白处，开启学生想象的闸门。

(3) 情境教学法：有情有趣方是教学。我借助现代化的教学手段，利用图画、语言、音乐来再现、描绘和渲染情境，使学生在情境中理解课文语言，提高审美情趣。

(4) 评价激励法：在本课的教学中，我给学生充分的阅读时间和开放的阅读思维空间，只要言之有物、言之有理，都给予认可与鼓励。

除了以上方法外，在本课的教学中，还穿插了自主探究、合作学习等方法，力求使学生在读中受到情感的熏陶，在实践中学习语言，在品味中积累语言，在体会中掌握方法。

(三) 说教学过程

围绕本课教学目标、教学重点和难点，根据"教师主导—学生主体—训练主线"的原则紧紧抓住课文的主要内容，依据教材本身的特点，以充分发挥学生的主体性为宗旨，让学生边学、边悟、边总结、边创造，达到巩固知识和培养能力的目的。从以生为本的教育理念出发，按照学生的认知规律和心理特点，设计以下五个教学环节。

1. 创设情境，激趣导入

(通过激趣导入、课件导入、图片导入、分析题眼、质疑课题、实物观察等方式，在课前搜集资料……)

兴趣是最好的老师，小学生的情感极易受环境气氛和他人情绪的感染。

基于这点，开课之初，我首先通过多媒体营造气氛，将学生带入情境，为课文的学习奠定情感基础，进而拉近学生与课文的时空距离。然后揭示课题，简要阐述课文内容，顺势进入第二环节。

2. 初读课文，整体感知

新课程标准明确指出：阅读是学生个性化的行为，要让学生充分地读，在读中整体感知。因此，在导入新课后，我先让学生大声、自由朗读，把自己最喜爱的语句多读几遍，适时对某些容易读错、写错的生字词语进行个别指导，同时提出问题："你读懂了什么？告诉老师你是怎样把课文读正确、读流利的？"这样做，目的是让学生在初读课文时有一个整体的感知，理清课文写作思路，为接下来的"研读赏析、体验情感"做好铺垫。

3. 研读赏析，体验情感

叶圣陶说："语文教学的最终目的就是让学生自己能读书，不待老师讲。"鉴于此，在本环节中，我首先挑选几个学生分段朗读课文，此时其他学生边听边勾画关键词句，培养学生自主学习的能力。朗读过后，让学生分组讨论交流，归纳出本课的生字、词语和重点句子,并让学生议一议:"这篇文章可以分为几个部分?每个部分分别讲了什么?给你印象最深的是哪一部分?"(让学生用自己的话把事情发生的起因、经过、结果清楚地说出来,既理清了文章脉络,又训练了学生的语言表达能力、概括能力,力图使学生在反复朗读和讨论交流中对课文有所思、有所悟。)

紧接着,让全体学生品读重点词句,并借助多媒体展示课前预设的内容,适时加以引导和阐述,让学生图文结合地品味和理解本课重点词句。如读到"＿＿＿＿"时,用多媒体展示＿＿＿＿的画面。这一幅幅画面,不仅将学生带入＿＿＿＿的情境之中,还能帮助他们更好地理解"＿＿＿＿""＿＿＿＿""＿＿＿＿"等词语,从而体会文章的意境美,领会作者表达的特点。

最后,借助多媒体再次展示一组配乐的画面,引读课文,使学生与文本、读者与作者再次产生共鸣,身临其境地体会作者的感受,激起他们对＿＿＿＿的感情。

总之,这一系列的"读、悟、议、赏",让学生在循序渐进的学习中加深理解和体验,有所感悟和思考,从而受到情感熏陶,获得思想启迪,最终达到突出教学重点、突破教学难点的目的。

4. 总结评价,拓展延伸

新课程标准指出:学生带着疑问走出课堂是学生可持续发展和终身发展的必需。因此,在对课文做出总结和评价后,我通过问题引导学生进行知识延伸,让学生想一想:＿＿＿＿?这个问题,能再一次激发学生的思维,培养学生的语文能力。

以"情"延伸课堂内容,使学生感到课虽然结束了,但学习是无穷尽的。在学完课文后,我设置了让学生看生活中＿＿＿＿的图片,如＿＿＿＿等,再次启发学生结合自己的生活实际,说一说:＿＿＿＿。引导学生在生活中学语文,在生活中用语文。

5. 安排作业,复习强化

一堂课的结束并不意味着学习活动的完结,而应该以此为一个新的起点,激发学生进一步学习的热情。

本课计划安排两道课后作业:

(1)将本课中自己喜欢的优美词句摘抄到专用小笔记本上。

(2)根据课文内容,画一幅＿＿＿＿画(编排一个课本剧……)。

以上是我对教学过程的安排。

(四)说板书设计

根据课文内容和特点,我设计了这样的板书:＿＿＿＿。

该板书力求让学生抓住课文的内容主线,表现作者的写作思路(思想感情),简单明了。

(五)说教学评价

总之,通过朗读、讨论、交流合作以及多媒体展示等师生双边活动,使绝大部分学生能积极参与到教学活动中来,认知生字,读懂新词,交流讨论,让不同层次的学生均有收获,同时力求让学生能发现问题、提出问题和解决问题,我设想能实现本课的教学目标。

以上就是我今天说课的全部内容,谢谢各位评委老师!

二、小学语文说课案例

《九色鹿》说课稿

各位评委老师,大家好!

我今天说课的题目是苏教版小学《语文》四年级上册第22课《九色鹿》。(板书课题)下面我将从说教材分析、说教法和学法、说设计思路、说教学过程、说板书设计、说阅读延伸、说教学反思等几个方面进行说课。

(一)说教材分析

从教材看,本单元以"诚信"为主题。《九色鹿》作为本单元的第三课,是一篇民间故事,主要讲九色鹿救了一个落水人,落水人发誓永远不说出九色鹿的住处,但是在金钱面前,落水人背信弃义,出卖了九色鹿,最后受到了应有的惩罚。

从学情看,四年级学生有一定的阅读思考能力,对故事中的人物有比较主观的评价能力,对学习这类课文有一定的兴趣。

根据这样的分析,我将本课的教学目标定位如下。

(1)能正确、流利、有感情地朗读课文。

(2)学会本课10个生字,理解由生字组成的词语,能用"竟然"和"只好"造句。

(3)理解课文内容,懂得做人要恪守诚信的道理。

教学重点:把握文中三个重要角色——九色鹿、调达、国王,分析各自特点。

教学难点:领悟九色鹿的美好品质,谴责调达背信弃义、恩将仇报的可耻行径。

(二)说教法和学法

为使学生充分理解本课教学内容,教学中,我主要选择朗读法、讨论法、探究法等教学方法,辅以现代教学手段,使学生积极参与到教学活动中来,使其乐于学、勤于思。在学法指导上,主要采用的是朗读感悟法和想象感悟法,培养学生的阅读理解能力和想象思维能力。

(三)说设计思路

在教学过程中,我力求用问题引导学生。设计以"调达到底是怎样一个见利忘义、背信弃义、恩将仇报的人"为主线,进入课文的学习。在教学过程中,为学生创设了理解语言、运用语言的情境,把更多的时间留给学生读和说,让学生融入文本,在理解语言文字的过程中去感受、领悟人物形象。

(四)说教学过程

第一课时

基于以上对课文的理解,我将本课时的教学过程确立如下。

1. 导言、揭题——走进文本

同学们,我国甘肃省敦煌市的莫高窟有着许多美丽的壁画,其中保存最完整的是《九色鹿》。《九色鹿》取材于一个美丽的传说。今天我们就一起走进这个古老的民间故事。

(板书,齐读课题。)

2. 自由练读,整体感知——读通课文

(1)初读要求:边读边圈出生字词语,读准字音,读通课文,遇到难读的句子多读几遍。

(2) 检查生字词语。

  调达 发誓 泄露 皇榜
  发财 气愤 暴露 斥责
  灵魂肮脏 残害无辜 背信弃义

在读音方面,重点强调"誓、斥"是翘舌音。
在字形方面,重点指导"魂、辜"字的书写。
在字义方面,引导学生理解"誓"上面是个"折",下面是个"言"。古人起誓是十分郑重的事,常常手拿枝条,说完后就把枝条折断,意思是如果说话不算话,就会像这根枝条一样遭到厄运。

(3) 根据出示的词语,概括课文的主要内容。

3.课堂小结,总结学法

(1) 为什么九色鹿救了调达,而调达却要害九色鹿呢?下节课,我们将继续学习。

(2) 这节课,我们学了什么?你能说说吗?

设计意图:安排学生提前阅读、思考,为后续学习做好准备;总结学法,为今后更好地阅读奠基。

第二课时

我设计了以下五项活动内容:

1.复习词语,概括大意

(1) 出示词语。

  救命之恩 千恩万谢 知恩图报
  见利忘义 背信弃义 恩将仇报

(2) 通过上节课的学习,谁能简要地说说课文讲了一个什么故事?

2.精读文本,感悟形象

(1) 自由读文,初悟形象。

在这篇课文中出现了哪几个人物?(板书:九色鹿、调达、国王、王妃)

自由读课文第2~9小节,想想他们分别给你留下了什么印象?你喜欢谁,不喜欢谁?读的时候画出相关的语句。

(2) 感悟九色鹿的形象。

我喜欢九色鹿,因为(勇敢、善良、不图回报……)。从哪里看出来的?

课件演示:

① 突然,耳边传来"救命啊,救命!"的呼喊,只见一个人在汹涌的波涛中奋力挣扎。九色鹿立即纵身跳进河中,将落水人救上岸来。

② 九色鹿打断了调达的话,说:"我救你并不是要你做我的奴仆,快回家吧,只要你不向任何人泄露我的住处,就算是知恩图报了。"

(3) 感悟调达的形象。

① 课件演示:

落水人名叫调达,得救后连连向九色鹿叩头,感激地说:"谢谢你的救命之恩,我愿永远做你的奴仆,终身受你的差遣!"

调达郑重起誓,决不说出九色鹿的住处,然后千恩万谢地走了。
② 请同学们看图,想象一下,当时他会怎么向九色鹿起誓?(出示誓言)
我发誓:_____。
(4) 痛斥小人,提升形象。
我们来看看九色鹿是怎样斥责调达的。
课件演示:
九色鹿非常气愤,指着调达说:"陛下,您知道吗?正是这个人,在快要淹死时,我救了他。他发誓永不暴露我的住地,谁知他竟然见利忘义!您与这种灵魂肮脏的小人一起来残害无辜,难道不怕被天下人笑话吗?"
(5) 拓展训练,升华"诚信"。
① 学习了这篇课文,你一定会有很多感受。在生活中,你要做个什么样的人,拿笔写下来。
② 课件演示诚信名言:人的最大美德莫过于诚信。诚信是人之根,业之本。人无信不立;言必信,行必果。

(五) 说板书设计

在板书设计方面,前人有太多的至理名言和特点体现:少则得、多则惑,画龙点睛,提纲挈领……就是说好的板书应该反映出教学内容的系统、重点和层次,少而精,简明扼要,便于归纳、总结、概括……

据此,本课的板书设计如下。

第一课时板书设计:

$$九色鹿 \underset{害}{\overset{救}{\rightleftarrows}} 调达$$

第二课时板书设计:

    九色鹿   调达
    见义勇为 见利忘义
    不图回报 背信弃义
      誓守诚信

其中,第一课时板书的设计意图是帮助学生了解课文全貌,把握文章的脉络,整体感知课文。第二课时板书的设计意图是帮助学生感悟九色鹿和调达的形象。这样的设计应该会取得预期的教学效果。

(六) 说阅读延伸

推荐学生阅读《曾子杀猪》《韩信报恩》等诚信小故事。

(七) 说教学反思

总之,这两节课,我想要充分体现学生学习的自主性和独创性,在自由、有序、愉悦的课堂活动中积极思考,大胆表达,认真倾听,敢于质疑,乐于探究,善于合作,充分发挥课堂的效能,使学生的语文素养得到整体提升。

案例评析：

1. 总体评价

总的来看，《九色鹿》说课比较全面，介绍到了每一个点，但是部分环节稍欠具体，有些地方介绍得不够清晰。

教学过程和学习方法介绍得比较清楚，但对于教学内容和学情分析不是很具体，尤其是学生的整个知识体系和能力体系不够明确。此外，有关教学内容在知识体系和能力体系中的作用体现不够。

2. 具体评价

（1）教育理念

体现了高效课堂理念，突出新型的师生关系和学习方式的转变，注重科学精神、人文精神、创新精神的渗透和培养。

知识和技能、过程和方法、情感态度和价值观三维教学目标能够自然融合，但表述不够具体到位，比如 10 个生字并未列举，至少也应列举三个再加上"……"或"等"字样。

（2）学科知识

准确、熟练、系统，无科学性错误；重点、难点、关键点把握精准，但学科语言尚欠严谨缜密，比如在第一课时的导言、揭题环节接连出现"甘肃省敦煌市的莫高窟、美丽的壁画、美丽的传说、古老的民间故事"四个词语，本想表达它们是一回事，但表达出来的却是另外一回事，无形中加大了学生听说和理解的压力；教学设计科学合理，符合教学原则。

（3）教材把握与学情分析

能正确把握教材的地位、作用及纵横联系；教学目标明确，重点、难点突出；能客观分析学情，把握学生认知规律，但形式比较笼统，未能注意到学生发展的不均衡和尊重学生个体的差异性。

（4）教学过程与教学方法

创设情境，导入方法自然、新颖；教学方法灵活多样，教学环节安排科学合理；师生互动，合作交流，体现主体作用；恰当使用多媒体辅助教学；作业练习设计合理，符合高效课堂要求，特别是评价方法能促进学生的进步与发展。但教学环节安排有疏漏，比如用生字组词环节、用"竟然"和"只好"造句环节等在教学过程中都没有呈现。有些活动还可优化出新的空间，比如拓展训练，在升华"诚信"活动中完全可以布置学生课前搜（收）集关于诚信的至理名言，并在课堂上展示，既调动了学生的兴趣，培养了动脑动手能力，又能加深学生对诚信做人重要意义的认识。

（5）基本能力与素质

说课稿思路清晰，语言规范，板书设计合理，尤其是第一课时的板书设计从全局着眼，概括了课文全貌，有利于学生很好地把握文章的脉络，理清文章的叙事线索。在说板书设计环节，倘若能将第一、二课时的板书设计成一个和谐的整体，会更利于学生对课文的整体把握。

第二节　小学数学学科

一、小学数学说课稿模式

各位专家评委,大家好!
今天我说课的课题是《_____》。(板书课题)

(一) 说教材

1. 教材的地位与作用

本节内容在全书和章节中的作用:_____是九年制义务教育小学《数学》实验教科书第_____册第_____章第_____节内容。此前学生已学习了_____基础知识,具备了_____学习能力,初步掌握了_____数学思想方法,这为过渡到本节内容的学习起到了铺垫作用,是本次课程学习的起点和新知识的生长点。本节内容的学习将为以后的_____知识学习以及为其他_____学科学习打下良好的基础,起到纽带和桥梁作用。

2. 教学目标

根据上述教材分析,考虑到学生已有的认知结构和心理特征,依据新课程标准的要求,制定如下教学目标。

知识目标:应知、应会。(结果目标使用"了解""理解""掌握""运用"等术语表述;过程目标使用"经历、体验、探索"等术语表述。)

能力目标:通过_____教学初步培养学生分析问题、解决实际问题、读图分析、收集处理信息、团结协作和语言表达能力,以及通过师生双边活动,初步培养学生运用知识的能力,培养学生加强理论联系实际的能力。(数学能力主要有数感、符号意识、空间观念、几何直观、数据分析观念、运算能力、推理能力和模型思想以及应用意识和创新意识。数学活动主要有参与观察、实验、猜想、证明、综合实践等。)

情感目标:通过_____教学引导学生从现实的生活经历与体验出发,激发学生学习兴趣,渗透思想品德教育。(数学情感目标描述主要有积极参与数学探究活动,对数学有好奇心和求知欲;在数学学习过程中,体验获得成功的乐趣,锻炼克服困难的意志,建立自信心;体会数学的特点,了解数学的价值;养成认真勤奋、独立思考、合作交流、反思质疑等学习习惯,形成实事求是的科学态度。)

3. 教学重点、难点

为了使学生能达到本节课预设的目标,从教材内容来看,我认为本节课的教学重点是:① _____;② _____;③ _____。从学生认知水平和生活经验来看,本节课的教学难点是:① _____;② _____。

(二) 说教法学法及教学准备

(1) 说教法。根据本节课内容及学生特点:应着重采用_____等教学方法。(小学数学课常用教学方法有谈话法、讲解法、练习法、尝试法、发现法、讨论法、探究法、迁移法、类比法、直观演示法、情境教学法、动手操作法、启发引导法、问题解决法、目标导控法等。)

教学方法及其理论依据(描述):坚持"以学生为主体,以教师为主导"的原则,根据学生的心理发展规律,采用学生参与程度高的教学法。在学生看书讨论的基础上,在老师的启发引导下,运用问题解决法、师生谈话法和讨论法。在采用讨论法或问题解决法时,特别注重不同难度的问题,提问不同层次的学生,面向全体,使基础差的学生也能有表现机会,培养其自信心,激发其学习热情。有效地开发各层次学生的潜在智能,力求使学生能在原有的基础上得到相应的发展。同时通过课堂练习和课后作业,启发学生从书本知识回到社会实践,提供给学生与其生活和周围世界密切相关的数学知识,学习基础性的知识和技能,在教学中积极培养学生学习兴趣和动机,明确学习目的。老师应在课堂上充分调动学生的学习积极性,激发来自学生主体的最有力的内在动力。

(2) 说学法(学情分析)。与中学生相比,小学生自控力、理解力和接受力要逊色很多,但是小学生有强烈的好奇心,凡事喜欢问为什么。生活与数学是紧密相关的,从实际生活中寻找例子引入课题,有利于激发学生的学习动力。具体做法如下:① 根据兴趣需求,激发情感动力。兴趣是最好的老师,要根据教学内容,最大限度地创设问题情景,调动学生学习的积极性。② 关注知识需求,满足求知欲望。小学生遇到问题往往急于知道答案,教学中通过师生交流,共同探索,让学生自己找到问题答案。③ 关注思维需求,促进思维发展。教学中要充分利用教学资源,注重内容的延伸与拓展,发展学生思维能力。④ 关注认知误区,避免错误隐患。小学生的认知能力有限,学习中会出现这样那样的错误,教师要及时加以纠正。⑤ 关注书写规范,养成良好习惯。小学生学习习惯对今后的进步与发展影响较大,教师要在各个教学环节中加以要求与培养。(小学生学习方法主要有善于观察、仔细分析、认真思考、动手操作、整理归纳、类比迁移、图形直观、自主阅读、尝试练习、合作交流、建立模型、探索质疑等。)

(3) 说教学准备。教具、学具使用;多媒体课件演示;音像播放;实物投影仪;网络视频。

(三) 说教学过程

为了突出重点,突破(化解)难点,实现教学目标,我对本节课的教学过程预设如下。

1. 创设情境,激趣导入

把教学内容转化为具有潜在意义的问题,让学生产生强烈的问题意识,使学生的整个学习过程成为"猜想",继而紧张沉思,期待寻找理由和证明过程。在实际情况下学习可以使学生利用已有的知识与经验,同化和索引出学习的新知识,这样获取知识不但易于保持,而且易于迁移到陌生的问题情境中。

2. 参与体验,探究新知

由实例得出本课新的知识点。根据各个知识点设计相应的师生活动过程,探究有关数学问题。设计活动要考虑学生的主体性、参与性,问题的层次性和数学学习过程的体验性。

3. 尝试练习，应用新知

在分析讲解例题时，不仅要让学生学会怎样解，更重要的是要让学生知道为什么这样解，并且能及时对解题方法和规律进行概括总结，这样有利于培养学生的思维能力。课后练习使学生能自觉运用所学知识解决实际问题，从中总结提炼出解题思想方法。

4. 拓展延伸，内化提高

变式延伸，进行重构，重视课本例题，适当对题目进行引申与拓展，使例题的作用更加突出，有利于学生对知识的串联、累积与加工，从而达到内化知识、举一反三的效果。

5. 分层练习，总结提升

针对学生素质的差异进行分层训练，既使学生能掌握基础知识，又使学有余力的学生有所提高。总结结论，强化认识。知识性的内容小结，可把课堂教学传授的知识尽快内化为学生的素质；数学思想方法的小结，可使学生更深刻地理解数学思想方法在解题中的地位和应用，并且逐步培养学生良好的个性品质。

（四）说板书设计

好的板书就像一份微型教案，此板书力图全面而简明地将授课内容传递给学生，清晰直观，便于学生理解和记忆，理清知识脉络。根据不同情况和需要，可以边说课边板书；也可以在说课结束后，在黑板上写出本节课的板书设计；如果可能的话，也可以将板书设计写在事先准备好的小黑板上，待说课结束后呈现并做简要说明即可。小学数学板书设计一般采用提纲式板书、结构式板书、问题式板书、对比式板书和图文结合式板书等形式。

（五）说教学评价

教学评价是教师进行教学反思的重要载体，是教师优化教学行为的最好形式，是说课者与听说者交流的有效平台，是提升说课者理论层次的不可缺少的环节。

数学说课活动的教学评价主要有：预设教学目标是否达成；教学重点难点处理是否得当；教学手段方法运用是否合适；教学活动设计和学生的数学思维能力训练是否达到预期效果；因材施教和学法指导处理情况如何；数学思想方法引导、归纳和总结是否突出；数学教学资源开发与使用是否有效等。在说课评价过程中，还要有意识地评说说课者是否进行"立德树人"方面的教育。小学数学教材中有丰富的德育教育资源，在教学活动设计过程中，要根据具体教材特点，有针对性地对学生进行"爱国主义、民族精神、绿色生态、合作意识、节约奉献、探索真理、高尚品德"等方面的德育教育。

二、小学数学说课案例

《分数的基本性质》说课稿

尊敬的各位评委，大家好！（鞠躬）

今天我的说课课题是《分数的基本性质》。（板书课题）下面我将从说教材、说教法学法、说教学过程、说板书设计和说教学评价等环节进行说课。

（一）说教材

《分数的基本性质》是义务教育课程标准小学《数学》实验教科书五年级下册第六单元

第一节课的内容(例1、例2)。本节内容是在学生已经掌握了分数的意义和分数大小的比较的基础上进行教学的。学习本节内容对学生以后进一步学习约分、通分、分数四则运算以及分数应用题起到非常重要的铺垫作用。根据新课程标准要求以及本课在教材中的地位和作用,并结合学生的年龄特点和认知规律,我预设了如下教学目标。

(1) 知识与技能:通过参与学习活动,让学生理解并掌握分数基本性质;能运用分数基本性质将一个已知分数化为指定分母的分数,大小不变;正确认识和理解变与不变的辩证关系;培养学生的观察能力、分析能力和抽象思维能力。

(2) 过程与方法:通过情景创设,引导学生运用实验、对比、归纳的方式进行观察分析、合作交流,探索发现分数的基本性质。

(3) 情感态度与价值观:通过对分数基本性质的学习,让学生发现事物的本质特征,激发探究兴趣,体验数学学习活动带来的乐趣。

教学重点:掌握分数的基本性质。

教学难点:分数基本性质的应用,能把一个分数化成指定分母的分数。

(二) 说教法学法

1. 教法

五年级学生有一定的数学语言表达水平,有良好的数学思考习惯,具备较高的数学问题探究意识,所以本节课我采用"讨论法""探究法"等教学方法。

2. 学法

数学学习的灵魂在于主体探究,教师要重视学法指导,通过各种手段让学生亲身体验知识形成的过程,从中发现规律和总结规律。本节课是五年级内容,高年级学生具有一定的数学基础和较好的语言表达能力,初步掌握了一些数学问题的探究方法,因此本节课我采用"观察发现"与"合作探究"等学习方法。

3. 教具学具准备

多媒体课件,学生每人准备4张完全一样的长方形纸条和一支彩笔。

(三) 说教学过程

为了突出重点,突破难点,实现预定目标,我设计如下教学过程。

1. 创设情境,激趣导入

学生的学习动机和求知欲取决于良好的学习情境创建。兴趣是学习的最好老师,因此在上课前设计这样一个问题情境:先通过商不变规律的回顾,建立新旧知识之间的联系,用猜想的方式激发学生的学习兴趣,通过创设"妈妈分苹果"的故事情境,增强解决问题的现实性。这样能使教材与学生之间建立相互包容、相互激发的关系,引导学生大胆自然地提出猜想,从而引出新课题。(板书:分数的基本性质)

2. 尝试探究,感悟过程

新课程标准强调,教学应以学生为主体,倡导自主探究式学习方式。让学生自己阅读课本第60页例1的内容(板书:例1),然后让学生用准备好的学具自己动手做实验,通过"涂一涂""比一比""议一议"等活动,让学生在活动中寻找答案,引导学生初步感悟分数基本性质的规律。这样的学习既体现了学生在课堂教学中的主体地位,又培养了学生的独立思考能力。

3. 合作交流,内化提升

合作学习是新课改倡导的又一种重要的学习方式。在这一环节,我将以分组的形式让学生讨论交流,并比较以上几个分数的分子和分母的内在联系。鼓励学生从多个角度寻找规律,从中发展学生的个性,再引导学生概括出规律,并重点讨论"0除外"的问题,使学生全面、准确地掌握分数的基本性质[板书:$\frac{a}{b}=\frac{am}{bm}=\frac{a\div m}{b\div m}(m\neq 0)$],再放手让学生解决例2的问题(板书:例2),突出学生学习的主体地位,并不断强化对分数基本性质的理解。合作交流学习,使学生得出规律性结论,激发学生的学习兴趣,启迪学生的思维,从而增强学生的学习自信心。

4. 强化应用,巩固提高

数学学科的一个重要特点就在于它的应用性,因此,这一环节主要围绕如何让学生突出重点、化解难点而设计了三个层次的练习,并让学生根据自己的能力自由选择题目解答,使不同的学生在解答问题的过程中都能享受到成功与快乐。遵循因材施教的原则,体现不同的人在数学上有不同的发展的新课程理念。

(1) 基础题(课本第61页练一练:1,2)。

以基础为主,主要激发中下层学生的兴趣,体验成功的乐趣。

(2) 联系生活实际题(用多媒体课件展示)。

问题:一天,唐僧师徒四人分吃一个西瓜,唐僧吃这个西瓜的四分之一,孙悟空和沙和尚都吃这个西瓜的八分之二,猪八戒吃这个西瓜的十六分之四,他们四人谁吃得多?为什么?以生活实例为主,体现"数学来源于生活,又应用于生活"的特点。

(3) 提高题(用多媒体课件展示)。

问题:

① 在下列情况下分数的大小有什么变化?

a. 分子扩大到原来的4倍,分母不变。

b. 分子缩小到原来的一半,分母不变。

② 一个分数,分母比分子大10,它与三分之一相等,这个分数是多少?

③ 一个分数,分子加上3,分数值就是自然数1,它与二分之一相等,这个分数是多少?

提高题为上层学生设计,以达到培优效果,并激发学生竞争意识,使学生的知识、能力、智力同步发展。以上练习采用的是开放式评价,不仅有教师对学生的评价,还放手让学生自评、互评,引起共鸣与争论,充分体现学习评价的多元化。

5. 总结提炼,拓展延伸

在本环节让学生说出自己在这节课的学习所得(包括知识、技能、方法和感悟),并让学生联系生活实际,深刻体会所学知识的实用价值。

(四) 说板书设计

本节内容主要围绕两个例题展开教学,因此将两个例题内容以板书的形式呈现,作为研究问题的起步点和落脚点。分数基本性质的内容是本节课学习的重点,通过"数学符号"和"文字符号"两种语言对比方式呈现,帮助学生从多角度理解与记忆分数的基本性质,增强学生不同符号之间的转化意识。

附板书：

课题：分数的基本性质

例1：_____   例2：_____

$$\frac{a}{b} = \begin{cases} \frac{am}{bm} \\ \frac{a \div m}{b \div m} \end{cases} (m \neq 0) \quad \begin{matrix} ——分子分母同乘以非零数,分数值不变。\\ ——分子分母同除以非零数,分数值不变。\end{matrix}$$

（五）说教学评价

在教学设计中，我根据新课程标准的理念，教学以学生为主体，让学生在参与中学习，在学习中体验，在体验中获得成功。课堂的组织形式和结构都以学生如何学为中心来展开，把课堂交给学生，通过教师引导、师生互动，让课堂成为学生合作学习与自主探究的平台，使每一个知识点都成为学生学习的兴奋点，让学生在鼓励与赞美声中快乐地学习，使学生获得成功的、积极的情感体验。

教学是一门学问，更是一门艺术。没有最好，只有更好，恳请各位专家评委提出宝贵的意见。我的说课完毕，谢谢各位！

案例评析：

本次说课在新课引入时，创设"妈妈分苹果"的故事情境，在新知识应用时又出现了生活实际题，在总结提炼时还让学生联系实际谈新知识的实用价值。其以大量生活实例为学生数学学习提供了丰富多彩的原料和素材，能使课堂充满趣味性、探索性和应用性，激发学生的学习热情，真正体验到数学源于生活又回归生活，充分体现了积极向上的情感、态度与价值观，达到弘扬社会正能量的时代要求。

在新知识学习中，指导学生用自主探究、合作交流的学习方式，充分体现学生学习的主体性，蕴含了数学学习方式转变的时代精神和新课改要求。

在知识应用时，设计三个层次的练习题，兼顾不同层次的学习个体，体现教学要求的差异性，让不同的人学不同的数学；在习题讲评时，采用自评、互评、教师评等方式，体现评价形式的多元化，彰显了教学的民主性与开放性。

在教学反思时，总结了学习主体的参与、体验、探索、互动等数学课堂活动，既反映了数学教学的特点，又体现了数学新课程标准的理念。

本节课在"总结提炼，拓展延伸"这个环节，除了让学生总结知识、技能、方法、感悟以外，要有意识地引导学生研究和品味分数基本性质的逆运用，这样既可以培养学生的逆向思维能力，同时还可以与教材地位分析中的约分、通分相呼应。另外，对新知识的应用价值的说明显得比较笼统，不够具体细致。

第三节　小学英语学科

一、小学英语说课稿模式

Good morning, dear judges!

I'm glad to interpret my teaching design here. The teaching content is about "Fun with English" Book _____, Unit _____, Part _____, the _____ period. Now I'll interpret it from the following aspects.

(一) The teaching content

Firstly, let's focus on the analysis of teaching content. The lesson is a new one of this unit. It includes part _____ and _____. In section 1 it mainly deals with key words _____. And in section 2 it deals with the patterns _____.

(二) The students

Secondly, it is about the students.

My students are in Grade _____. They are active, curious and interested in new things. After learning English for _____ years, they have some basic English knowledge, so the teacher should attach the importance to the communication with them, providing them the chances of using language. They have already known _____, and it is not difficult for them to understand and use the language patterns in this unit.

(三) The teaching aims

Thirdly, based on the above analysis and the understanding of the teaching content, I set the following teaching aims.

1. Language knowledge

By the end of the lesson students will be able to read, recognize and understand the meaning of new words and phrases: _____, and these sentences: _____.

2. Language skills

By the end of the lesson, students can understand _____ and get useful information from others through attentive listening/reading.

Students are able to talk about _____.

Students can use _____ to _____.

Students' abilities of listening and speaking will be developed.

3. Emotional aims (affect, learning strategies, cultural awareness)

In this lesson the emotional aims are:

to help students cultivate and foster their abilities of working in groups.

to foster students' consciousness of good-cooperation and proper competition.

to help students cultivate their abilities of analyzing and solving problems independently.

to foster students' initiative and creativeness.

to help students recognize and identify the differences between Chinese and English cultures on _____.

to help students know some _____, and comprehend the _____.

The main points of this lesson are:

to make sure that students can use _____ correctly and skillfully.

to develop students' interest in English.

The difficult point is: _____.

（四）Teaching approaches and learning methods

Fourthly, I will talk about teaching approaches and learning methods.

The new curriculum requires that we pay more attention to students' interests and life experience, let them take part in, practise and cooperate in class, and my students already have abilities of reading short passage, so I will mainly use "Task-based teaching method", "Communicative language teaching method" and "Total Physical Response teaching method" to help students focus and overcome key and difficult points.

There is an old saying: To teach one the skill of fishing is better than to offer him fish, so in class, I mainly guide students to learn to use "cooperative learning method" and "self-leaning method" to get useful information. Teaching students to learn is also the demand of the new curriculum.

（五）Teaching aids

In this lesson, Computer Aided Instruction and some cards will be used.

（六）Teaching procedures

Next let's focus on the teaching procedures.

I will finish the lesson in _____ steps.

Step 1: Warming-up

It will cost about _____ minutes.

I will begin the lesson by singing the song _____ together with the students.

The purpose of this step is to form a better English learning atmosphere for the students, and at the same time, it provides situations to review the learnt knowledge _____ for the next step.

Step 2: Presentation

It will cost about _____ minutes.

With the help of the PPT, I set a situation of _____ by _____ to stimulate the students' interest in the lesson.

By playing the PPT, I _____, and then _____.

The purpose of this step is to present the new words and sentences in the situation which relates to the students' real life experiences, and help them understand the language easily and naturally.

After presenting each new word by the guessing game, I will impart the knowledge of pronunciation rules in teaching the new words.

It can facilitate the students' abilities to pronounce the words and help them remember the spelling of the words.

Step 3: Practice

It will cost _____ minutes including:

(1) Mechanical activity.

Purpose: to help students recognize and read the new words _____ and sentences _____.

(2) Meaningful activities.

Purpose:

to make students use the new words and sentence structures in _____.

to help students use the language in a real situation.

to draw the whole students' attention to the spelling of the words.

to help students to learn through a real situation.

Step 4: Production

In this step I will give students a free space to show their abilities. I will _____, then _____.

"Task-based teaching method" and "Communicative language teaching" are used here.

This activity is to develop students' ability of communication, and also their ability of cooperation will be well developed.

Making a new dialogue can help to check if students can use _____ correctly and skillfully.

Step 5: Conclusion

In this step I will guide the students to sum up the key words _____ and sentences _____, and also I will _____.

The purpose of this step is to stimulate students' interest of learning English and wide their knowledge about communication across cultures.

Step 6: Assignment

I'll design the following three assignments to help to consolidate what they have learned in this class, their study can be extended to extracurricular, and their interest will be well maintained.

(七) Blackboard design

This is my layout design. The blackboard is divided into three parts. On the left are the new words, on the right are the key sentences, and on the right, I'll note down the students' behaviors to evaluate them timely, so that they can know their achievements. The entire design focuses on the key and difficult points of the lesson, and this allows students to learn, to practice, to consolidate and to sum up the content easily in class.

That's all for my teaching design. Thank you very much for listening.

（八）The teaching prediction

By learning this lesson, the students will not only have a clear idea about the target language of this unit, but also improve their spirit of using the language and enjoy a happy learning. The activities in my lesson allow them to learn from each other, to help each other and to develop a spirit of independence, cooperation and exploration, and the teaching results will be ultimately achieved.

That's all for my teaching design. Thank you very much for listening.

二、小学英语说课案例

5B Unit 8 At the weekends（Part A 1st. period）说课稿

Good afternoon, dear judges!

I'm glad to interpret my teaching design here. The teaching content is about "Fun with English" Book 5B Unit 8 At the weekends, Part A Read and Say, the 1st period. I'll interpret it from the following aspects.

Part one: The teaching content

"Fun with English" pays more attention to children's interest, experience, and the topics are related to our daily life. That is helpful for children to learn.

The topic of this unit is about "weekend activities", and in this class we'll learn some new words and phrases: catch, butterfly, sport, watch cartoons, at the weekends, learn from, etc. and the sentence patterns: "How do you spend your weekends? I often..., sometimes I... How does he/she spend his/her weekends? He/She often..., sometimes he/she..." It has some relation with the content in Unit 4, so it's not difficult for the students to understand.

Part Two: The students

Secondly, it is about the students.

My students are in Grade 5, they are active and interested in the topics related to life, and they already have some basic English knowledge to exchange simple information, so I design some teaching activities to provide them with the chances of using English, and encourage them to participate actively in them.

My students also know the knowledge of the third person, and after learning Unit 4, they can use the sentences: What does he/she usually do on Sundays? He/She usually... All of this helps them learn sentence patterns in this unit.

Part Three: The teaching aims

Based on the above analysis and the understanding of the teaching content, I set the following teaching aims.

1. Language knowledge

By the end of the lesson, students will master the four-skilled words/phrases:

catch, butterfly, sport, watch cartoons, at the weekends, learn... from..., etc. and the sentences:

"How do you spend your weekends?"

"I often _____, sometimes I _____."

"How does he/she spend his/her weekends?"

"He/She often _____, sometimes he/she _____."

Students can listen, say, and read the sentence: I can learn a lot from it.

Students will understand the usage of adverbs: usually, often, and sometimes.

2. Language skills

By the end of the lesson, students can use the new words and the sentence patterns to talk about their weekend activities freely.

Students can get useful information through listening, reading and communicating with others in English.

3. Emotional aims (affect, learning strategies, cultural awareness)

In this lesson the emotional aims are:

to encourage students to know how to spend weekends meaningfully.

to foster students' consciousness of good-cooperation and proper competition.

to help students cultivate their abilities of analyzing and solving problems independently.

Part Four: Key and difficult points

Key and difficult points in this lesson are:

to enable students to use the words, the phrases and the sentences proficiently in this part.

to enable students to understand the usage of adverbs: usually, often, and sometimes.

to enable students to use the singular verb form of the third person correctly. The last two are also the difficult points.

Part Five: Teaching approaches and learning methods

Fifthly, I will talk about teaching approaches and learning methods.

According to the curriculum standards and the characteristics of my students, in this lesson, I'll mainly use "situational teaching approach" and "task-based teaching approach" to stimulate students' interest in learning and participating in activities. This is also helpful for them to focus on and overcome key and difficult points. (E.g. free talk, survey in post-reading, writing an e-mail.)

There is an old saying: To teach one the skill of fishing is better than to offer him fish, so in class, I mainly guide students to learn to use "cooperative learning method" and "self-learning method" to get useful information. Teaching students to learn is also the demand of the new curriculum.

Part Six: Teaching aids

In this lesson, CAI, cards, and two sheets of exercise paper will be used.

Part Seven: Teaching procedures

Next let's come to the teaching procedures. I will finish the lesson in 6 steps.

Step 1: Warming-up

It will take 3 minutes.

Sing the song *Hobbies*.

I'll ask students to sing the song *Hobbies* together, showing some phrases on cards for them to replace.(E.g. surf the Internet, go swimming, play football, go climbing, listen to music, go to cinema, go to a park, play on the wings…)

【Purpose】English song is one of a better way to arouse students' interests in learning. It can make students feel relaxed and get ready for the lesson. Replacing phrases in the song helps to prepare for the new lesson.

Step 2: Pre-reading

It will cost about 8 minutes, including:

(1) Lead in.

Tell students they have learned the song from me, and today they will learn Unit 8 from me. With an example sentence on the screen, I'll teach the phrase: learn… from… and write down the title and the new phrase on the Blackboard.

【Purpose】The purpose of this is to present the new phrase "learn… from…" in a situation which relates to the students' real life experiences, and to help them understand the language naturally and unconsciously.

(2) Free talk about weekends.

Then I'll make a free talk with students:

T: What do you usually do on Saturdays and Sundays/at the weekends?

S: I usually…

T: What does he/she usually do on Saturdays and Sundays/at the weekends?

S: He/She usually…

T: How do you spend your weekends/Saturdays and Sundays?

S: I often…

T: How does he/she spend his/her weekends/Saturdays and Sundays?

S: He/She often…

【Purpose】In this step, first I'll teach the new word "spend" and the phrase "at the weekends", and write the main sentences on the Blackboard for them to tell the differences, then I'll use the knowledge they learned in unit 4 to help them understand the new knowledge. That is: from "usually" to "often", from "What do you usually do on at the weekends?" to "How do you spend your weekends?" from "What does he/she usually do at the weekends?" to "How does he/she spend his/her weekends?" at the same time, I'll use their information gap to help them understand the difference between "do" and "does", "usually" and "often". That is also key and difficult points in my teaching.

(3) Let's chant.

Let students chant sentences with music, using the phrases on cards to replace.

[Purpose] It can facilitate students not only remember and understand the sentences, but also train their spoken English.

Step 3: While-reading

This step will cost 22 minutes including five mini tasks.

Task 1: Listen and tick

I'll show video of the text on the screen, and ask students to listen and tick "How do they spend their weekends?" (Teach the phrase "talk about" with the help of PPT, and let the students do it on their exercise paper.)

Listen to the tape and do the F or T.

(1) It is Saturday afternoon. (　　)

(2) Wang Bing often surfs the Internet at the weekends. (　　)

(3) Mike doesn't like sport. (　　)

(4) Helen does housework at the weekends. (　　)

(5) Su Hai often watches cartoons, sometimes she catches butterflies. (　　)

Task 2: Look, listen again and check on the screen

Task 3: Learn to say and make sentences

I'll use pictures to teach new language points: sports, of course, watch cartoons, catch butterflies, and let students learn to make sentences after model, first in groups and then one by one until they are sure to say them. (e.g. Hello, I'm Wang Bing. I often... Sometimes I... Sometimes I..., I can learn a lot from the Internet, etc.) Much attention should be paid here, because these are main sentences of this lesson.

Task 4: Imitate and make dialogues

I'll let students listen and imitate together and make dialogues in pairs after the teacher gives a model to students.

Task 5: Read Part A and complete the sentences

(1) Wang Bing often＿＿＿＿the Internet at the weekends, sometimes he＿＿＿＿swimming, sometimes he＿＿＿＿basketball.

(2) Mike often＿＿＿＿climbing, sometimes he＿＿＿＿to music or＿＿＿＿to the cinema.

(3) Helen often＿＿＿＿TV at home.

(4) Yang Ling often＿＿＿＿to the park.

(5) Su Hai often＿＿＿＿cartoons, sometimes Su Hai and Su Yang＿＿＿＿

butterflies in the park.

【Purpose】By completing the four tasks with different learning strategies, the students can gradually master the content in the discourse. Task 1-2 is designed for students to understand the main idea of the text easily, at the same time their listening ability is developed. Task 3 is a process from input to output, and it helps students overcome difficulties unconsciously (the language items: sports, of course, watch cartoons, catch butterflies, and the key sentence patterns). Task 4 helps students form a coherent memory of the text and learn to make dialogues after model. Task 5 helps students not only make out what each person does in the text effectively, but also practice using singular verb form of the third person correctly, this is also the difficult points of this lesson. Learning authentic, natural tone of voice under the teacher's guidance is also good for students to develop good pronunciation and reading habits.

Step 4: Post-reading

Do a survey in a competitive way.

I'll ask them to do a survey on a printed questionnaire sheet within 8 minutes.

Model T: How do you spend your weekends?

　　S1: I often read newspapers, sometimes I play chess.

　　T: He often reads newspapers, sometimes he plays chess.

Who?	How?	
	Often	Sometimes
S1	Reads the newspapers	Plays chess
S2	…	…
S3	…	…

The survey is done by three steps:

① I'll make a model with a student so that students know what to do.

② Students ask and answer in pairs to fill in the blanks.

③ Each group reports findings in the third person to give feedbacks.

④ The teacher evaluates each group's behavior.

【Purpose】English curriculum standards advocates "task-based" teaching approach, so I creatively design these mini tasks for them to consolidate the knowledge. By doing a survey, they would try to communicate and cooperate actively with each other. The practical, workable teaching activities are very close to their life, which fully embodies the teaching philosophy "to come from life, and to go in life". This helps them to break through the limitations of simple questions and answers, to improve their ability in using English properly, and to develop their intercultural awareness and communication abilities.

Step 5: Conclusion

I'll leave them 2 minutes in this step.

I'll ask "What do you learn from me today?" to inspire them to sum up what they learned in class with the help of the Blackboard design.

[Purpose] Using "learn... from..." to help them summarize plays a good role throughout the front and rear. Students can find their achievements in learning, their advantages and the problems to be overcome. All of these stimulate their enthusiasm for further learning.

Step 6: Homework

Now I'll use 1 minute to announce the homework.

Students are asked to do a survey at home and complete an e-mail to the teacher about their family activities at the weekends:

An e-mail

Dear Ms. Zhu:

My name is _____. I hope we can be good friends. I'll tell you something about me.

I have a happy family. I like _____, so at the weekends, I often _____. Sometimes I _____.

My father is a worker, he often _____. Sometimes he _____.

My mother is a nurse. How _____ she spend her weekends? Oh, she often _____. Sometimes she _____.

Have a nice weekend!

Yours

×××

[Purpose] After their experience of listening and practicing, I integrate everything in this letter for them to review again. Such a letter can not only effectively consolidate what they've learned in class, know how to spend the weekends meaningfully, but also enhance students' writing ability. Their study can be extended to extracurricular, and their interest will be well maintained.

Part Eight: Blackboard layout

Unit 8　At the weekends

		Group: A	B	C	D
talk about	How do you spend your weekends?	★		★	★
learn... from...	I often... sometimes I...	★	★	★	★
of course		★		★	★
like sport	How does he/she spend his/her weekends?	★		★	

续表

		Group:	A	B	C	D
watch cartoon	He often... sometimes, he/she...		★	★		★
catch butterflies			★		★	

【Purpose】This is my layout design. The Blackboard is divided into three parts. On the left are the new words or phrases, in the middle are the key sentences, and on the right, I'll note down each group's behavior to evaluate them timely so that they can know their achievements. The entire design focuses on the key and difficult points of the lesson, and this allows students to learn, to practice, to consolidate and to sum up the content easily in class.

Part Nine: The teaching prediction

By learning this lesson, the students will not only have a clear idea about the discourse of this unit, but also improve their spirit of using it to talk about things in life, and enjoy a happy learning. The activities in my lesson allow them to learn from each other, to help each other and to develop a spirit of independence, cooperation and exploration, and the teaching results will be ultimately achieved.

That's all for my teaching design. Thank you very much for listening.

Attachment:

Exercise sheet

Exercise 1:

Listen to the tape and do the F or T.

(1) It is Saturday afternoon. (   )

(2) Wang Bing often surfs the Internet at the weekends. (   )

(3) Mike doesn't like sport. (   )

(4) Helen does housework at the weekends. (   )

(5) Su Hai often watches cartoons, sometimes she catches butterflies. (   )

Exercise 2:

Read Part A and complete the sentences:

(1) Wang Bing often _____ the Internet at the weekends, sometimes he _____ swimming, sometimes he _____ basketball.

(2) Mike often _____ climbing, sometimes he _____ to music or _____ to the cinema.

(3) Helen often _____ TV at home.

(4) Yang Ling often _____ to the park.

(5) Su Hai often _____ cartoons, sometimes Su Hai and Su Yang _____ butterflies in the park.

Exercise 3:

Do a survey in a competitive way.

You're asked to do the survey on the printed questionnaire sheet in groups, then report your results to the class.

Model: S1 often reads newspapers, sometimes he plays chess.

　　　　S2…

　　　　S3…

Who?	How?	
	Often	Sometimes
S1	Reads the newspapers	Plays chess
S2	…	…
S3	…	…

案例评析：

　　Fun with English 以学生的发展为宗旨，按"话题—功能—结构—任务"相结合的体系编排教学内容，要求以联系社会生活、贴近学生实际的活动为上课的主要形式，强调让学生通过体验、实践、参与及合作等方式完成学习任务，从而逐步形成综合语言运用能力，这也完全符合《小学英语课程标准》的要求。本篇说课稿就是在充分吃透教材编写意图的基础上，以新课程标准为准绳，以教育教学理论为指导，系统分析了教材和学生，阐明本课时的教案设计、教学中所要选用的教学方法和学生的学习方法及其理论依据。整个说课稿结构严谨，环节完整，思路清晰，理论性强，具体表现在以下几个方面。

1. 对教材和学情分析"透"

　　本说课稿对该课教学内容和学生状况进行了详细的分析，说明了该部分教学内容在教材中的地位，以及和第四单元的联系，很好地引导学生实现了知识的迁移。在组织教学内容与安排教学活动时，教师更是从学生的兴趣和实际生活出发，设计了多个贴近学生生活的活动(Doing a survey, making sentences)，使课堂内容与学生生活实际紧密相连，使英语知识生活化，恰到好处地拉近了学生与文本的距离，培养了学生说英语的意识和用英语的能力。

2. 对教学目标分析"准"

　　在综合分析的基础上，本说课稿根据实际情况确立了该课时教学后学生在语言知识、语言技能和情感态度三方面应达到的具体目标，并准确地定位了本课时的重点和难点。该教学目标和教学重点、难点的确立既符合教材和新课程标准的要求，又切合学生的实际。

3. 对教法学法选择"好"

　　从说课内容可以看出，该教师在对教学内容、教学目标、学情、教学组织形式等综合分析的基础上，主要采用了"情境教学法"和"任务型教学法"来完成本课时的教学任务。通过创设语言情境引导学生积极思考，充分调动了学生的学习积极性，而一系列的任务活动又让学生在完成任务的过程中理解课文,掌握和运用语言,自然地实现了由输入到输出的过程。这些教学方法的选择既科学又合理,同时又完全符合语言习得规律。另外,该教师从学科内容与特点着眼,针对学生的年龄特征、思维特点和学习基础等情况,重视培养学生主体学习、合作学习的能力,对学生的学习方法、学习能力等进行相应的指导,这也是新课程理念所倡导的。

4. 对教学过程阐述"清"

说课者将教学过程说得清楚明确,让听者感受到其独具匠心的教学设计,以及这样安排的理论依据。

首先,在教学思路的设计与教学环节的组织上,说课者根据自己对教材内容的理解和处理,针对学生实际,借助多媒体和图片等教学手段完成教学任务;各环节的衔接和过渡自然、所占用的时间合适、所设计的活动恰当;导入和总结方法巧妙、编排的目的和意图明确等,这些都给听说者留下了清晰的印象。

其次,在任务活动编排上,说课者在充分了解《小学英语课程标准》要求的前提下,结合教学内容,创造性地设计了贴近学生实际的、操作性强的任务活动,让学生通过调查、交流及合作等方式学习和使用英语,真正体现了"从生活中来,到生活中去"的教学理念。说课者将这些活动的设计、顺序、要求、组织形式及所要达成的目标也都阐述得一清二楚(如怎样做 survey、如何做 report、homework 的要求等),让听者切实领略到说课者设计每项活动任务的目的和作用。

再次,在重点与难点的处理上,所有的教学活动始终围绕怎样有效地突出本课的重点、突破难点来设计,说课者在说课过程中也多次突出了这一点。

如在 Pre-reading 中,说课者在教授本课重点句型后,适时地设计了"Let's chant"的活动,巩固了本课的重点句型;又如 While-reading 中的 Task 5 和 Post-reading 中的 survey 就是为帮助学生掌握和巩固第三人称单数时动词的用法这一教学难点而设计的。

最后,说课者对教学辅助手段的选择、作业的布置、关键性问题和环节的处理,以教师为主导、以学生为主体的思想教学,以及效果预测等方面也阐述得非常清楚,在此不再一一赘述。

第四节　小学思想品德学科

一、小学思想品德说课稿模式

评委老师好!

我说课的课题是《_____》。(板书课题)

(一) 说教材

1. 教材的地位和作用

_____是九年义务教育六年制小学_____年级_____册第_____单元第

_____课。本单元由_____个内容组成。本单元体现了_____,重在_____。_____是这一单元的_____,处于_____地位,有着_____作用。

2. 教学目标

根据教材特点和_____年级学生的认知水平以及心理特征,依据新课程标准的要求,我确定了如下教学目标。

(1) 情感、态度、价值观目标:通过_____,让学生感受到_____,激发_____的感情,形成_____的意识(态度)。

每节课的教学目标不必面面俱到,应简洁、清晰、具体,注意针对性和可操作性,尽可能根据本校和本班学生的实际状况和需求进行设计,避免大而空。课标对情感、态度、价值观维度的目标表述为:① 珍爱生命,热爱生活,养成自尊自律、乐观向上、勤劳朴素的态度;② 爱亲敬长,养成文明礼貌、诚实守信、友爱宽容、热爱集体、团结合作、有责任心的品质;③ 初步形成规则意识和民主、法制观念,崇尚公平与公正;④ 热爱家乡,珍视祖国的历史与文化,具有中华民族的归属感和自豪感,尊重不同国家和民族的文化差异,初步形成开放的国际视野;⑤ 具有关爱自然的情感,逐步形成保护生态环境的意识。在制订某一课的目标时,可适当参照其中的部分表述。

(2) 能力与方法目标:在参与活动的过程中,引导学生_____,学会_____的方法,初步培养_____的能力。

课标对能力与方法维度的目标表述为:① 养成安全、健康、环保的良好生活和行为习惯;② 初步认识自我,掌握一些调整自己情绪和行为的方法;③ 学会清楚地表达自己的感受和见解,倾听他人的意见,体会他人的心情和需要,与他人平等地交流与合作,积极参与集体生活;④ 学习从不同的角度观察社会事物和现象,对生活中遇到的道德问题做出正确的判断,尝试合理地、有创意地探究和解决生活中的问题,力所能及地参与社会公益活动;⑤ 初步掌握收集、整理和运用信息的能力,能够使用恰当的工具和方法分析、说明问题。在制订某一课的目标时,可适当参照其中的部分表述。

(3) 知识目标:通过本节课的学习,帮助学生了解_____,知道_____,理解_____,掌握_____。

课标对知识维度的目标表述为:① 理解日常生活中的道德行为规范和文明礼貌,了解未成年人的基本权利和义务,懂得规则、法律对于保障每个人的权利和维护社会公共生活具有重要意义;② 初步了解生产、消费活动与人们生活的关系,知道科学技术对生产和生活的重要影响;③ 知道一些基本的地理常识,初步理解人与自然、环境的相互依存关系,了解人类共同面临的人口、资源和环境等问题;④ 了解家乡的发展变化,了解一些我国的历史常识,知道在历史发展过程中形成的中华民族优秀文化和革命传统,了解影响我国发展的重大历史事件和社会主义建设的伟大成就;⑤ 初步了解影响世界历史发展的一些重要事件,知道不同环境下人们有不同的生活方式和风俗习惯,懂得不同民族、国家和地区之间相互尊重、和睦相处的重要意义。在制订某一课的具体知识目标时,可适当参照其中的部分表述。

3. 教学重点、难点

该门课程是一门以小学低年级儿童的生活为基础,以培养具有良好品德与行为习惯、乐于探究、热爱生活的儿童为目标的活动型综合课程。围绕本节课的教学目标，我认为本节课的教学重点是：① _____；② _____；③ _____。从学生认知水平和生活经验来看，本节课的教学难点是：① _____；② _____。

（二）说教法、学法及教学准备

1. 教法

"二十大"指出：用社会主义核心价值观铸魂育人，完善思想政治工作体系，推进大中小学思想政治教育一体化建设。坚持依法治国和以德治国相结合，把社会主义核心价值观融入法治建设、融入社会发展、融入日常生活。

新课程标准倡导品德教育要贴近儿童的现实生活，关注儿童的生活经验，让儿童在具体的情境中和活动中去感悟、体验。因此，在本节课的教学中，我计划主要采用_____、_____等教学方法（一般不宜超过三种）。

小学思想品德课的教学活动方式多样，如阅读、讨论、辩论、参观、调查、访问、游戏、角色扮演、模拟活动、两难问题辨析，以及撰写报告书、制作图表等，每一种活动都有其适用的范围和价值。除了这些常规的手段外，还有：① 故事讲解法。利用小学生爱听生动有趣的故事这一天性，讲述生动有趣的故事，寓抽象的道德观念和深刻的哲理于具体形象的故事之中，使学生明理悟道，受到启发教育。② 情景设计法。根据教学目标和施教内容的要求，配合说理而创设特定的教学情境，使学生如临其境、如见其人、如闻其声，受到情绪的感染，引起感情上的共鸣，以情入理，情理交融，从而加深对道德观念的理解。③ 典型分析法。根据教学目标，以领袖人物和英雄模范或者周边的朋友同学为典型，分析他们所具有的高贵品质和产生高贵品质的原因。

2. 学法

学生是学习的主体，教师应由单纯的知识传授者向学生学习活动的引导者、组织者转变。新课程理念倡导的学习方法有自主学习、合作学习、探究式学习。在本节课的教学中，我计划引导学生运用_____等学习方法（一般也不宜超过三种），让学生发挥学习的主动性，在合作与探究中得到充分的体验，从而创造性地实现教学目标。

苏教版的小学思想品德教材突出了学生学习方式的多样化，教材中经常出现的学生学习活动的方式有游戏、交流、讨论、调查、小试验、制作，这六种活动方式又不是孤立、单独出现的，往往也是几种方式综合出现。小学思想品德课程标准里重点提及、课堂上经常用到的学习方法是体验学习法、探究学习法、问题解决学习法、小组学习法等。

新课程强调体验性学习，"要求学生用自己的身体去亲身经历，用自己的心灵去感悟"。小学思想品德课常用的体验式学习方法有：① 情感体验法。指让学生从儿童自己的世界出发，亲历某件事（包括心理上的亲历和参与实践亲身经历或"亲为"），从中获得真切感受，以提升道德认识，并激发起相应的道德情感。② 活动体验法。学生在教师的指导下，通过直接参与调查、观察、实验、讨论、制作、表演、游戏等各种活动，亲自动手，亲自操练，在试一试、读一读、做一做、画一画、算一算、练一练的活动中，产生真实的感受和情绪体验，丰富和发展自己的经验、情感、能力、知识，加深对自我、对他人、对社会的认识和理解。③ 实践体验法。苏联教育学家马卡连柯曾说过:"在学生的思想和行为中间有一条小小的鸿沟,需要用实践把这条鸿沟填满。"在小学思想品德课的学习过程中,可以让学生接触社会,开展调查、访问、参观、社会服务、搜集道德名言(谚语、格言)等活动,让学生从社会大课堂中引发亲身体验,也可以将课内教育延伸到家庭、社会,并在家中和社区内设置相应的"岗位",从服务家庭、服务社会的行为践履中孕育出相应的情感体验。

3. 教学准备

根据教学需要,本节课我要准备好下列物品:多媒体课件,录音、录像,实物投影仪,网络视频……根据教学需要选择3～4种列出。

(三) 说教学过程

在说教学过程时,要能在具体环节的分析中注意具体教学目标的落实,体现出对重点的突出和对难点的分解。教学过程的设计与教法、学法更是密切相关,教学环节的设计必须与前面表述的教学方法保持一致。如果以体验式学习为主,教学过程可设计为试一试、读一读、做一做、画一画、说一说、练一练等环节,然后逐一加以阐述;如果以探究式学习为主,教学过程则可分为"创设情景、激趣导入""参与体验、探究新知""尝试练习、应用新知""拓展延伸、内化提高""分层练习、总结提升"等几个环节。

课标倡导教师应是学生的支持者、指导者、参与者。因此,围绕本课教学目标,我设计了五个活动环节:① 歌曲导入,缩近距离;② 合作交流,感知分享;③ 共同体验,分享快乐;④ 回归生活,体验快乐;⑤ 故事延伸,共享快乐。现在我具体地来说一说每一个环节的设计。

1. 歌曲导入,缩近距离

课前,引导学生唱《拍手歌》;上课伊始,随机引出话题:"同学们,听到大家愉快的歌声,老师的心情也变得轻松愉快起来。有这样一句话:如果你有一份快乐,和别人分享,你将有两份快乐。今天我们就来分享快乐。"(教师板书:分享的快乐)这样开场,小学生喜闻乐见,容易拉近师生距离,与学生融合在一起。

2. 合作交流,感知分享

接下来,我会适时引入活动——"我们的分享日",这是本节课的教学难点,我主要从三个方面来突破:首先我把学生分成六个小组,让每个学生在小组内介绍自己喜欢的东西;接着我会引导学生畅谈分享的感受,鼓励学生讲出自己的真情实感,根据不同的感受对比,适时引发学生讨论,通过讨论,让学生明白好东西和别人分享才快乐;最后让学生通过亲身体验、对比感知分享的快乐。我会先将准备好的西瓜让一个学生吃,接着让孩子们在小组内分吃西瓜,让学生分别畅谈自己的感受,让学生通过对比理解分享是一种快乐,从而突破教学难点。

3. 共同体验,分享快乐

课标强调儿童是学习的主体,学生品德形成和社会性发展是在各种活动中通过自身与外界的相互作用来实现的。因此,我准备这样引入活动二:"同学们,让我们在小组内共同合作,一起来画一画、拼一拼,把各自的想法互相交流,形成新的作品。"在小组展示后,我将相继提问:"孩子们,通过这个活动,你有什么收获?你的心情如何?"最后出示萧伯纳的语言进行总结(教师板书)。这一环节的设计,让学生进一步把个体之间的分享扩展到集体生活中。

4. 回归生活,体验快乐

回归生活是思想品德课的基本目标。我在学生感悟到"分享是一种快乐"的基础上,出示课本中的图画,"俗话说得好,一个好汉三个帮,一个篱笆三个桩。这不,这些孩子碰到了困难,我们该怎么办?假如你帮助了他,他会怎么想?"这样,让学生懂得当别人需要的时候,把自己的东西分给他人一些,或者借人用一用,也是一种分享。最后,我准备让学生联系生活实际,谈一些自己和别人分享快乐的事情,这样可以将课本与学生的生活实际联系起来,加深学生对分享的理解。

5. 故事延伸,共享快乐

新课程的一个特点就是给学生留有自由发展和创造的空间。在这一环节,我会先给学生讲《盲人点灯》这个故事的开头,而后让学生去猜测、续编故事的发展和结尾。在此,我会充分尊重学生的个体体验,引导学生懂得分享就是你中有我,我中有你;分享不仅为了别人,也是为了自己。

本段总结语:本节课我以学生已有的生活经验为基础,结合学生心理及生理特点,以及在实际中存在的问题,在教学活动中充分体现学生的自主性与主动性,力求把教学活动与学生生活经验相结合,让学生在参与合作中体验分享的快乐,引导学生形成新的人生观和价值观。

(四)说板书设计

根据不同情况和需要,可以边说课边板书;也可以将板书设计制作在事先准备好的PPT或小黑板上,在说完整个教学过程后呈现并做简要说明。

(五)说教学反思

教学反思可围绕下面几个方面简要分析:教学目标是否达成;教学重点难点处理是否得当;教学手段方法运用是否合适;教学活动设计和学生的情感体验是否达到预期效果;因材施教和学法指导处理情况如何;教学资源开发与使用是否得当等。

二、小学思想品德说课案例

《我的好习惯》说课稿

(一)说教材

《我的好习惯》(板书课题)是九年义务教育六年制小学二年级上册第三单元第四课。本单元由"我来试试看""我不胆小""我不任性"和"我的好习惯"四个主题活动组成。本单元以"乐"为线索,从不同的侧面反映儿童成长的快乐。这一单元体现了儿童与社会的整合,重在引导儿童由自然人成长为社会人。《我的好习惯》是这一单元的总结,通过展示活动成果来提升儿童的生活经验,帮助儿童真正享受到成长的快乐。

（二）说教学目标

结合教材特点以及二年级学生的认知水平和心理特征，我确定如下教学目标。

（1）情感与态度：通过活动，让学生感受到成长的快乐，激发学生热爱生活、积极向上的感情。

（2）行为与习惯：在老师的帮助下，引导学生参与自我检测、讨论交流、制订计划、实践操作等活动，使学生初步养成良好的生活、学习、品德和行为习惯。

（3）知识与技能：使学生认识到好习惯带来的益处，提高学生养成好习惯的自觉性。引导学生学习制订计划，培养获取信息的能力。

（4）过程与方法：在参与活动的过程中，引导学生学会与同学合作、交流、分享感受，共同体验活动的成果。

（三）说教学重点、难点

该门课程是一门以小学低年级儿童的生活为基础，以培养具有良好品德与行为习惯、乐于探究、热爱生活的儿童为目标的活动型综合课程。由此确定本节课的教学重点是通过活动，引导学生学会与同学合作、交流、分享感受，让学生感受到成长的快乐，激发学生热爱生活、积极向上的感情。难点是让学生认识到好习惯带来的益处，提高学生养成好习惯的自觉性。

（四）说教法

课标明确指出：该门课程是一门综合性的活动型课程，具有生活性、活动性、综合性、开放性四个基本特征。本课程的性质强调活动，所以我设计的基本教法是注重活动、强调活动，让儿童充分参与各种活动。新课程标准倡导品德教育要贴近儿童的现实生活，关注儿童的生活经验，让儿童在具体的情境中和活动中去感悟、体验。因此，在教学中通过现场调查、小组合作交流、展示等形式，使学生深切体会到成长的快乐。这些活动化、生活化的品德教育适合小学低年级儿童的认知特征及思维水平，它努力让儿童对道德的学习不再在事不关己的符号学习中进行，而使品德教育变得真实具体、可感可触、可理解可实践，真正起到引导儿童生活的作用。课堂上，儿童是"积极的参与者"，教师的作用是"针对儿童去做"，成为儿童活动的支持者、合作者和指导者，是引导、激发和深化儿童活动的人。

（五）说学法

关于学法，新课程理念倡导学生自主学习、合作学习、探究式学习，在很多情况下，教法与学法是紧紧地交织在一起的。本节课的教学，我主要从这三个方面体现学生的学习活动，通过学生自主学习、合作学习、探究学习，培养学生的创新精神和实践能力、语言表达能力以及观察力，等等，并在教学活动中对学生的学习给予必要的具体指导。

（六）说教学过程

新课程标准指出：课程超越单一的书本知识的传递和接受，以活动为教和学共同的中介。课程的呈现形态主要是儿童直接、主动参与的各种主题活动、游戏或其他实践活动，课程目标主要通过活动过程中儿童在教师指导下的主动建构来实现。围绕本课教学目标,我设计了五个活动:① 做一做,了解习惯;② 聊一聊,我的好习惯;③ 秀一秀,我已经养成的好习惯;④ 改一改,我身上不好的习惯;⑤ 写一写,我还想养成的好习惯。每个活动目标清晰,环环相扣,层次分明,层层递进,螺旋上升。现在我来具体地说一说每一项活动的设计。

活动一　做一做:了解习惯

游戏是小朋友们最爱的活动,因此为了让学生在良好的课堂氛围中轻松、快乐、积极主动地学习并了解习惯,我设计了喜羊羊带小朋友们走进游戏屋做游戏的活动:双手五指张开,十指交叉,跟着老师一起重复做几次这样的动作。大多数小朋友在十指交叉时每次都是右手的大拇指在外,为什么呢,其实这就是一种习惯!习惯成自然!这样用形象直观的方式让孩子明白了什么是习惯,同时为下面怎样养成好习惯做铺垫。

活动二　聊一聊:我的好习惯

说到习惯,小朋友们一定有很多好习惯,下面跟喜羊羊一起去聊天室聊一聊我的好习惯。于是我自然地引出问题:我们小朋友有哪些好习惯呢?一问激起千层浪,此时的课堂是学生自由发言的天地,充分体现了学生的主体地位,当然此时我也要充分发挥教师的主导作用,对学生的回答适时点评、概括、引导。比如学生说有积极锻炼的好习惯时,我可引导:在我们校园里也可以通过体育课、跳绳、广播操、眼保健操等来锻炼。学生说有爱惜学习用品的好习惯时,我会问:你是怎么爱惜学习用品的?学生说有乐于倾听的好习惯时,我便强调:善于倾听的孩子是最聪明的孩子。学生们通过畅所欲言,联系生活实际了解了哪些是好习惯,自己有哪些好习惯,同学有哪些好习惯,以及好习惯的重要性。

聊到一定的火候时学生兴致高涨,此时来到习惯检测站,你有这些好习惯吗?做到的画上笑脸。一方面引导学生自我对照,自我检查,形成一个初步的自我评价:我有哪些好的行为习惯;另一方面使学生明白在生活和学习中有许许多多的好习惯尚需去培养。从生活中来,回到生活中去,指导生活。新课程标准倡导在儿童的生活中来进行品德教育,立足点强调了儿童的生活经历。让已养成好习惯的学生谈谈自己的体会和感悟,这是十分宝贵的生活经验,从而使课堂呈现的是"儿童的文化",而不是"成人的说教"。

活动三　秀一秀:我已经养成的好习惯

好习惯给我们带来了哪些好处呢?跟着喜羊羊一起去展示台秀一秀已经养成的好习惯。先在小组内交流展示,再每组推荐一名代表全班展示,鼓励儿童交流自己的经验,用自己感悟到的"好处"进行交流,真切体验到好习惯带来的益处。交流展示的内容和方式可以是多样的。比如坚持每天都跳绳,不仅让身体很强壮,而且还多了一项体育技能;坚持早晚刷牙,拥有了一口健康、亮白的牙齿;坚持认真写字,所以《习字册》上每次都得到很多红圈圈……这样一举两得,一方面培养了学生的小组合作能力,另一方面给学生提供了展示的舞台,让他们树立自信,大胆地展示自己,让每一个孩子都积极地参与到活动中来。与其"直白"式地说教,收效甚微,不如用儿童的方式教育儿童更具实效性,好习惯带来的好处不言而喻,学生感同身受。最后作为这一活动的小结,送学生一首《好习惯拍手歌》:"好习惯,我知道,积极锻炼身体好,早晚刷牙牙齿白,瓜皮果壳别乱抛,主动问好有礼貌,专心听讲勤思考,作业认真不潦草,好习惯,我知道,坚持人人能做好!"该儿歌朗朗上口,不仅富有节奏感、韵律感,还概括了一些重要的好习惯。孩子们边打节拍边读,读中明理,读中导行。

活动四　改一改:我身上不好的习惯

认识了好习惯带来的好处,提高了学生养成好习惯的自觉性。那么我们身边是不是也存在一些不好的习惯?怎样能让学生深刻地反省自己呢?我利用多媒体设计了树叶从原来的郁郁葱葱变成枯黄而最后全部凋零的动画:坏习惯就像树叶上的害虫,让树叶枯黄、一片片掉落,使小树生病。这一动画触及学生的心灵,让学生的心灵受到震撼并深切感受到坏习惯的可怕,激起孩子们下决心改掉坏习惯的迫切性。但光有决心是不够的,怎么让决心变成行为呢?有了坏习惯并不可怕,喜羊羊带着我们一起去矫正营改掉它。为了调动学生的积极性,我在矫正营设计了实话实说——小采访的活动,让学生对照自己发现自己身上不好的习惯,自悟道理,不仅分清了好习惯、坏习惯,还学会了改掉坏习惯的方法,真正体现"回归生活的品德教育"的课程理念。老师采访学生,学生采访学生,师生、生生互动,让学生在友好、亲切、快乐的环境中学习,让学生觉得我就是他们中的一员,就是他们的朋友。

活动五　写一写:我还想养成的好习惯

新课程标准指出:儿童品德和行为习惯的形成、知识和经验的积累、能力与智慧的增长是在其生活中综合实现的,是一个连续的发展过程。因此,加强教育活动之间的整合与连续对提高课程的实效性至关重要。根据这一理念我设计了一棵班级成长树,让孩子们把还想养成的好习惯写在绿叶上,写好后贴到大树上。这棵班级成长树就贴在班级内,请老师、家长、同学监督,以后养成什么好习惯也可以写上去。成长树将课内教学延伸到课外,伴随孩子的成长。这一设计把整个活动推向高潮,使每一个学生都有机会表达自己的想法,真正体现了学生的主体性。

总之,这节课以活动为主,这些活动来源于生活,立足于生活,指导于生活,以学生为本,让每个学生都参与到活动之中,去感受,去体验,去创造,在活动中掌握知识,培养情感,内化品德。

我的说课结束了。敬请各位专家批评指正!谢谢!

案例评析:

这篇说课稿处处紧扣新课程标准,从小学二年级学生的实际出发,对教材做了深入钻研,明确了课堂教学的三维目标和重点、难点。在此基础上,贴近儿童实际,精心构思,巧妙设计了环环相扣的五个课堂活动环节。用儿童喜闻乐见的形式展开课堂教学,体现儿童主体意识,突出课堂重点,化解学习难点,解决实际问题,引领儿童心灵成长。其层次分明,目标清晰,层层递进,螺旋上升。该说课结构相对完整,注重理论联系实际,语言规范,具有很好的示范性。美中不足的是,本篇说课稿对教法、学法的分析较为笼统,不够细致;缺少板书设计和教学反思环节。但瑕不掩瑜,从这篇说课稿可以看出,说课者有着非常深厚的专业素养,熟悉儿童身心发展规律,理论功底扎实,教学技巧娴熟,是一位非常优秀的小学思想品德教师。

第五节　小学音乐学科

一、小学音乐说课稿模式

尊敬的各位评委老师,大家好!

我说课的课题是《_____》。(板书课题)这是一堂歌曲教学(欣赏)课。本节课我主要从说设计理念、说学情、说教材、说教法学法、说教学准备、说教学过程等几个方面进行说课。

(一) 说设计理念

根据新课程标准要求,结合学生的实际,本课的设计理念是通过教学及各种生动的音乐表现活动来培养学生对音乐的兴趣,开发对音乐的感知力,体验音乐的美感,并在音乐教学活动中培养学生对艺术的想象力和创造力。

(二) 说学情

小学阶段的孩子在对音乐的感受和表现上,能对自然界和生活中的各种声响感到好奇有趣,能用自己的声音对它们进行模仿,能听辨不同情绪的音乐,在课堂上能够在律动、集体舞、音乐游戏、歌唱表演等活动中与他人合作,在创造方面能够自制简易的乐器,在评价方面能够对自己和他人的演唱做出简单的评价。

(三) 说教材

这部分内容我主要从教材地位、教学目标和教学重点、难点等几个方面进行陈述。

1. 教材地位

今天我所选用的教材是义务教育课程标准实验教科书,小学音乐教材_____年级下册第_____单元的《_____》。本课在小学音乐教学中占有很重要的地位,它是一首欢快、活泼的儿童歌曲。它以生动的歌词、轻快的节奏、流畅的旋律为我们展现了一幅美好的画面,表达了孩子们纯真的感情和充满快乐自豪的情感。

2. 教学目标

美国著名教育家杜威认为:"教学目标在教育活动中起着非常重要的作用,是教育者从事教育活动的指南。"根据教学大纲、新课程标准、听觉艺术的感知规律及学生的认知规律和心理特点,本课的教学目标我是这样来设置的。

(1)知识与技能:指导学生能够用自然的声音、准确的节奏和音调有表情地演唱歌曲《_____》,并乐于参与到音乐活动和即兴创造活动当中。

(2)过程与方法:以音乐审美为核心的基本理念,渗透到歌曲教学的不同模块中。运用体验、聆听、模唱的方式学习歌曲(或通过游戏、歌唱表演、集体舞蹈等活动),运用小组探究、小组合作的形式进行歌曲创编。

(3)情感态度与价值观:培养学生对音乐学习的兴趣,培养乐观的态度和友爱的精神。使学生获得丰富的情感体验,形成健康向上的审美观。热爱大自然及一切美好事物,热爱底蕴深厚的民族音乐。

3. 教学重点、难点

基于音乐新课程标准,在吃透教材的基础上,我确定了以下教学重点、难点。

(1) 本课的教学重点是:引导学生用自然圆润的声色有感情地演唱歌曲。

(2) 本课的教学难点是:掌握歌曲节奏(切分节奏、小附点等),正确把握音乐的风格。

为了讲清教材的重点、难点,使学生能够达到本课设定的教学目标,我再重点说一说教法和学法的选择。

(四) 说教法学法

教学有法,但无定法。考虑到学生的现状,我主要采取情境教学法,运用现代信息技术,利用其视听结合、声像一体、形象性强、信息量大等特点,为学生创设一系列优美的情境,激发学生的学习兴趣,活跃课堂气氛,促进学生对知识的掌握。

基于本课的特点,我将采用以下教学方法。

(1) 直观演示法:利用图片等手段进行直观演示,激发学生的学习兴趣,提高学生的学习效率。

(2) 活动探究法:引导学生通过创设情境等活动形式来获取知识,以学生为主体,使学生的独立探索性得到充分的发挥,培养学生的探索能力、思维能力、活动组织能力。

(3) 集体讨论法:对学生提出的问题,组织学生进行集体讨论和分组交流,促使学生在合作学习中解决问题,培养学生团结协作的精神。

我还通过学科整合的方法,在联系生活和拓展创编这两个环节中融入美术、自然、语文、戏曲等学科与艺术的知识,拓展学生的音乐视野,促使他们的音乐素质和音乐表现力得以不断提高。

"授人以鱼不如授人以渔",教会学生知识不如教会学生学习的方法,因此,我在教学过程中会特别重视学法的指导。音乐课应重视学生的音乐实践,所以我把学习的主动权交给学生,让学生主动参与学习并且自由发挥。

这节课在指导学生的学习方法方面,我主要采取了以下的方法:小组合作法、自主探究法、总结反思法,同时我还让学生多听多练、自省自悟,从而达到预定的教学目标。

(五) 说教学准备

传统的教学是以静态形象为主,学生在学习中会感到枯燥乏味,而现代化的教学手段却能集音、形、色、动为一体,有效地吸引学生的注意力和学习兴趣,这是其他手段不可比拟的。因此,本节课我准备的教具有多媒体课件、电子琴等。

(六) 说教学过程

最后我具体来阐述一下本节课的教学过程。

本节课的教学过程我是这样思考的,总的设计思路分为五个环节:① 律动表演,导入课堂;② 学唱歌曲,整体感知;③ 歌曲处理,情感升华;④ 创编节目,合作交流;⑤ 资源开发,拓展延伸。

下面我将分别来介绍这五个环节。

1. 律动表演,导入课堂(2~3分钟)

俗话说"良好的开端是成功的一半"。为了营造一种愉快、欢乐的气氛,我让学生在《_____》的音乐中做律动进入教室,通过律动来调动学生的积极性,引领学生步入音乐的课堂。

2. 学唱歌曲,整体感知(25分钟)

这是本节课的主要内容,这个环节我将运用听唱法、教师示范法和学生分句模唱等方法来引导学生学习新歌。

(1) 为了培养学生的兴趣,营造浓郁的音乐课堂氛围,加强教学的直观性,我采取用多媒体来创设情境,并在声像一体的课堂氛围中播放歌曲《_____》,先请同学们听一听这首歌,在听的时候思考两个问题:这首歌是什么情绪?给你留下什么印象?请学生作答。

(2) 教师完整地范唱歌曲,指导学生听辨出歌曲中_____(切分节奏、休止符)的位置,感受歌曲_____(天真活泼)的情绪。

(3) 学生交流,初步熟悉歌曲。

(4) 跟钢琴演唱2~3遍,教师弹奏歌曲,学生跟琴演唱。

要求:速度不宜过快,学生用中速跟琴演唱;声音自然统一,气息通畅,避免让学生用喊叫的声音演唱,注意保护嗓音。

(5) 难点的解决:难点是对歌曲中的附点节奏、小切分节奏音型的把握。

解决方案:通过用手击拍及画强弱箭头图的方法,掌握附点节奏和小切分节奏音型。

3. 歌曲处理,情感升华(2~3分钟)

有感情的歌声永远是音乐教学工作者追求的最美境界。

(1) 请学生根据歌曲的情绪,试着将已经学过的切分节奏、连音线标注在合适的地方,说一说感觉如何。指导学生从力度、速度等方面,分组讨论对歌曲的处理意见。

(2) 采用领唱与齐唱的演唱形式,有感情地、完整地演唱歌曲。

4. 创编节目,合作交流(5分钟)

在同学们能够有感情地、完整地演唱歌曲的前提下,将全班同学分为两个表演组,一个是合唱组,一个是舞蹈组,每个组推荐一名组长。大家在组长的带领下能够进行很好的合作表演,在合作中培养同学们团结协作的精神。

5. 资源开发,拓展延伸(3~5分钟)

这一环节主要是让学生拓展和积累课外的音乐知识,拓宽学生的文化视野,提高学生的人文素养。

常言道"编筐编篓,全在收口",在这节课的最后,我采用了归纳式的结尾,请学生说说歌曲《_____》反映了怎样的生活情趣,请大家用自己的话说说对歌曲的理解,最后师生在愉快的《_____》歌曲声中结束本课。

我衷心地希望,通过这样的设计,能让"音乐"这魅力无穷而令人神往的艺术成为孩子们心中的花朵,让其铺满孩子们的人生道路,散发出不绝的芬芳!

我的说课到此结束,敬请各位评委老师多多给予指导,谢谢大家!

二、小学音乐说课案例

《金孔雀轻轻跳》说课稿

尊敬的各位评委老师,大家好!

今天我说课的课题是《金孔雀轻轻跳》。(板书课题)我准备从说设计理念、说教材、说学情、说教法学法、说教学过程、说教学评价等六个方面对本节课进行阐述。

(一)说设计理念

音乐是一门听觉艺术,音乐艺术的一切实践都须依赖于听觉。"遵循听觉艺术的感知规律,突出音乐学科特点",这是新课程标准对音乐教育的重要指导思想。我设计的这堂音乐课遵循了"以听为中心"的原则,在听中辨,在听中学,在听中想,在听中演,真正做到突出音乐学科的特点,达到感受美、体验美的效果。

(二)说教材

1. 教材的地位与作用

歌曲《金孔雀轻轻跳》选自苏教版小学《音乐》三年级下册第5单元,F大调,2/4拍歌曲,整首歌曲中速稍快,音程多以三度、五度关系进行。歌曲为我们展现了一幅傣族小朋友与小孔雀一起在小溪边、草地上跳舞的场景,表现出孩子们纯真的友谊和对小动物的喜爱,激发了他们对家乡及大自然的热爱之情。通过这部分内容的学习,学生可以初步掌握傣族歌曲的风格,掌握三度、五度的音准,从而为后面的音乐学习奠定基础。

2. 教学目标

新课程改革强调教学以学生为主体,强调通过学生的主动学习,促进学生主体性发展。根据新课程标准、听觉艺术的感知规律及学生的认知规律和心理特点,结合我对教材的理解与分析,我将本节课的教学目标确定为以下几点。

(1) 知识与技能:培养学生自然而有表情地演唱歌曲;了解歌曲的风格、特点,较好地掌握三度、五度的音准。

(2) 过程与方法:通过演唱、欣赏、律动、表演等,使学生乐于学习并且参加到音乐活动及创造活动当中。

(3) 情感态度与价值观:在歌曲学习过程中,学生的情感受到感染和熏陶,学生建立起对友谊、小动物、家乡、大自然及一切美好事物的挚爱之情,形成健康向上的审美观和阳光心态。

3. 教学重点、难点

根据课程内容和学生的实际水平,我认为本课的教学重点、难点如下。

(1) 教学重点:基本掌握三度、五度音程关系,引导学生用自然圆润的声音有感情地演唱歌曲。

(2) 教学难点:通过律动学跳简单的孔雀舞,使学生对傣族舞蹈有所了解。

(三)说学情

我所面对的学生是小学三年级的学生,他们相比一二年级的学生,生活范围和认知领域有了进一步提高,他们对音乐的体验感受能力和创新能力有了进一步增强,但是仍然没有脱离儿童的特点——他们好奇、好动,以形象思维为主,联系和模仿能力较强,对自然界和生活中的各种声响感到好奇有趣;能用自己的声音对它们进行模仿,能听辨不同情绪的音乐,在课堂上能够在律动、集体舞、音乐游戏等活动中与他人合作,在评价方面能够对自己和他人的演唱做出简单的评价。

(四)说教法学法

教学有法,但无定法。考虑到三年级学生的现状,我主要采取情境教学法,运用现代信息技术,利用其视听结合、声像一体、形象性强、信息量大等特点,为学生创设一系列优美的情境,激发学生的学习兴趣,活跃课堂气氛,促进学生对知识的掌握。基于本课的特点,我还将采用以下教学方法。

(1)讨论法:我提出问题,如傣族音乐常用什么乐器演奏,舞蹈有什么特点等,引发学生积极思考,再通过讨论得出结论。

(2)启发法:对学生不确定的问题给予方法和内容上的引导。

(3)集体讨论法:对提出的问题,组织学生进行集体和分组讨论,促使学生在学习中解决问题,培养学生的团结协作精神。

(4)示范法:我通过直接演唱歌曲,调动学生学习的积极性,激发学生学习的兴趣。

这节课在指导学生的学习方法方面,我主要采取了以下三种方法:小组合作法,自主探究法,总结反思法。同时我还让学生多听多练,自省自悟,从而达到预定的教学目标。

(五)说教学过程

1. 情境导入,揭示课题

俗话说"良好的开端是成功的一半"。为了营造一种愉快、欢乐的气氛,我让学生在《蜗牛与黄鹂鸟》的音乐中做律动进入教室,通过律动来调动学生的积极性,引领学生步入音乐的课堂。

接下来,我将采用多媒体导入的方法,给学生们播放一段视频,背景音乐采用《金孔雀轻轻跳》,然后提出问题:这是什么地方的歌曲?同学们知道歌名吗?引起学生思考,进而导出课题。我这样做的目的是,一方面可以引发学生们对傣族歌曲的学习兴趣,另一方面可以使学生在不知不觉中接受将要新授的课程旋律,在欣赏的同时为教学做好铺垫。

2. 初听歌曲,整体感知

完整欣赏全曲,引导学生初步感知歌曲意境。在欣赏过程中,要求学生随音乐哼鸣。这样,既完成了简单的发声练习,又熟悉了旋律。欣赏完后回答问题:这首歌的情绪是怎样的?给你印象最深的是什么?学生回答后,我给予肯定与客观的评价,然后进行总结。这样,使学生进一步了解歌曲的内容及特点。

3. 学唱歌曲,深化理解

(1)我完整地范唱歌曲,指导学生听辨出歌曲中的三度、五度音程位置,感受歌曲的情绪。

(2)引导学生按节奏有感情地朗读歌词,加深学生对歌曲节奏的掌握。

(3)带词演唱。让学生跟琴试填歌词,我对错误之处进行纠正,启发学生用自然、圆润的声音歌唱，避免喊唱。

（4）进行分组练唱、个别唱、全体学生合唱。在分组练唱过程中，我将在学生中间进行单独指导，询问他们学习的难点，并与学生一起解决，然后适当提问个别学生。最后，通过小组唱、对唱等形式进行演唱评比，提高学生演唱热情。这样，不仅加深了学生对歌曲的熟悉程度，还为学生更好地理解歌曲做了铺垫。

（5）体会情感，用情歌唱。一堂好的课除了将知识传授给学生，还要注意学生能力的培养。为了培养学生表现的意识和能力，我引导学生分析歌曲及旋律特点，探讨比较合适的演唱情绪。为了使学生更好地把握整首歌曲的情感，师生共同听录音范唱，增加感性认识，加深对歌曲情感的理解，启发学生带着情感歌唱，从而更好地把握歌曲、表现歌曲。

4. 歌舞结合，唤起共鸣

在同学们能够有感情、完整演唱歌曲的前提下，将全班同学分为两个舞蹈表演组，每个组推荐一名组长。我会教学生傣族舞蹈的几种基本手型、动作，让两组同学为歌曲创编舞蹈。这样，通过学习，了解了傣族舞蹈的特点，再次加深了学生对歌曲情感的理解和体验。重视学生的参与与实践，这样不仅能展示学生的个性，激发学生的创造力、表现力，也能让大家在组长的带领下很好地合作表演，在合作中培养同学们团结协作的精神。

我将用简短的语言对学生们本节课学到的内容和表现进行总结，主要以激励为主，培养他们对音乐学习的兴趣。

最后，部分同学跳舞，部分同学演唱，共同表演《金孔雀轻轻跳》，结束本课。

（六）说教学评价

以上教学过程的四个环节，第一步导入，第二步展开，第三步深入，第四步升华，环环相扣，层层深入，整堂课以学生为主体，以歌曲为中心，充分体现了"以唱为基础，以情为灵魂"的教学构想。

在教学过程中，能根据学生的实际情况及学生学习过程中出现的问题，随机应变地对教学过程进行调整，通过多种形式的学习活动，使学生的情感体验得到丰富和积累。

以上就是我说课的全部内容，谢谢各位老师！

案例评析：

这篇说课稿层次清楚，环节与环节的转换自然，语言通俗易懂。所说的教学设想合理、科学、操作性强，经得起课堂教学实践的验证。主要优点有：

（1）以音乐审美为核心概念，教学中注重师生共同体验、发现和享受音乐美的过程。

（2）以兴趣爱好为动力，如教学中运用多媒体，激发和培养学生的学习兴趣。教学内容与学生的生活经验相结合，加强了音乐课与社会生活的联系。

（3）重视音乐实践。通过艺术实践，增强了学生的自信心，培养了他们的合作意识。

（4）鼓励音乐创造。让学生编舞蹈等活动，丰富了学生的形象思维，有助于开发学生的创造潜力。

建议：① 歌曲教学中缺少对友谊、小动物、家乡、大自然及一切美好事物的挚爱之情的渗透教育，应适当强化；② 对怎样解决重点、难点问题缺少说明，应适当补充；③ 教学过程中对每个环节的时间应做分配说明。

第六节　小学体育学科

一、小学体育说课稿模式

各位评委,大家好!

今天我说课的内容是_____(新授)和_____(复习),辅助内容为_____(如俯卧撑、立定跳、加速跑等)。(板书课题)

(一) 说指导思想

党的"二十大"报告指出:人民健康是民族昌盛和国家强盛的重要标志。把保障人民健康放在优先发展的战略位置,完善人民健康促进政策。依据新课程标准的要求,首先说本次课的指导思想。《体育与健康课程标准》在教学理念、教学方式、教学内容、教学评价等方面有新的要求和侧重点,以促进学生身心全面发展为目标,以贯彻"健康第一"的指导思想为宗旨。对于义务教育阶段的小学生来说,特别要关注其运动的快乐感受,培养他们良好的体育锻炼习惯,并初步形成终身体育锻炼的意识。因此,在课堂教学中除了传授基本技术、技能之外,还要讲明所学内容对发展学生身体素质和增强体质的作用,让"健康第一"的指导思想落到实处。同时也要注重培养学生的组织能力、创新能力、吃苦耐劳的意志品质及团结互助的集体主义精神,为将来适应社会打下良好的基础。

(二) 说教材

1. 教材的地位与作用

本课教学内容是_____和_____。_____是_____中最基本的动作,主要锻炼_____,发展_____素质和协调性,是小学体育教学的重要组成部分,是更好地学习各种_____的基础,所以我们必须高度重视,充分学习和掌握这一技术。把这两项内容安排在同一课次,一是根据身体全面发展的原则,既有上肢为主的练习,也有下肢为主的练习,既有发展力量的练习,又有发展灵敏、速度的练习,使学生的身体素质和基本活动能力得到全面、协调的锻炼和发展。二是依据合理安排生理负荷和心理负荷的原则,充分尊重小学生的身心发展规律,同时也要兼顾个性特点。

2. 教学目标

根据上面的教材分析和学生实际情况,我制定了以下教学目标。

(1) 认知目标:使学生理解_____的基本技术原理和_____的技术特点,明确学习目的。

(2) 技能目标:初步学会_____技术动作要领,使80%以上的学生能独立完成动作。发展学生速度、灵敏、柔韧、协调等素质,培养学生自主锻炼的习惯和与他人合作的能力。

(3) 情感目标:通过_____和_____的教学和练习,培养学生果断、主动参与的能力和良好的纪律性及和谐的师生关系,以游戏及各种比赛来培育学生团结协作的精神和克服困难的良好意志品质。

3. 教学重点、难点

_____基本方法并不复杂，但要做到熟练完整地完成技术动作还是比较困难的。因此，_____是学习重点，_____是学习难点，_____有助于身体的协调发力。对发展学生_____的素质，培养学生在比赛和实际应用的能力具有重要作用，其学习重点是_____，学习难点是_____。

（三）说学情

本课教学对象是农村小学四年级学生，班级男、女比例相当，共40人左右。学生各方面素质一般，但也存在着个别差异，男生基础较好，女生不喜欢表现自己，所以在练习中需要多鼓励，评价标准要根据实际情况而定。一般以让大多数学生享受到运动的快乐为原则，肯定大多数，激励小部分。

（四）说教法学法

1. 教法设想

根据人体动作技能形成的规律，结合学生的实际情况，遵循直观性、自觉性、积极性和循序渐进性的原则，一般采用以下方法。

（1）启发式教学法：通过语言、动作激发学生的学习兴趣，启发学生的积极思考和创新能力。

（2）讲解示范法：通过精炼适度的语言讲解，使学生获得正确的动作概念；以优美的示范帮助学生模仿正确的技术要领。

（3）分组练习法：由于学生间的个体差异，完成练习的情况各有不同，通过纠正错误动作，使学生掌握正确的动作要领，提高学习的信心，激发学生参与练习的热情。

（4）循序渐进法：在教学过程中做到由浅入深，由易到难，使学生更容易掌握动作要领和要点。

（5）交流评价法：通过评价发现问题、解决问题，进一步激发学生的学习兴趣。

2. 学法指导

要教会学生学习方法。在本课的学法中，让学生采用"听、看、思、练、问、比"的学习方法，发挥学生的主体地位，活跃课堂气氛，通过学生自主尝试、互相对比、师生讨论、观察总结等方式，培养学生的思考能力、观察能力和实践能力。面向全体学生，使不同层次的学生从运动中得到锻炼、获得快乐并享受快乐。

（五）说教学准备

选择_____场地；准备_____体育器材；安排好音响、磁带等。

（六）说教学过程

根据认识事物的规律和人体生理机能变化的规律，将本课分为四个部分：开始部分、准备部分、基本部分和结束部分。

1. 开始部分

开始部分（4分钟）有三个内容安排，一是集合整队、宣布上课开始（1分钟）。二是队列练习(1.5分钟)。队列练习的内容是蹲下及起立,练习方法是学生以集合队形听老师口令进行练习。它既是大纲规定的学习内容,又能集中学生注意力,振奋学生的精神。三是安排反应练习(1.5分钟)"弹钢琴",方法是以四列横队分别代表哆、啦、咪、发,叫到的蹲下,没叫到的站立。既是对队列练习效果的检验,又能提高学生的练习兴趣,为下面的教学做好准备。此过程要求学生精神集中,情绪饱满,步调一致,反应迅速。

2. 准备部分

准备部分(7分钟)包括玩"叫数结合"游戏和配乐韵律操。"叫数结合"的方法是:在直径15米的圆周上,学生进行慢跑,老师报一个数字,学生根据老师报的数字,几个人抱团原地站立。这个游戏把平时枯燥的跑步活动寓于游戏练习之中,激发学生的创造性思维。接着进行配乐韵律操,方法也是在直径15米的圆周上完成,通过教师讲解示范,学生随着音乐的节奏跟着做徒手体操,把徒手体操配上音乐,韵与律的结合形成艺术的氛围,给学生以美的感受。这样安排一是旨在引起学生的学习兴趣,激发学习动机,二是使学生的生理机能和活动能力从相对较低的水平逐渐调动起来,为人体进入活动状态做好生理和心理上的准备,并预防和减少运动损伤的发生。

3. 基本部分

基本部分(30分钟)分为两个内容,具体如下。

第一个内容是_____,时间安排16分钟。为了解决这一内容的重点、难点,使学生更好地掌握_____技术,设计以下的教学步骤。

(1)向学生介绍_____运动技术结构、技术要点和对发展人体各项素质的作用,及在_____运动中的重要作用,目的是激发学生的学习热情。

(2)教师进行完整示范,让学生头脑中初步形成整体动作表象和了解各个技术环节过程,并按照循序渐进的原则,从简单到复杂来逐步掌握动作技术,安排如下练习。

① _____练习。目的是_____。方法是把学生分成_____组,在组长的带领下体会_____动作,老师巡视指导。

② _____练习。目的是_____。方法是老师巡视指导。

③ _____练习。目的是让学生建立完整的动作技术。方法是老师巡视指导,全面兼顾不同水平的学生。

(3)安排两位不同水平的学生进行演示,老师有针对性地进行讲评和分析。目的是让学生进行直观比对,纠正错误。

(4)学生根据自己的练习情况及结合教师评价,组内边练习边评价,总结各自的优缺点,并采取针对性的练习方法。

(5)组织_____比赛。采用比赛形式更能激发学生练习的兴趣,提高练习的效果,进一步巩固技术动作,同时也能培养学生的集体荣誉感和良好的组织纪律观念。这种方法便于教师集中观察、教学指导。

第二个内容是_____,时间安排14分钟。该内容所要解决的重点问题是_____,难点是_____,应注意克服_____。小学生往往不明白身体协调性对完成动作的作用,从而做出各种错误动作。以下的教学手段就是围绕这样的一个重点、难点展开,根据从易到难、从简单到复杂的循序渐进的原则,一步一步进行练习。

(1) 讲解动作要求和注意点。目的是_____。

(2) 设计_____练习。方法是依据学生运动技能形成规律,由易到难进行练习,先在原地体会正确的动作要领,再通过讲解,掌握_____的方法,突破教学难点。

(3) 再设计_____练习。依据循序渐进的教学原则,安排了从原地练习过渡到移动中练习,让学生逐步形成正确、自动化的动作技术。

(4) 举行_____比赛。由于小学生无意注意占主导地位,为了吸引学生有意注意力,运用竞赛游戏来检查学生对_____技术的掌握情况,并以此锻炼学生的身体素质,提高快速奔跑的能力。通过教师引导,充分发挥学生的主体作用,教师再根据练习情况进行点评。同时寓思想教育于竞赛中,有意识地培养学生遵守纪律、关心他人、自觉锻炼的良好习惯。

4. 结束部分

结束部分配以《_____》音乐进行舞蹈放松,时间安排4分钟。组织学生站在直径为15米的圆周上,第一遍原地踏步加击掌,第二遍原地跑跳步加拍肩,第三遍行进间跑跳步加踩脚,第四遍原地跑跳步加甩臂。要求学生在放松时做到轻松、快乐,听讲时认真。多样化的练习安排,既提高了练习的趣味性,又起到了放松上、下肢的作用,使学生的生理、心理都得到放松,在进行美的教育的同时,使学生又一次体验到上体育课的乐趣和运动后的愉悦。之后做课堂小结,指出优点和不足之处,达到鼓励学生和使其继续提高的目的。然后布置回收器材,培养学生的劳动观念和爱护集体财产的习惯。器材回收后师生道别,再次拉近师生距离,使学生养成讲文明懂礼貌的好习惯。

(七) 说教学效果

学生在教师指导下认真参与练习,课堂气氛活跃,师生感情融洽。舞蹈完成率在_____%左右,能基本掌握正确的动作要领。预计课程的练习密度为_____%左右,最高心率为_____次/分钟,平均心率达到_____次/分钟。让学生既出汗和达到锻炼目的,又能面带微笑,身心健康,全面发展。

(八) 说教学评价

本次说课内容符合《体育与健康课程标准》在教学方式、教学内容、教学评价等方面的要求,体现了学生是课堂的主体,完成了本次课程设定的情感目标、技能目标和认知目标。教材选择、教学方法和教学过程合理流畅,学生在运动中尽情释放,收获了欢声笑语,享受了运动的快乐、健康的快乐。

二、小学体育说课案例

《背屈两头翘》说课稿

各位领导,各位专家,大家好!

我今天说课的课题是《背屈两头翘》。(板书课题)本节课将通过说教材、说学情、说教法、说学法、说教学过程、说教学评价等六个方面进行说课。

(一) 说教材

1. 说教学内容

江西省义务教育《小学体育》四年级上册第五课《背屈两头翘》,教材内容为两头翘、仰卧起坐传递球和投掷。通过教学,培养学生形成正确的身体姿势,发展学生的速度、力量、爆发力、柔韧性和协调性等身体素质;逐步培养遵守纪律、尊重他人、团结友爱等集体意识和良好作风;形成勇敢、顽强、克服困难的优良品质;同时进一步提高学生的身体健康和心理健康水平;增强学生的社会适应能力,养成坚持锻炼身体的好习惯。

2. 说教学目标

新课程体育教学的总目标是以"终身体育"与"快乐体育"为指导思想的,注重培养学生的终身体育意识,使学生在快乐中掌握锻炼方法,参加锻炼,增强体质。

(1) 认知目标:通过游戏初步了解和掌握原地投掷垒球的一些方法,并在游戏的过程中学会与他人合作。

(2) 技能目标:经历游戏活动的过程,掌握原地投掷垒球的基本动作,发展投掷能力,体验投掷活动的运动乐趣和方法。

(3) 情感目标:培养良好的合作精神与创新意识。

3. 说教学重点、难点

根据新课程标准的要求和教材内容特点,结合学生的实际情况,确定如下的教学重点、难点。

(1) 教学重点:① 俯卧挺身时两腿配合上体协调上举;② 投掷垒球时的出手时机。

(2) 教学难点:① 俯卧挺身时两腿夹紧并充分伸展;② 投掷垒球时转体和挥臂的连贯动作。

(二) 说学情

1. 有利因素

小学四年级学生个性天真活泼、好动,而且兴趣广泛,其模仿能力及对新鲜事物的好奇心较强。所以在本课时教学内容的设计中,根据小学生的心理和生理特征,我采用以游戏练习为主线的方法,注重诱导、启发,鼓励学生发挥想象、大胆创新。

2. 不利因素

由于部分学生已掌握了一定的技能基础,但是学生的心理素质不稳定,容易产生满足感而有厌学的倾向,这对学习新的技术动作带来了一定的阻力。因此,在教学时采用形式多样的教学方法来激发学生的学习兴趣,为下一步学习新的知识内容奠定良好的基础。

(三) 说教法

为了营造一个良好的、生动活泼的学习氛围,最大限度地发挥学生的主体作用和教师的主导作用,教学中我以游戏贯穿整个教学过程,以活跃单调的课堂气氛,同时把讲解示范法、分组练习法、游戏竞赛法、情境教学法等多种教学方法交叉使用,以培养学生勇于创新、敢于进取的学习精神,充分调动学生学习的积极主动性。重视学生是学习的主体、认识的主体、发展的主体,注重体现教与学运行机制的合理性,从而使学生达到掌握技能和锻炼身体的目的。

(四)说学法

在教学过程中,通过教师引导、启发,学生进行自主练习,充分发挥学生的主体作用。在学生自主学习的同时,师生相互交流,讨论探究,再结合师生之间、生生之间的评价,激发学生在学习中建立自主创新的意识。

(五)说教学过程

根据人体生理机能活动的变化规律,再结合本节课的任务和小学生的心理需求,本节课将要学习的内容贯穿于游戏中,使课堂的气氛活跃起来,提高学生的学习兴趣,从而达到良好的教学效果。本节课我分为开始部分、准备部分、新课学习部分、课堂结束部分这四个环节进行教学。

1. 开始部分

集合、整队、检查人数以及简单的队列训练等。

2. 准备部分:掷纸飞机

学生动手制作纸飞机,在场地上放飞纸飞机,展示自己的制作成果,同时为新课学习中的"投掷过关+采蘑菇"游戏做铺垫。这一环节约为10分钟。

3. 新课学习部分

这一部分是本节课的主体部分,是解决教学重点与难点的关键,是"教"与"学"的重点。要充分发挥学生的主体作用,给学生充分的学习时间与空间,让学生在学中乐、在乐中学,从而达到锻炼身体的目的。本部分主要采用以下几种方法进行教学。

(1)通过语言提示与诱导,让学生把纸飞机想象成垒球,相互进行抛接性的练习。培养学生的应变能力,锻炼学生敏捷的视力,激发学生勇于创新、不断进取的探索精神。

(2)让学生自主寻找友伴,引导、启发学生创想多种抛接方法,为学生创造一个能展现自我风采的舞台,同时也给学生提供一个相互交流学习的机会。

(3)把全班同学分成四个小组进行"投掷过关"比赛和"两头翘、仰卧起坐传递球"练习。在一定时间内,以过关数量多的一组为胜。此方式有利于调动学生学习的积极性,在互助中享受交流的快乐,利于提升教学效果。

(4)"投掷过关+采蘑菇"。让学生明白:我们是建设者,要把我们的祖国建设得更加美好。课堂上组织同学们分别扮演"投掷者和采蘑菇者"的角色。现实生活中,由于人们不爱护生活环境、随意乱扔垃圾,我们美好的家园环境被破坏了,人们周围笼罩着一层又一层的环境污染的面纱。为了防止我们的地球环境急剧恶化,我们每个人要踊跃地加入"投掷过关+采蘑菇"以及捍卫地球的行列中去,树立起同学们爱护环境、保护地球的决心。

这一环节约为26分钟,运动强度为"强"。

4. 课堂结束部分

(1)为了缓解学生学习的心理和生理负荷,可通过熟悉的音乐和轻柔的舞蹈动作进行放松,在轻松愉快的气氛中完成本节课的学习。

(2)小结:总结本节课的优点、缺点,以表扬为主。

(3)收还器材。

这一环节约为4分钟左右,运动强度为"弱"。

（六）说教学评价

首先，体育教学应按照《体育与健康课程标准》，根据不同年龄段的学生在教学内容、教学方式、教学评价等方面的要求，做出科学、合理及准确的安排。其次，要充分体现"健康第一"的指导思想，关注学生的生理健康、心理健康和社会适应能力的均衡发展。最后，还要对本节课的目标达成情况进行检测和反馈，在教学方法和学习方法的选择上，要充分体现学生的主体地位。本次课能在运动中使学生的天性得到尽情释放，课堂上充满欢声笑语，学生能尽情地享受运动的快乐、健康的快乐。

我的说课到此结束，谢谢各位评委老师！

案例评析：

本说课稿的内容选自江西省义务教育《小学体育》四年级上册第五课《背屈两头翘》的体育教材，教材内容为两头翘、仰卧起坐传递球和投掷，是塑造小学生良好形体、发展运动素质的基础性课程。说课者能够根据小学四年级学生的生理、心理特点和已有的运动素养，合理地安排教学内容。说课环节清晰，条理分明，既突出了学生的主体地位，又体现了教师的主导作用。全课始终以快乐、阳光为主线，充分体现了"健康第一"的指导思想。

作为提升学生运动素质的基础性课程，每位学生都必须承受一定的生理负荷，教师没有让学生陷入单调的重复练习之中，而是引领学生在欢声笑语中完成了课程运动量的积累，完成了健身、健心和社会适应的三大任务，并使学生更加坚定了建设美好家园的信念。

本节课在设计上巧妙运用游戏手法，使学生在轻松愉悦的氛围中完成了课程任务，无论在课程的导入还是课程的主要环节的设计上，都对其他体育课的设计有着抛砖引玉之功用。

第七节 小学美术学科

一、小学美术说课稿模式

各位评委老师，你们好！

今天我说课的课题是《_____》。（板书课题）

（一）说教材

1. 教材分析

本课的内容是_____版小学《美术》_____年级_____册《_____》内容。本课属_____领域的学习内容，是_____和_____等课的延伸与继续，它与_____等课构成一个系列，这个系列旨在通过用_____（如色彩、线条、构图、肌理等）等美术元素表达自己独特的感受，为学生的_____（本节课所属领域的学习目标）积累知识与方法。_____年级的小学生初步掌握了_____内容，对_____材料也有了认识。在此基础上，本课主要引导学生进行_____和_____内容的学习。

2. 学情分析

考虑到学生已经学习了_____内容,同时对于_____有了一定的了解。对_____年级的学生来说还存在一定难度,需要教师在教学过程中巧妙点拨,引导他们在_____的同时体验其中的乐趣。因此,这堂课学生的学习是在教师有计划有目的的引导下进行的自主探究学习,是在教师创设的有关情境中,通过_____和_____来完成_____的学习内容。

3. 教学目标

依据前面的教学内容分析和学生的年龄特点以及已有的知识结构特点,本节课的教学目标拟定如下。

(1) 知识目标:感知_____,进一步认识_____。
(2) 能力目标:能用_____表达_____,培养学生的想象力和创造力。
(3) 情感目标:激发学生的_____积极性,培养学生的_____情感。

4. 教学重点、难点

为了达成上述的教学目标,结合本课的内容和学生已有的认知水平,我认为本节课的教学重点是_____(可能是多个),教学难点是_____(可能是多个)。

5. 教学准备

在课前,我还布置学生为学习本课做了一些必要的准备,具体如下:① 要求学生复习_____内容;② 让学生收集一些_____;③ 带好_____等所需学习工具。

(二) 说教法学法

根据新课程改革的精神,美术课要改变单一、高深、繁多的专业化倾向,为学生提供丰富的内容和信息,拓展他们的艺术视野。通过生动的教学活动,学习内容变得鲜活充实,易于掌握,学习过程变得生动有趣,富有人文气息。结合本节课的内容特点,在教学方法和手段的选择上,我选择了_____和_____等教学方法,具体表现为在创设情境中讨论、体验;在欣赏中比较、探究学习技法,以解决难点;在展示评价中获得成功体验。

美术课具体的教学方法有讲授法、演示法、讨论法、观察比较法、辅助练习法、参观发现法,等等。结合课堂实际可将几种方法结合使用,如激趣法就是调动演示法、讨论法等方法的结合,再如互动教学法就是将演示法、辅助练习法和讲授法结合起来,等等。

教师进行学法指导需结合学生实际,如怎样指导学生进行自学、观察、写生、技法训练等。在一堂课中,不可能把所有的学习方法教给学生,说课时,根据本节课的教学内容,说出其中重要的1~2种指导学生学习的方法即可。

(三) 说教学过程

1. 创设情境,激趣导入

为了能迅速创造一种融洽的教学氛围,把学生带进一个与本节课教学任务和教学内容相适应的理想境界,我采用了_____导入法(美术教学中常用的课堂导入方法有多媒体导入法、直观导入法、歌曲音乐导入法、情景剧表演导入法、讲故事导入法、情境导入法、悬念导入法、复习导入法、谜语竞猜导入法、激趣导入法等)。我设置了_____,让学生做_____,引出本节课所学的课题。

设计意图:"兴趣是学习的先导"。这个导入环节通过_____(观察、猜想或思考、游戏等)充分调动起学生学习_____(本节课的内容)的兴趣,深入浅出地引导学生了解_____,同时通过初次作业,增强学生对_____(本节课的内容)学习的信心。

2. 思维拓展,启发创作

(1) 在生活中,_____(提问)?
(2) 现在我们来看一组作品,说说你的看法。
(3) 根据学生的各种回答及时小结,初步学习并检验学习成果。

设计意图:这一个环节的拓展,最主要是帮助学生完成学习的第一个步骤,同时开阔学生的眼界,启发与拓展学生的艺术表现,培养学生的发散思维,为下一步创作提供参考和更广阔的思维空间。

3. 比较欣赏,探究创作

(1) 这些_____(线条、色彩、构图、肌理等视觉元素)怎样才能_____(本节课的教学目标)?我们再来看一组作品:先看一幅_____的图片(多媒体课件呈现),仔细观察后请说一说:作者运用的视觉元素有_____(线条、色彩、构图、肌理等),作品中的_____是怎样处理的(各种视觉元素的运用方法)?以引导学生回忆_____(复习以前的知识)。
(2) 再看第二幅_____图片(多媒体课件出示),提问:第二幅和第一幅相比有什么不同?表现出来的效果怎样?引导学生找出_____(各种视觉元素的运用)的方法。
(3) 最后我们再看一幅_____图片(多媒体课件出示),你看得出这幅图是怎样表现的吗?这种方法你会吗?说说看。

教师小结:看了他们的作品,我们知道了_____(第一步教学内容)。你有表现的愿望吗?想不想也来试一试?一会儿我们创作的时候可以大胆地表现。

设计意图:这个环节展示的作品是根据_____(技法、材质、构图等美术作品元素)分类的,分别介绍了_____(技法、材质、构图等美术作品元素)的表现,为学生的_____(本节课的重点内容)学习提供了范例。如果说上面的第一次欣赏是解决_____(第一步教学内容)的,是从广度上突破学习难点,那么这次的欣赏是从深度上解除学习障碍,在赏析中了解灵活运用_____,这种学习最适合创造学生的最近发展区,是为下面_____(本节课的难点内容)打下扎实的基础,同时也是为第_____个环节中学生评价服务,为他们提供评价的范本。

4. 自主选择,再次创作

(1) 刚才我们欣赏了这么多作品,现在我们就来自己动手创作。创作之前先想一下_____(要表现的内容及细节)?你打算采用的创作方式是_____(工具或手法等)?
(2) 媒体揭示作业要求:_____(请同学们任选一题)。
按照你欣赏的作品,自己动手创作_____(前面展示过的范作);根据前面学习的知识,自己独立创作_____,完成书本上的课后作业。

(3)学生创作,教师巡回辅导。

设计意图:自主选择作业要求,给学生创作带来一个自主学习的空间,在欣赏、讨论的基础上放手让学生充分发挥想象力与创造力,大胆自由地表达。

5. 展示评价,分享创作

(1)请先画好的同学把作品贴到"我很棒"的展示板上。

(2)相互评价同学的创作并说说理由。对争议大的作品,将其放在实物投影上展示评价一下,请作者自评然后再互评,这样大家都进入到作者的创作情景中,尊重并理解作者,在此基础上提出合理的建议和评价。

(3)教师针对学生的作品与评价做精要的点评。

设计意图:这节课的互评可能争议会大一些,因为每个人的生活体验与感受都不同,但正是这种争议,使学生思维的变化与冲突成为一次思想上的再创新。互评与自评两者相对照,对学生深入体会作品、理解与深化创意更有帮助,但评价环节主要还是为了让学生分享成功的快乐,提高审美的能力,因此教师在这个环节应力图引导学生从不够完美的作品中找到优点,找到完善作品的更佳方法,让学生越学越愿学,越学越会学,越学越有审美眼光和创造精神。

6. 总结反思,内化提升

课堂的最后总结主要是将本节课的内容做一个简单的复习和回顾,以加深学生对教学内容的印象,其次也是对学生的学习做出一个客观的评价,肯定成绩的同时也要用适当方式指出不足,为以后的学习做好铺垫。例如,透过你们的作品,看到你们的表现,我感到_____(对学生掌握本节课内容的评语),你们真了不起!媒体展示:最杰出的艺术本领就是想象——黑格尔(德国哲学家)。希望你们在今后的学习中,借助观察与想象的双翅,在美术的天空中自由飞翔!

(四)说板书设计

根据教学活动的安排,板书设计分为三部分:课题、基本特征示意图和展示区。(课件展示)

(五)说教学评价

本节课通过精心设问、合作探讨、动手探究,引导学生进行再创造,强调把学生当成发现者,鼓励学生积极思考,自行探究,培养学生的主体意识和互助、参与合作意识,促进了创新意识、创新思维、创新能力的培养,真正实现了知识与能力的同步提高,教学效果很好。一句话:只要教师转变观念,大胆地放手把课堂还给学生,满足他们好奇、好动、好说的特点,教学效果一定会事半功倍。

二、小学美术说课案例

《大树的故事》说课稿

各位评委老师,你们好!

今天我说课的课题是《大树的故事》。(板书课题)下面我准备从说教材、说学情、说教法、说学法、说教学过程、说教学评价、说板书设计等几个方面进行说课。

(一)说教材

1. 教材分析

《大树的故事》这节课是人民美术出版社小学二年级的第三册第八课,是"造型·表现"领域的一个内容,这个课题很容易引起学生的兴趣,为学生提供很大的想象空间。内容包含面广,可以从图片展示、创作实践、自编故事三个方面入手,这样就不会觉得空洞。引导学生对大树进行丰富联想,从而培养学生的创新精神和造型表现能力。"二十大"指出:坚持精准治污、科学治污、依法治污,持续深入打好蓝天、碧水、净土保卫战。本节课的内容可以非常自然地引导学生初步认识人与自然的关系,渗透可持续发展的思想,达到教学目标的多元化,所需课时为一课时。

2. 教学目标

(1)美育目标:通过引导学生初步认识人与自然的关系,激发学生热爱自然、保护绿色生命的情感。

(2)知识目标:鼓励学生大胆地、有个性地用自编故事、绘画等方式去表达对大树的情感。

(3)能力目标:通过本节课的学习,培养学生的想象能力、绘画创作能力、语言表达能力等。

3. 教学重点、难点

根据本节课的教学目标,我将本节课的重点、难点确定如下:

(1)在本节课中,围绕大树的特点进行充分的想象和表现是学习的重点。

(2)在认知大树的基础上拓宽学生的视野,表现大树的同时培养学生画面构思的完整性,这又是本节课学习的难点。

4. 教具准备

教具准备:课件、画纸、画笔等。

(二)说学情

小学二年级学生天真、好动、活泼可爱、思维独特、个性鲜明,在教学中要充分运用各种教学手段创设一定的情境,激发他们的求知欲,并让他们时时体验成功的乐趣,从而形成良好的学习习惯。

(三)说教法

(1)让学生在良好的情境中感受大树的美,创造大树的美,以达到培养学生的创新精神和造型表现力的目的,为此我采用情境教学法贯穿始终。

(2)新的美术课程标准提出要特别注意对学生个性和创造精神的培养,教师应该在充分相信并尊重每位受教育者的基础上培养良好的审美观,帮助学生建立符合各自个性天赋的视觉思维方式和体验,这决定着学生有可能具有丰富而自由的创造力。因此,我引导学生运用探究学习法,即针对学生的年龄特点以一些简单的问题为导向,密切联系学生的生活经验,消除学生的依赖心理,激发学生主动参与,解决创造过程中的问题。

(四)说学法

学生是主体,在教师的指导下,学生将采用以下主要学法。

(1)欣赏、联想法:学生在教师的启发引导下,初步认识人与大树的关系。

(2)交流合作讨论法:学生在教师的要求下,认真思考,合作探究,然后随意交流、发言,这样的学法有利于学生在民主、开放、轻松、自由的气氛中成长。

(3)表演法:学生用语言或动作来表现大树的特征,激发学生的创造力和表现力。

(五)说教学过程

1.创设情境,导入新课(1分钟)

上课开始,教师播放歌曲《好大一棵树》来引出课题,把学生带进树的故事,并且感受到树的重要性,让学生初步形成保护树的意识。

2.教师引导,赏析图片(3分钟)

用课件展示绘画中的大树作品。

(1)欣赏绘画中的大树,让学生知道大树可以用不同的绘画方式去表现。

(2)欣赏教材中的作品,让学生了解不仅可以画整棵大树,还可以针对大树的某一部分进行绘画创作。

3.讨论交流,启发思维(2分钟)

我提出:"你们喜欢大树吗?喜欢大树哪些地方?一起说说。"小朋友们说出自己的想法,如喜欢树叶、树根、树枝等,为下面的绘画学习打下基础。

4.实践创作,情感体验(7分钟)

学生体验创作快感,其特点是让学生在选择材料进行创作时还可以邀请其他小朋友一起合作,培养学生的学习能力及创作能力,同时播放背景音乐,给学生创造一个快乐宽松的情境,让学生在创作中获得一定的创作灵感和快乐。

5.自编故事,表演展示(7分钟)

让学生发挥想象,说说大树的故事,表现自己的所思所想,培养学生的语言表达能力和发散思维能力。此环节是为了激发学生热爱大自然、保护大自然的情感。

6.播放作品,合作学习(3分钟)

欣赏同龄人的作品,目的是增强学生的创造自信心,也让学生赏析到美术语言表现的多样性。

7.挖掘资源,课堂拓展(1分钟)

有关大树的用途有很多种,小朋友们可以利用课余时间查阅资料,发挥想象,创作一幅属于自己的大树作品。

(六)说教学评价

知识体系的构建过程是不受时空制约的,美术课教学同样不应局限在40分钟之内。我们应该注意到,学生在课后生活实践中,在有意无意地积累着生活经验,而这些经验本身对其构建自己的知识体系有着巨大的作用,这就是知识来源于生活,又运用于生活。

(七)说板书设计

大树的故事

生长姿态　　　颜色　　　外型

这样的板书设计直观明了,既符合低年级儿童的认知特点,又体现本节课教学的重点内容,同时对本节课的学习内容起到了很好的总结作用。

案例评析:

本说课稿的内容选自小学二年级的美术教材,是"造型·表现"中的一课。该说课者能够根据二年级学生的年龄和已有的知识结构特点合理地安排教学内容,说课环节清晰,条理分明,既突出了学生的主体地位,又体现了教师的主导作用。

作为造型课内容,教师没有陷入单纯技法技巧的讲授,而是在开始就拓宽了学生的视野,呈现了关于树的各种表现形式的作品,又让学生通过欣赏书本上的作品,既可以表现整棵树,也可以表现感兴趣的局部,给予学生极大的自由表现空间,然后通过表演将美术课进行拓展,达到了培养学生的语言和思维能力的目的,使其教学理念不仅仅局限在"美术"课上。

本节课在设计上下了相当的功夫,在体现课改精神的同时也匠心独运,无论是导入还是其他环节的设计都对其他美术课有着参考价值。

第八节 小学科学学科

一、小学科学说课稿模式

(一) 说教材

《＿＿＿》是人教版小学《科学》教材＿＿＿年级上(下)册第＿＿＿单元第＿＿＿课。教材围绕＿＿＿主题设计＿＿＿个活动:活动 1:＿＿＿;活动 2:＿＿＿;活动 3:＿＿＿。本课利用图画和问题,引导学生观察、实验、调查、制作,并进行展示与交流,旨在以生活中常见的＿＿＿(事物或现象)为载体,让学生在对科学探究的实践过程中逐步形成良好的科学素养。

根据课程标准的要求,结合本节课内容特点,我将教学目标确定如下:

(1) 知识目标:知道＿＿＿,认识＿＿＿。一般是对事物(现象)特征、其中蕴含原理的把握。

(2) 方法能力目标:能＿＿＿,会＿＿＿。主要的科学探究实践能力:能通过对身边事物(现象)的观察,发现和提出问题;能运用已有的知识经验对问题的答案做出假设;能制定简单的科学探究方案;能根据方案开展观察、测量、实验、调查、制作等科学探究活动;会记录、整理探究获得的数据和信息;能分析数据、做出解释或得出结论;能用自己喜欢的方式表达交流;能进行基于证据的质疑和辩论。

(3) 情感态度与价值观目标:体验＿＿＿,喜爱＿＿＿。主要指保持和发展对周围事物的好奇心和探究欲,形成自主探究解决问题的习惯;珍爱并善待周围环境中的自然事物,体会人与自然和谐相处的重要;感悟科学技术对人们生活的影响,形成用科学技术提高生活质量的意识。

(二) 说教学方法与教学准备

本节课在＿＿＿的基础上进一步探究(设计制作),学生具有＿＿＿知识经验,具备＿＿＿能力。考虑学生的实际,结合本节课内容,我采用"引导探究"的教学模式:教师创设问题情境、提供探究条件,引导学生自主探究、合作交流,在亲历科学探究实践的过程中建构科学知识，提升科学能力，形成科学情感。主要采取观察、实验、制作、调查、阅读、游戏、讨论交流、演示讲解等教学方法。

教学准备：准备探究（实验、制作、观察、阅读）材料，考察调查地点，联系采访对象，制作精美的课件，设计层层递进的问题，预测活动中学生可能出现的问题及思考问题的对策等。

（三）说教学过程

1. 创设情境，导入新课

生动有趣的教学情境能迅速吸引学生的注意，激发其学习兴趣。通过_____游戏，_____谜语，_____魔术，_____视频，_____实验，_____实物，结合教师优美的语言来导入课题。明确本课的主要任务，探讨的问题为_____。

2. 引导探究，解决问题

探究解决问题的过程一般分为思考提出假设，设计探究方案、实施方案、收集数据、分析整理、得出结论，交流展示四大环节。

引导学生思考提出假设：请你根据自己已有的知识经验大胆地想象，猜测_____问题的可能答案，并说明这样猜测的理由。当学生猜测出现思维障碍时，呈现日常生活中_____事实或现象加以引导；当学生提出合理的、有价值的假设时，流露出喜悦和欣赏：我很欣赏同学大胆猜测，敢于提出自己的观点。

引导学生设计探究方案：猜测是否正确，需要验证，你打算通过什么方法收集证据，证明自己的观点？选择适当的探究方法：实验、观察、制作、测量、调查、查阅资料等，讨论制定小组合作探究方案。实验探究方案包括实验材料、实验步骤、实验现象、结论；观察探究方案包括观察方法、观察内容、观察结果、结论；科技制作方案包括制作思路、制作材料、制作步骤、性能检验；测量方案包括测量工具、测量方法、数据记录、结论；调查方案包括调查地点或对象联系、调查工具或材料准备、信息采集和整理、结果；查阅资料方案包括资料来源、查找方法、内容摘要、结论。学生设计方案可能遇到_____困难，出示_____材料或_____图片，启发学生观察思考。

引导学生实施方案、收集数据、分析整理、得出结论：组织小组合作，利用提供的探究材料或创设探究条件来实施方案，收集证据获得结论或完成制作。教师演示讲解突破操作难点，设计探究记录表，引导学生有序认真地探究和记录，指导学生运用统计、比较、分类、排序、分析、综合等方法对收集的信息进行思维加工等，通过组间巡回、及时评价，如我很喜欢××同学_____，科学探究需要_____，以维持活动秩序，激发探究热情。

组织交流、展示成果：学生通过努力解决问题或完成制作之后，都会有与别人交流分享的欲望。组织交流、展示探究成果，既是科学实践的重要环节，又能让学生充分体验成功的快乐。鼓励学生选择自己喜欢的方式：口头、书面、图表、照片、视频、实物模型等，从小组成员、探究方法、获得的信息、得出的结论或制作的作品、自己的感悟等方面进行交流。学会倾听、质疑；学会用_____证据证明自己的_____观点，说服别人，学会虚心接受别人的建议并改进。

3. 总结评价,应用拓展

引导学生回顾本节课探究学习的过程和收获:采用_____方法、获得_____知识,评价探究过程中表现出的情感和态度,进行知识、方法、情感态度的迁移应用,去解释更多的自然奥秘,创造更好的科技作品。

(四)说教学设计特色

从教学内容、教学方法、指导策略等方面简要阐述本课教学设计的主要特点及其蕴含的教育心理学原理。可从以下内容中选取适合本课的两至三点。

(1)教学内容生活化。创设生活情境,提供生活中常用的操作材料,探究日常生活中常见的事物或现象,解决生活中常见的问题,体现了陶行知先生的"生活即教育"教育活动理念,利于激发和保持学生对周围事物或现象的好奇和求知的欲望,体会到科学就在身边,人人都能学科学。

(2)采用以探究为核心的教学方式。提供探究材料,指导学生提出问题、猜测与假设、设计和实施方案、收集和处理信息数据、得出结论和表达,在主动探究、合作交流的过程中建构科学概念,提升科学素养。

(3)采用观察法认识事物。运用多种感官感知(看、听、闻、摸、尝)事物的属性,将各种感觉捕捉到的信息进行综合,认识某一种事物;将多种事物进行比较、分类,找出共同特征,获得对某一类事物的认识。培养了学生的观察、思维、表达能力,学会了观察认识事物的方法。

(4)采用调查法研究_____。调查家庭的_____,社区的_____,一方面充分挖掘教育资源,为科学教育活动创造条件;另一方面引发学生关爱家庭、关注社会,理解科学、技术、社会之间的关系。

(5)开展科技制作活动,运用_____科学原理制作_____,引导学生构建模型、动手制作、展示作品性能,培养学生大胆想象、敢于创新的精神,体验科学技术给人们的生活带来的方便。

(6)采用游戏、魔术导入,让科学彰显趣味和神奇的魅力,激发学生的学习热情,符合小学生的身心发展规律。

(7)设计层层递进的问题、探究记录表等,引导学生观察、思考、操作,集体指导与个别点拨相结合,让学生"跳一跳摘到桃",符合维果斯基的"最近发展区"理论,利于学生自主解决问题能力的培养,体验通过努力获得成功的快乐,增强自信,激发学习兴趣;注重活动过程中的及时评价,评价内容具体而富有情感,激励和提醒小学生像科学家、发明家一样进行科学探究、科技制作活动。

二、小学科学说课案例

《认识材料》说课稿

尊敬的评委老师,你们好!

我说课的课题是《认识材料》。(板书课题)我将从说教材内容与教学目标、说教学方法与教学准备、说教学过程、说教学设计特色这四个方面向评委老师展示我的教学设计。

(一) 说教材内容与教学目标

《认识材料》是人教版小学《科学》五年级上册第二单元《建筑与材料》第一课的教学内容,是探究材料的吸音、防水、保温性能,运用材料进行建筑设计的基础。教材设计四个活动:① 调查建筑物或家庭生活用品是用什么材料制造的;② 了解材料的发展;③ 自己动手制作草叶纸或再生纸;④ "换"材料游戏。活动利用图画和文字,引导学生调查、统计、阅读、操作、展示和交流,旨在以认识生活中常见物品的制作材料为载体,培养学生的科学探究能力,形成良好的科学情感态度。

根据课程标准的要求,结合本节课内容特点,我将教学目标确定如下。

(1) 知识目标:认识常见材料(石材、木头、金属、玻璃、陶瓷、塑料、橡胶、纤维等),知道常见材料的基本性能。

(2) 方法能力目标:能通过调查统计常见材料的种类,能通过实验操作、资料查阅探究常见材料的基本性能,尝试运用材料的性能解决实际问题。

(3) 情感态度与价值观目标:感悟运用科技手段制造人造材料对人们生活的影响,形成合理使用材料的环保节约意识。

(二) 说教学方法与教学准备

教学方法:小学五年级学生在日常生活和科学课程的学习中积累了许多认识物品与制作材料的感性知识,经历过一些科学探究活动,具备了一定的探究能力。为此,我采用"引导探究"的教学方法:教师创设问题情境,提供探究条件,引导学生调查统计常见材料的种类,通过实验观察环节探究材料的基本性能,通过阅读与制作环节感悟科学技术的神奇、制造材料的艰辛,通过创新设计环节体会解决实际问题的快乐。

教学准备:水枪,四驱车,芭比娃娃,实验材料(木条、石块、玻璃片、金属、陶瓷、塑料、橡胶、布、纸等,热水、电池、导线、小灯泡等),自编电子书《走进材料的世界》,草叶纸制作材料(用水泡软的稻草、豆浆机、胶水、抄纸台、剪刀、干毛巾),多媒体课件。

(三) 说教学过程

1. 创设情境,导入新课

同学们,老师带来了一些精美的礼品,要奖励给在今天的学习中积极探究、大胆交流的同学。想看吗?(同学们回答)好,看看它们是什么?用什么材料做的?一支塑料水枪,一个由塑料身体、棉布外衣组成的芭比娃娃,一辆由塑料外壳、金属底板、橡胶轮子组成的四驱车,……不同的奖品由相同或不同的材料制成,我们今天的任务就是要认识这些材料。我们要调查统计,我们要实验探究,我们要阅读、设计、制作和交流。谁能拥有奖品?那就看同学们的活动表现了。

2. 引导探究,解决问题

活动1:调查统计常见材料的种类

出示问题串:调查了哪些物品?它们是用什么材料制造的?一共发现多少种材料?可以将它们分成哪几类?调查中发现想要进一步探究的有关材料的问题是什么?引导学生设计调查统计表,经老师审阅通过后进行调查。

第×小组调查统计表

物品名称	制造材料	材料种数	材料分类	进一步探究的问题

小组成员：×××、×××、×××、×××。

调查记录、统计分类、观察发现问题，完成调查统计表。对材料进行分类是难点，我用"根据材料的_____，将它们分成_____材料和_____材料"的句式，引导学生思考分类标准（来源、组成、性能等）和分类结果，鼓励他们选择不同的标准进行分类，培养发散思维。

展示调查统计表，交流调查结果。学生会提出许多问题，引导他们对问题进行筛选和分类：今天研究的主题是材料，不是有关材料的问题暂不考虑；问题很多而且杂乱，我们将问题分成三类：_____物品是什么材料做的？_____材料是怎么造出来的？为什么_____物品要用_____材料做？有没有更好的材料代替它？可以通过实验、查阅资料等方法来解决。

活动2：实验探究材料的性能

探究材料的性能有助于我们解决问题，老师准备五个实验站，每个站点有探究实验名称、实验材料、操作指导及安全注意事项。

实验1：探究材料的硬度。用小刀刻画木块、石块、金属、塑料、玻璃、陶瓷、橡皮、纤维，比较不同材料的硬度。

实验2：探究材料的延展性。用小锤敲打大小厚度相同的金属、塑料、玻璃、陶瓷，它们谁能抵抗外力，发生形状变化而不易破裂？

实验3：探究材料的导热性。将相同大小的金属片、塑料片、玻璃片、陶瓷片、木片一端同时插入一杯热水中，比较另一端温度的高低。

实验4：探究材料的导电性。将不同材料接入电路，看看能否导电。

实验5：探究材料的吸水性。将不同材料的一边垂直浸在水中，比较水沿着材料上升的速度；用放大镜观察不同材料的材质致密程度。

请同学们以小组为单位进行实验探究，并尝试用得出的结论解决提出的问题。教师在实验站点之间巡回进行小组个别指导，适时做出具体明确的评价，例如，我很欣赏第×小组，喜欢他们细心操作、认真观察和记录的样子；科学探究需要对观察记录进行分析比较才能得出结论；第×小组已经通过实验探究成功解答了××问题；等等。引导和激励学生积极探究，确保活动顺利有序地进行。

实验探究之后组织学生进行交流，陈述本组关于材料性能的观点，并提供实验证据予以证明；运用获得的知识经验解答调查中提出的问题。

实验探究帮助我们解决了一部分问题。这些材料是怎么造出来的？我们可以通过查阅资料来解决。

活动3：查阅电子书《走进材料的世界》，制作草叶纸

出示自编电子书，提供草叶纸和再生纸的制作材料，引导学生查阅、制作，进一步认识材料。

3. 总结评价，应用拓展

回顾"认识材料"这一课的学习过程和收获：通过调查、实验、阅读，认识了制造物品的常用材料，知道了常用材料的基本性能，体会到了节约材料的重要性和研制新材料的重要性。组织学生通过"换"材料游戏，巩固和应用所学的知识，即选择一个你熟悉的物品，向同学们介绍它是由哪些材料制造的，说一说为什么要选用这些材料；其他同学选择适当的材料来替换，说明替换后的优缺点。教师鼓励学生大胆想象，提出创新设计并改进现有物品的设想。

最后，组织学生反思活动表现，进行自我评价、学生互评和师评，颁发奖品，激励学生将改进设想付诸行动。

（四）说教学设计特色

本节课的教学设计体现了以"探究"为核心的科学教育理念。教师创设实验站、自编电子书，为学生提供探究学习条件；以学生喜欢的科技玩具、班级整体指导和小组个别指导相结合的指导方法、具体而感情真挚的过程评价，营造浓烈的探究学习氛围；用调查、实验、阅读、制作、游戏等多样化的活动方式，激发学生的探究学习兴趣。引导学生调查发现问题、思考提出假设、实验收集数据、阅读查找信息、整理得出结论、交流解决问题，在积极探究、合作交流的过程中建构有关材料种类和性能的知识，提升科学实践解决问题的能力，感悟节约使用材料和研制新材料的重要性，符合建构主义理论。

《认识材料》这一课的教学设计展示完毕，敬请评委老师指导，谢谢！

案例评析：

小学科学课程的教学需要教师具有良好的科学素养和运用先进的教育理论指导教学实践的能力。新课程标准指导下的小学科学教材给教师和学生留有很大的教与学空间，需要教师挖掘和利用课程资源，创造科学探究学习的条件，引导学生进行科学探究实践，教师自身的科学素养（科学知识、科学实践能力、科学情感态度）至关重要。本课中教师设计多种探究实践活动，引导学生亲历探究解决问题的过程；组织学生交流活动体验和感悟，促进积极的科学情感态度价值观的形成，表现出教师自身较高的科学素养。教学中教师创设情境、提供条件、组织引导，角色定位准确，是情境创设者、条件提供者、过程组织者、困难指导者，学生是探究活动的主体，通过自主、合作、探究学习，积极完成学习任务、达成学习目标。教学设计符合先进的教育教学理念，体现出教师良好的教育心理学理论基础和运用理论指导教学实践的能力。说课过程中呈现部分精彩的教学片段，运用多媒体辅助，层次清晰，表达生动，给人留下了深刻的印象。

课后练习

1. 叙述小学各学科说课稿的基本结构。
2. 撰写小学各学科不同题材的说课稿一份。

第六章
幼儿园说课案例

> **学习目标**
> 1. 掌握幼儿园课程"五大领域"说课稿基本结构。
> 2. 会撰写幼儿园课程的"五大领域"说课稿。

第一节 健康领域

《我该换牙了》说课稿

各位评委老师,大家好!

今天我说课的课题是大班健康活动《我该换牙了》。(板书课题)

(一)说设计意图

《幼儿园教育指导纲要》中倡导:幼儿园健康教育要根据幼儿身心发展特点,通过适宜有效的多种活动,提高幼儿的健康认识水平,改善幼儿健康的态度,培养幼儿的健康行为,最终使幼儿形成良好的健康生活方式。换牙对于幼儿来说是成长的标志,大班幼儿正处于换牙期,但是他们对换牙了解并不多,很多幼儿既好奇又害怕,而且由于生活水平的提高,很多孩子常吃甜食,却没有保护乳牙的意识,导致有蛀牙的幼儿很多。为此,在换牙初期,学习保护新长出的牙齿就显得非常重要。于是我设计了该教学活动,让幼儿认识到换牙是一种正常的生理现象,使其学会保护牙齿的方法,为养成健康的生活方式打下良好的基础。

(二)说活动目标

根据大班幼儿逻辑思维能力已经萌发的年龄特点和对活动的整体考虑,我制定了以下活动目标。

1. 认识换牙是一种正常的生理现象,不用害怕

对换牙现象有正确的了解,消除幼儿的疑虑和恐惧是首先要达成的目标。

2. 学习保护新长出牙齿的方法,养成良好的口腔卫生习惯

健康生活方式的形成是健康教育活动的起点和归宿。因此,该目标是活动的重点部分。

3. 体会牙齿健康对身体的重要性

感受到牙齿健康的重要性,是形成良好的口腔卫生习惯的动力所在。

（三）说活动准备

围绕活动目标，进行了如下活动准备。

1. 经验准备

活动前展开幼儿换牙情况调查，了解幼儿换牙状况。给幼儿发换牙记录表一张，让幼儿记录。

2. 材料准备

保护牙齿的多媒体图片若干张。

（四）说教学方法

根据本次活动目标、内容及大班幼儿年龄特点，我采用如下教学方法。

(1) 讨论法：大班幼儿对牙齿已经具备一定的相关知识经验，且逻辑思维能力有所发展。组织幼儿积极参与换牙话题的讨论，交流想法，提高幼儿的语言表达能力和思维能力。

(2) 体验法：让幼儿说一说自己的换牙经历，亲眼看一看身边小朋友的换牙情况，有助于激发幼儿探索、发现的兴趣。

（五）说活动过程

1. 讲述故事，引入课题

我给幼儿讲一段精彩的小故事《多多的牙齿》，大概情节：多多是幼儿园大班的小朋友，一天中午，多多正在幼儿园吃饭，突然，多多两只手捂着嘴"哎哟哎哟"地叫起来。原来多多的牙齿松动了，快要掉了，刚才他吃饭时不小心碰到牙齿，疼得忍不住叫了起来。

教师：多多的牙齿怎么了？好好的牙齿怎么会松动了呢？以此方式引发幼儿谈论换牙的话题，创设情境，导入活动，激发起幼儿的好奇心。

2. 找一找"谁换牙了"

(1) 出示换牙记录表，请幼儿将换牙记录表贴出来。

记录表主要是对班上幼儿现阶段换牙情况的一个了解，每个幼儿都要参与，把自己的换牙记录表贴到指定的位置。

(2) 引导幼儿相互观察。

让幼儿认真观察记录表，了解身边小朋友的换牙情况。引导幼儿看一看换牙小朋友的牙齿，使幼儿获得对换牙的直观认识。

(3) 说一说：换牙情况。

在幼儿充分观察后，教师提出问题：谁换牙了？换了几颗牙？谁还没有换牙？为什么小朋友换牙的数量不同？

(4) 统计换牙情况。

这一环节，我会请其他班的幼儿对我班幼儿换牙情况进行统计，使他们认识到换牙是很多小朋友在成长过程中都会经历的事情。

3. 议一议：换牙的感受

(1) 说说换牙的感受。

我会请正在换牙的幼儿说说自己换牙时的感受。如换牙有什么不方便的地方，自己的牙齿是怎样掉落的，牙齿掉落时有什么现象等。这一环节的目的是让幼儿了解换牙出现的情况，让幼儿知道换牙时不用害怕。

(2) 了解换牙的卫生。

这一环节教师提出一些问题：如果你的牙齿松动了,能不能用手摇一摇让它快一点掉下来？为什么？有的小朋友喜欢用舌头舔刚长出来的牙齿,能不能这样做？为什么？让幼儿知道换牙时应该怎么做,不能怎么做,掌握必要的换牙卫生知识。

4. 教师小结

换牙是正常现象,没有什么可怕的,说明小朋友长大了,被换掉的是乳牙,新长出的是恒牙,恒牙是要陪伴我们一生的。在换牙时,不要用舌头舔,不要用手摸,否则长出的牙齿就不整齐了。

5. 说一说：怎样保护牙齿

这是本次活动的重点部分。我通过多媒体手段、讨论和观察等方法,让幼儿保持盎然的兴趣,引导幼儿积极讨论和交流保护牙齿的好方法,从而促进幼儿养成良好的个人卫生习惯和饮食习惯。

(1) 健康的牙齿对我们的身体作用是什么？

我们不仅要让孩子们知道换牙是每个人身体生长必须经历的一个过程,还要引导幼儿说一说健康的牙齿对我们身体的重要性。这是他们开动脑筋、想办法保护牙齿的动力。

(2) 观看动画片,让幼儿了解如果有蛀牙,会带来什么样的麻烦？

教师：小朋友知道了健康的牙齿对我们的身体很重要,那么你知道有什么保护牙齿的好方法吗？

(3) 引导幼儿讨论如何保护牙齿。

首先,我采用引导语导入本环节：既然牙齿健康对我们的身体很重要,而且如果恒牙不小心碰掉了,或者蛀掉了,就再也长不出新牙,那是很难受的,所以我们要保护好牙齿。

幼儿知道了健康的牙齿对我们身体的重要性,可以加深他们对牙齿的认识,进一步加深了其对爱护、保护牙齿必要性的认识。而大班幼儿对牙齿已经具备了一定的相关知识经验,所以能说出很多日常生活中保护牙齿的好办法,为养成良好的口腔卫生习惯奠定基础。

(4) 教师和幼儿一起总结保护牙齿的好方法有检查牙齿、早晚刷牙、用正确的方法刷牙、饭后漱口、选择合适的牙刷和牙膏、不咬硬物、不多吃糖、不用手摸等,帮助幼儿整理知识、提升思维水平。

（六）说活动延伸

我设计的活动延伸是采取家园共育的方法,请家长为孩子选择他们喜欢的牙刷、牙膏,培养幼儿对刷牙的兴趣,帮助幼儿养成早晚刷牙及饭后漱口的卫生习惯。

案例评析：

在整个教学活动中,始终把"幼儿的自主学习地位"放在第一位,让幼儿通过自己的观察、思考、交流来获得知识,给幼儿足够的时间,让幼儿自由地和同伴交流自己的感受、发表自己的想法和对某一事物的理解。这样既发展了幼儿的语言表达能力,又发展了幼儿的社会交往技能。本节课遵循了直观性原则和循序渐进的原则,让幼儿自主学习、探究合作,发展了幼儿的主体作用,教师始终处于引导作用。《幼儿园教育指导纲要》中指出教师应成为幼儿学习的支持者、合作者、引导者,关注幼儿在活动中的表现和反应,敏感地察觉他们的需要,及时以适当的方式应答,形成合作探究的师生互动。活动中,多找机会让孩子观察思考、交流合作。如果本次活动再设计一个环节,让孩子动手操作,参与进去,或者把这个环节改成每组一套实验用品就好了,这样,孩子就会有更多的机会去动手操作,参与到实验中去。

第二节 语言领域

《小老鼠打电话》说课稿

各位评委老师,大家好!

今天我说课的课题是小班语言活动《小老鼠打电话》。

(一)说设计意图

打电话是人们生活中不可缺少的联系方式。在日常生活和游戏中,小班幼儿时常会模仿成人打电话,但由于他们年龄小,词汇贫乏,不知道打电话要使用礼貌语言,不知道先介绍自己是谁,说话语无伦次,不能达到顺利沟通的效果,更缺乏主动倾听的意识。《幼儿园教育指导纲要》中提倡幼儿园应以游戏为基本活动形式,我设计了本次语言游戏活动"小老鼠打电话",其内容贴近幼儿生活,形象鲜明突出,游戏化的语言易于小班幼儿模仿和学习,非常符合小班幼儿的年龄特点。

(二)说活动目标

小班幼儿语汇积累较少,不会合理使用礼貌用语,缺乏倾听的意识。他们的语言表达能力不完整,语音不清晰,注意力容易分散,以无意注意为主。根据小班幼儿的认知水平,本次活动的目标拟定如下。

(1)学习并乐意与人交谈,正确使用简单的礼貌用语。

(2)学会倾听,养成初步的游戏规则意识。

重点、难点:小班幼儿语汇积累不够丰富,合理使用礼貌用语的能力意识不强,语言表达的完整性有所欠缺,因此,通过游戏引导幼儿交谈并学习使用简单的礼貌用语是本次活动的重点。因为小班幼儿处在规则意识形成的初级阶段,所以把活动的难点定为养成初步的游戏规则意识。

(三)说活动准备

在教学准备方面,采用家园共育的方法,让家长帮助幼儿认识和了解电话,丰富幼儿的打电话经验。在活动室创设小老鼠的家的场景,挂上小老鼠的照片,放上娃娃家的用具和电话一部。另外,准备小老鼠和小松鼠的头饰。

环境赋予幼儿的影响作用十分显著,以上准备的目的在于帮助幼儿进入游戏氛围,明确游戏角色。

(四)说活动方法

本次活动运用的主要方法有游戏法、示范法、讲解法。

(1)游戏法:让幼儿在轻松、愉快的游戏氛围中充分地表现自我,大胆说话。充分体现《幼儿园教育指导纲要》中提出的"语言能力是在运用的过程中发展起来"的精神实质。

(2)示范法：教师通过示范游戏，为幼儿提供具体模仿的范例。

(3)讲解法：教师示范的同时辅以讲解，通过讲解游戏规则，幼儿明白游戏的玩法，从而使活动顺利开展。

(五)说活动过程

1. 听儿歌，导入活动

活动开始，请幼儿们听一首儿歌："小老鼠打电话，约来朋友过家家，喂喂喂，你好呀，请你到我家来做客。"之后提出问题："小朋友，谁会到小老鼠家做客呢？我们一起去小老鼠家里看一看吧。"通过听儿歌，既让幼儿感知了游戏内容，同时也激发了幼儿的学习兴趣。

2. 介绍游戏玩法

教师出示小老鼠和小松鼠的头饰，让幼儿自主选择想要扮演的角色头饰，选好后按角色分为两组，使教学显得更为生动活泼。接下来，请一名幼儿与教师一起示范游戏玩法。教师戴上小老鼠头饰，幼儿戴上小松鼠头饰，表演小老鼠邀请小松鼠做客的情景。

教师："小老鼠，打电话，5432678，铃铃铃，你好呀，小松鼠，你好呀，小松鼠，今天请你来我家做客好吗？"

幼儿："谢谢你，小老鼠，马上就到你的家。"

教师："再见，小松鼠。"

幼儿："再见，小老鼠。"

教师和幼儿的情境表演，能够使幼儿理解游戏的基本内容。小班幼儿生活经验有限，教师应根据幼儿打电话时有可能出现的问题，在讲解游戏玩法的基础上，通过提问来强调游戏规则。例如，"小朋友们，小松鼠接到电话后，是怎么回答的？"通过提问，结合示范让幼儿了解游戏的规则和玩法，从而突破活动难点。

3. 幼儿自主游戏

幼儿熟悉游戏内容、玩法和规则后，进入自主游戏阶段。教师带领幼儿一起玩"打电话"的游戏，幼儿掌握游戏的玩法后，教师组织幼儿自由结合进行练习，启发幼儿想一想"在哪儿"与"干什么"的内容，编入游戏中进行对话。教师也可提供具体的情景："如果你过生日，想打电话约好朋友，你会怎么说呢？"在活动中，教师是观察者和指导者，需适时参与和调节幼儿出现的矛盾和纠纷，要督促幼儿遵守游戏规则，如果幼儿因为玩得兴奋，忘了拿着电话说，教师要给予提醒和帮助。

这一环节采用的是游戏法。小班幼儿处于典型角色游戏的发展期，活动中，以幼儿自主参与为主，充分调动幼儿学习的积极性，进一步巩固本次活动的重点、难点。

4. 游戏评价

我通过评价游戏结束教学活动，表扬参加游戏、遵守规则的小朋友，以及正确使用礼貌用语的小朋友，对正确、规范的语言要加以肯定，对游戏中存在的问题与不足要加以引导与纠正。

(六)说活动延伸

《幼儿园教育指导纲要》中提出："发展幼儿语言的关键是创设一个能使他们想说、敢说、喜欢说、有机会说并能得到积极应答的环境。"我将在娃娃家中多投放小电话，给幼儿提供打电话的环境和机会，让幼儿在平时的游戏中继续"打电话"。

案例评析：

通过本次活动能让幼儿喜欢与他人交流，愿意用电话与人交谈，培养了幼儿语言交流能力和水平，同时也能使他们养成良好的倾听习惯和规则意识。通过师幼示范表演、幼儿自由表演等形式，充分展示了师幼之间、幼幼之间愉快的合作意识和良好的团队精神。在活动过程中幼儿也能体验到成功的快乐。

第三节 社会领域

《快乐的中秋节》说课稿

各位领导老师，大家好！

我今天说课的课题是大班社会活动《快乐的中秋节》，说课流程分为以下六个部分。

（一）说设计意图

党的"二十大"报告指出：坚守中华文化立场，提炼展示中华文明的精神标识和文化精髓，加快构建中国话语和中国叙事体系，讲好中国故事、传播好中国声音，展现可信、可爱、可敬的中国形象。《幼儿园教育指导纲要》在社会领域中明确提出："社会教育具有潜移默化的特点，幼儿教育应以幼儿生活为基础。"中秋节、端午节和春节都是我国重要的传统节日，就拿农历八月十五我国的传统节日中秋节来说，每年我们都会和家人一起赏月、吃月饼、看中秋联欢晚会，这些都是幼儿生活中的真实体验，并且大班幼儿上小、中班时，对中秋节已有初步的了解。

为了让我国优秀的传统文化得到传承，我设计了本节活动，通过引导幼儿大胆讲述，收集中秋节有关信息，使他们进一步了解中秋节的来历和各地的中秋文化；又通过品尝月饼等活动，丰富幼儿的生活经验，让幼儿感受到传统节日的独特魅力，激发热爱中国传统文化的情感。

（二）说活动目标

活动目标是教学活动的起点，根据大班幼儿的年龄特点及上小、中班时对中秋节的初步认知，我拟定了以下的活动目标。

（1）知道中秋节的来历，进一步加深对传统节日的了解。

（2）能大胆讲述收集的信息，产生对传统文化的兴趣。

（3）乐于与同伴交流、分享，体验集体过节的快乐。

针对教学活动的具体内容，我将活动的重点确定为让幼儿以"快乐"为中心点，体验幼儿园这个大家庭的团圆与快乐，激发幼儿喜爱中国传统文化的美好情感。

（三）说活动准备

为了更好地完成活动目标和活动内容，我会有以下活动准备。

（1）嫦娥奔月的动画故事、中秋节的相关环境创设。

一个良好、积极的环境会产生潜移默化的作用，其效果往往要比教师的言传身教更为实用、有效。

（2）教师与幼儿一起准备的月饼及中秋节的相关信息。

这些"准备"的目的是让幼儿主动参与、亲身体验,进一步加深对活动内容的了解。

(四)说活动方法

活动中,我为幼儿创设了愉快的氛围,用幼儿能接受和乐于接受的形式来展开活动,我将运用以下方法。

(1)讲解法:通过讲解中秋节的来历和有关故事,进一步加深幼儿对中秋节的认识,激发幼儿对传统文化的兴趣和爱好。

(2)讨论法:可以给幼儿更大的空间和主动性,让幼儿相互讨论、交流收集的中秋信息,以获得更多关于中秋节的知识,激发幼儿的表现欲,提高幼儿的语言表达能力。

(3)演示法:通过展示老师和幼儿收集的各地中秋节的相关图片和信息,让幼儿更加形象、直观、真实地感受到各地过中秋节的民俗文化,激发幼儿的学习兴趣。

(五)说活动过程

活动共分为以下几个环节:欣赏动画——引出主题;师幼交流——丰富经验;品尝月饼——分享快乐;许下心愿——祝福团圆。

下面我详细说一说每一环节的教与学的过程。

1. 欣赏动画——引出主题

活动开始我是这样设计的,首先,我会让幼儿观看嫦娥奔月的动画故事,吸引幼儿的注意力,激发幼儿的兴趣和求知欲望。(展示动画)

(视频播放结束)通过观看动画故事,唤起幼儿对中秋佳节的遐想,进而引出主题。

2. 师幼交流——丰富经验

大班幼儿上小、中班时,对中秋节已有初步的了解,活动前我会请幼儿和家长一起收集中秋节的信息,让幼儿以主动学习的方式加深对中秋节的了解。

活动中,我运用了让幼儿先表现、老师后补充的方式,充分给幼儿提供表现的机会。首先我会请幼儿讲述收集到的中秋节来历的信息和相关故事,以及中秋节有关的古诗、民谣等。幼儿通过回忆、谈论的方式,互相交流,互相学习,大胆表述中秋节的相关信息,在幼儿展现的基础上,老师再进行补充:"每年的八月十五是我国传统的中秋佳节,这时是一年当中秋季的中期,因而被称为'中秋'。这天晚上月亮特别圆、特别亮。人们看到圆月就会联想到一家人的团聚,希望生活像月亮一样团团圆圆、和和美美,因而又把'中秋节'称为'团圆节'。"这样使幼儿更加明确了中秋节的来历。

接着,引导幼儿说一说:"过中秋节了,我们班上有什么变化?"通过中秋节的相关环境布置,为幼儿创设过中秋节的愉快氛围,充分发挥环境空间的教育价值。另外,引导幼儿说一说:"大街上都有什么变化?你和爸爸妈妈一起过中秋节时都干些什么?"通过提问的方式充分调动幼儿已有的生活经验,让幼儿在观察、回忆中体会过中秋节的情感,进而产生对传统文化的兴趣。

为了进一步丰富幼儿对中秋节文化知识的了解,我会提问幼儿:"你们还知道其他地方的人都会用什么方式来庆祝中秋节吗?"请幼儿向大家展示和讲解他们收集到的信息,充分调动幼儿的积极性,激发相互学习的兴趣,培养幼儿的语言表达能力。最后在幼儿展示的基础上,我会出示相关图片,补充并小结:"中秋节的活动,除了赏月、祭月、吃月饼外,还有香港的舞火龙、安徽的堆宝塔、广州的树中秋等。"

3. 品尝月饼——分享快乐

过中秋,庆佳节,必不可少的活动形式就是吃月饼,月饼是幼儿熟悉并喜爱的一种点心,为了让幼儿能够充分地体验到过中秋节的快乐,我设计了品尝月饼、共同分享快乐的环节。

活动前我鼓励幼儿将月饼带到幼儿园里和大家一起分享,让幼儿感受到人与人之间友好交往的幸福,体验分享的快乐。品尝月饼的过程中,我先请幼儿观察月饼的形状:"小朋友们看一下我们带的月饼都是什么形状的?和老师的月饼有什么一样的地方?"(让幼儿通过观察、讨论,发现月饼通常是圆的,知道月饼的圆代表团团圆圆,代表生活幸福美满。)接着请幼儿向大家介绍一下他们的月饼:"你带的是什么月饼?什么馅儿的?"丰富幼儿对中秋节月饼种类的了解。

接下来,让幼儿欣赏歌曲《爷爷为我打月饼》,以活跃节日气氛,让幼儿边听音乐边与同伴互相分享月饼,体验与同伴、老师一起过节的快乐。这个环节在让幼儿品尝月饼、感受中秋快乐的同时,进一步激发幼儿对于传统文化的热爱,体验分享的乐趣。

4. 许下心愿——祝福团圆

在这一环节中引导幼儿:"中秋节快要过去了,让我们一起许下中秋节的心愿吧!"请全班幼儿闭上眼睛许愿。接着,我会鼓励幼儿把心愿说给大家听听,给幼儿表达心愿的机会。

本环节通过让幼儿许下中秋心愿,既添加了神秘感和乐趣,也发展了幼儿的想象力和语言表达能力。

等幼儿分享完中秋心愿后,我们的活动也将接近尾声。

(六)说活动延伸

活动结束后,我设计了一个延伸活动:鼓励幼儿回家和家人一起制作中秋节贺卡,并与同伴互送,体验浓厚的亲情和友情。

本节活动,我改变了以往单纯说教的方式,通过环境的创设、幼儿的大胆表现及品尝月饼、中秋许愿等方式,让幼儿运用多种感官感受到过节的快乐,又通过看、说、尝等分享活动,进一步加深幼儿对中秋节这一传统节日的认识和热爱。

案例评析:

为了让幼儿庆祝传统节日,感受节日的气氛,进一步了解中国的传统文化,激发幼儿热爱祖国的情感和享受节日的快乐,本设计以故事的形式向幼儿介绍了中秋节是怎么来的,以此引出中秋节吃月饼,用月饼是圆圆的,表示全家团团圆圆、生活美满幸福,并且告诉幼儿每年的农历八月十五是中秋节。大班幼儿对中秋节有一定的认识基础,通过多种活动,激发幼儿对中秋节的热爱。

第四节 科学领域

《磁铁找朋友》说课稿

各位领导老师,大家好!

今天我说课的课题是中班科学活动《磁铁找朋友》。

（一）说设计意图

中班幼儿对磁铁的磁性很感兴趣，在生活中也积累了关于铁制品与非铁制品的知识经验。该年龄段幼儿也具备了一定的动手、动脑、自主探索问题的能力。因此，我设计了"磁铁找朋友"这个活动，通过活动让幼儿感知磁铁吸铁的性质，辨别铁制品与非铁制品。活动内容轻松有趣，能够培养幼儿对科学的兴趣与求知欲。

（二）说活动目标

（1）发现磁铁吸铁的性质，能将铁制品与非铁制品分类。

（2）能用较完整的语言表达自己的发现。

（3）乐于动手，体验探索成功的乐趣。

目标(1)提出了通过活动，幼儿应获得的科学知识经验。这是本次活动的重点。目标(2)提出增强幼儿的语言表达能力，目标(3)是情感态度目标，目标具体、明确，可操作性强。

（三）说活动准备

（1）磁铁。磁铁人手一块，满足幼儿操作需要。

（2）铁制品与非铁制品材料。目标中提出让幼儿辨别铁制品和非铁制品，在材料中特别准备了两类材料：一类是玻璃球、毛线、木块、塑料、橡皮、石块等非铁制品，一类是铁块、铁环、曲别针等铁制品。

（3）自制的小钓鱼竿、纸折小金鱼。

（四）说活动方法

幼儿科学教育以培养幼儿科学素养为宗旨，以"探究"为核心。因此，让幼儿动手、动脑探究问题是本次活动的主要方法。

（五）说活动过程

考虑到幼儿的认知规律，同时把握幼儿认识事物的特点来设计活动过程。活动过程由四个环节构成。

1. 玩一玩——钓鱼的游戏

活动伊始，我带领幼儿到布置好的小鱼塘场景中钓鱼："小朋友，老师手里有一个漂亮的钓鱼竿，咱们一起钓小鱼吧，举起钓鱼竿，把鱼饵送到小鱼的嘴边，试试看，咦？为什么有的小鱼能钓起来，有的小鱼钓不起来？"提出问题是科学探究的出发点，幼儿在猜测这个问题的答案时，好奇心会油然而生。

2. 看一看——发现磁铁吸铁的秘密

幼儿带着问题与好奇进入此环节。先让幼儿猜测并和同伴交流自己的见解，然后，我引导幼儿把小鱼拆开看一看能发现些什么，提出问题请幼儿思考："能被钓起的小鱼肚子里装了什么？不能被钓起的小鱼肚子里又装了什么？"幼儿通过动手探索，发现能被钓起的小鱼肚子里装的是小铁块、小铁环等铁做的东西，从而对磁铁吸铁的特性有了初步认识。

3. 找一找——探索发现铁制品与非铁制品

教师出示充足、丰富的材料，幼儿分组动手操作。用磁铁吸一吸，找一找，找出能被吸起和不能被吸起的物品，并将其分类。教师巡回辅导，将幼儿的分类情况进行记录，请幼儿说说自己找出的磁铁的"好朋友"都是何物，鼓励幼儿大胆表达。这个环节不仅扩充了幼儿对铁制品与非铁制品的认识范围，也加深了幼儿对磁铁吸铁性质的认识，同时为下一个环节做好准备。

4. 做一做——让"小鱼"都能被钓起来

幼儿运用已有知识经验来解决问题，制作能被钓起的小鱼。请幼儿想一想，怎么利用磁铁吸铁的秘密帮助小鱼被钓起来？幼儿在制作的同时充分体验到探索的喜悦。

活动体现了"做中学、学中做"的科学教育理念，活动遵循着感知—理解—巩固—应用的程序，层层深入。活动中幼儿发现问题，动手动脑探究问题、解决问题。随着活动的展开，幼儿不断扩展和加深对磁铁吸铁、铁制品与非铁制品的认识，活动有效培养了幼儿对科学的兴趣与求知欲。

(六) 说活动延伸

回家以后，请小朋友们利用磁铁"吸一吸"家中的一些物品，你发现了什么？与你的爸爸、妈妈一起分享你的发现。

案例评析：

本次活动设计"玩一玩""看一看""找一找""做一做"等四个环节，活动安排合理连贯，环环相扣，衔接自然，让小朋友能在玩玩弄弄、逛逛找找中去感受去探索，重点帮助幼儿了解磁铁能"吸铁"这一特性。通过幼儿自己制作钓鱼的工具，去尝试钓鱼，幼儿不仅能获得成功的体验，而且也能让幼儿初步学会提出问题、解决问题的探究程序。

第五节 艺术领域

《快乐的泡泡》说课稿

尊敬的各位领导、各位老师，大家好！

今天我说课的课题是小班美术活动《快乐的泡泡》。下面我将从说设计意图、说活动目标、说活动准备、说活动方法、说活动过程等几个方面进行说课。

(一) 说设计意图

《幼儿园教育指导纲要》中多次提到，要通过艺术活动激发情趣，体验审美愉悦，体现成就感。幼儿对艺术活动的表现往往带有"情绪色彩"，常停留在"好玩""我喜欢"的水平上，这种兴趣容易转移，也易于波动，因而激发兴趣需要贯穿始终。

小班幼儿的思维正处于直觉行动思维向具体形象思维过渡的时期，他们情感外露，不稳定，带有很大的情绪性。他们学习的特点是只关心活动的过程，不关心活动的结果，因此，小班的教学活动应更注意游戏化、情境化，强调让幼儿在愉快、轻松、自由的游戏中自娱自乐，在玩中学、在玩中获得发展。因为幼儿时期，兴趣是其学习活动中最强烈的心理因素，幼儿一旦有了学习兴趣，就能自发地把心理活动指向学习对象，且能取得较好的效能。

(二) 说活动目标

(1) 能大胆选择色彩印画，表现大大小小的圆圈泡泡。

(2) 体验鱼儿孤独和快乐的情绪。

(3) 喜欢参加美术活动。

《幼儿园教育指导纲要》中强调："提供自由表现的机会，鼓励幼儿用不同的艺术形式大胆地表达自己的情感、理解和想象。"

活动目标(1)是本次活动的重点、难点,活动目标(2)、(3)是情感目标,主要是激发幼儿对艺术活动的兴趣,为下次的活动做精神铺垫,让幼儿体验到帮助别人的快乐。

(三)说活动准备

在活动中我准备了大大小小的瓶盖,都是幼儿生活中常见的物品,以及抹布、水粉颜料和大海的背景图。

(四)说活动方法

根据设计的活动内容,我主要采用了示范讲解法,这是美术活动中最常用的教学方法,能帮助幼儿掌握正确的表现方法,主要体现"幼儿是活动的主体,教师应该成为幼儿学习活动的支持者、合作者、引导者"这一理念。采用游戏法是因为游戏是幼儿最喜爱的活动,游戏能增强幼儿参与活动的兴趣。幼儿在轻松、愉快的游戏中很容易就能掌握所学技能。此外,采用谈话法是为了激发幼儿的兴趣,吸引他们的注意力。

"操作法"也是美术活动中常用的学法,幼儿通过动手操作,才能掌握技能技巧和从中体验情感教育。

(五)说活动过程

在本活动中我们从激发幼儿的兴趣入手,围绕目标将多种教学形式相整合,使师幼能始终处于积极的探索状态。

活动流程:引出主题—教师示范—幼儿操作—欣赏作品—结束活动。

1. 引出主题

我们班上来了一位小客人,出示了一条鱼的图片。

教师说:"我是一条孤单的鱼,在大海里孤单地游来游去,没有朋友,唉!"

教师提问:"鱼儿怎么了?"

"你们愿意帮助我吗?愿意和我做朋友吗?"

幼儿将身上的鱼儿拿下贴在海洋图上与小鱼做朋友。

"我现在有这么多朋友,我好开心,想吐泡泡,你们和我一起吐泡泡吧!"

第一环节开始部分,我用"小鱼来我们班做客,但它好孤单,没有好朋友"为幼儿创造良好的环境氛围,让幼儿融入环境中,体验鱼儿孤独的情绪。随后我用"找到了好朋友很开心,它想和好朋友一起吐泡泡"引入主题,激发幼儿动手操作的兴趣,体验鱼儿快乐的心情。

2. 教师示范

教师提问:"那你们知道泡泡是什么形状的吗?"

"我们怎样帮小鱼吐泡泡呢?"教师出示水粉和瓶盖。

请幼儿观察瓶盖的形状,然后请他们想办法画泡泡。

教师示范用瓶盖印画,并提示幼儿在印的过程中注意每次只能蘸一种颜色,不需要时用抹布擦去。

第二环节是认识创作工具的过程。因为每次的创作都用到不同的工具,所以通过每次活动让幼儿认识工具的名称也是必要的。当然这也需要多次活动经验的累积,使幼儿逐步掌握每种工具的使用方法。幼儿通过教师的示范和自己动手操作来学习新的绘画方式。

3. 幼儿操作

鼓励幼儿尝试选用大大小小的圆形材料印泡泡,让幼儿随着音乐自由地选择瓶盖与颜料印泡泡。

第三环节是印的过程,让幼儿在印的过程中体验快乐。这里我运用了教师示范工具的操作方法,通过启发式的示范让幼儿自然而然地掌握工具的运用。印的过程中幼儿们共同合作,共同游戏,共同体验印的乐趣,共同欣赏作品。

4. 欣赏作品

请个别幼儿到前面说说自己印的泡泡,说说自己的泡泡是什么颜色的。通过评价幼儿作品,给予幼儿肯定,提高幼儿的积极性。

5. 结束活动

幼儿和教师唱着《小金鱼》的音乐"游"出教室,这样头尾呼应,快乐地结束活动。

案例评析:

目标制定符合小班幼儿的特点,简单、易懂。活动过程开展简洁,教师在导入时引导得当。示范作画时步骤清晰,幼儿易于操作学习。在教学过程中设计幼儿动手操作环节,既体现了学以致用的教学要求,同时为幼儿的相互合作、相互交流提供平台,又能让幼儿充分地体验成功的快乐。

课后练习

1. 简述幼儿园课程"五大领域"说课稿基本结构。
2. 撰写幼儿园课程的"五大领域"说课稿各一份。

第二篇
微型课

微信扫码

微型课教学
案例视频

第七章

微型课概述

> **学习目标**
> 1. 了解微型课的意义及特征。
> 2. 知道上好微型课的基本要求。
> 3. 熟悉微型课的评价标准。

第一节　微型课的意义

顾名思义，微型课（Micro-teaching）是比正常课时间长度短、教学容量小、没有学生参与的课，是指以经验交流或训练、甄别教师素质和能力为目的，在非常规教学情境下，按照课程标准和教材的要求，有计划地实施在教学内容、教学时间等方面进行微缩的教学活动。

"微型课"的本质是课，具有课的基本属性。与常态课不同的是它的时间短，它是课堂教学过程的再现，是一个没有学生实际参与的检验过程，由评委老师判断上课老师的教学过程是否能达到预期的教学效果。微型课可以作为一种教学技能的考核，其具体过程其实和常规课堂教学是一样的，也就是教师在讲台上将教学过程进行展示，包括教师问题的提出、课堂活动的安排、学生合作解决问题等过程都要再现。只不过由于没有学生，教师的这些设计都是在提出问题或安排后，假设学生已经完成了，教师只需要将下一个教学环节继续展示下去。由此可以看出，微型课其实就是上一堂完整的课，但没有学生的真正参与，教师的活动安排是作为假设来进行的，由评委老师判断这个问题及活动的可行性。也正是因为没有学生的真正参与，其间学生答疑或活动的时间节约下来了。

微型课上课时间一般只有 20 分钟左右，最多不超过 25 分钟。其特点为教学内容集中，一般为某一个知识点或一节课内容的某一个方面；教学形式简单，一般没有学生，只是面对评委老师授课；在教学性质上具有甄别评估功能。微型课现场抽取课题，在规定时间内（一般为 1 小时）现场备课，现场授课。微型课属于"经济实用型"课，它对教学场地、教学对象、教学设施等要求不多，其能够在有限的时间内对众多人员的教学能力分别做出甄别与评估，为教学比赛、教师招聘、资格认定、能力评估等工作提供较为快捷实用的可靠依据。近年来，在涉及众多人员的许多大型活动中，为了在较短的时间内快速而有效地对每一个人的教学能力做出较为公正的评估，通常采用上微型课的方式评价一个教师是否具备基本的教学能力。

第二节 微型课的界定与特点

一、微型课的界定

微型课区分于常规课、研究课、观摩课、说课以及微格课：① 在教学场景上，微型课、说课、微格课一般不在真实课堂上，而常规课、研究课、观摩课是在真实课堂上；② 在教学主体上，微型课同微格课一样，其中的"师生"可能是一种角色扮演，如"老师"可能是由师范学生扮演的，"学生"则是由其同学扮演的，而常规课、研究课、观摩课的教学主体则是真正意义上的师生，说课中无学生参与；③ 在活动程序上，微型课同常规课、研究课、观摩课类似，与说课及微格课差别较大；④ 在活动时间上，微型课同说课、微格课（某项技能训练）一样，时间比较短（20分钟左右），而常规课、研究课、观摩课的时间较长（40～45分钟）；⑤ 在活动功能上，其余五课功能相对单一，而微型课集训练、考查、选拔、研究、交流等多项功能于一体，体现较强的适用性和高效性，其效能的评判可以参照有效课堂教学的基本评判标准来进行，评判中要注意的是微型课中教学主体都扮演有"教师""学生""研究者"等多种基本角色，因此，相对于其余"五课"，评判者对微型课的评价维度和权重略有差异。

二、微型课的特点

"凤头—猪肚—蛇尾"是一节精彩微型课的最大特点。通常情况下，微型课具有规模小、环节齐；目标准、重心明；节奏快、效率高；理念新、创意好的特点。

（1）规模小，环节齐。微型课是完整一节课的浓缩。规模小，环节齐，这是微型课的显著特点。从教学主体上来说，上课时，试教学生即为"教师"，而评委即扮演"学生"。从教学内容上来说，微型课一般只安排1～2个知识点的讲授，有相对的独立性。从教学时间上来说，微型课要求在20分钟左右完成。从教学方法上来说，微型课一般以讲授法为主，适当辅以讨论法、练习法等方法。从教学过程上来说，微型课强调环节的相对完整，重点突出引入新课、探究新知和巩固小结三个环节。

（2）目标准，重心明。微型课的上课时间短、内容少，因此不要求"基础知识与基本技能""过程与方法""情感、态度与价值观"等教学目标面面俱到，而是要求定位具体、准确，可以细化到某个容易达成的单一目标。讲课时，教师要把握重心，切中要害，重点知识做到精讲多练，难点知识做到化解突破。

（3）节奏快，效率高。微型课要求在短时间内达成教学目标，教学环节安排环环相扣，节节相连，承前启后，不拖泥带水，因此，较之完整一节课而言，微型课的教学节奏略微偏快，解决问题更为快捷，师生教学效率更高。

（4）理念新，创意好。微型课的教学设计以及教学实施要体现新课程改革的基本理念和要求，教法上要注意选择和使用的灵活性和适用性，学法上要注意引导学生的主动性和探索性，手段上要注意现代教育技术应用的技术性和实效性，活动上要注意师生互动的自然性和协调性,评价上要注意促进学生学习的多元性和激励性。此外,微型课在设计和实施上一般还要体现某种鲜明的特色和良好的创意,实现授课者的设计意图。

第三节　微型课的基本要求

一、揭题要迅速

由于微型课要求时间短,不允许在导入环节"绕圈子""摆排场",切入课题要迅速,因此对切入课题的方法大有文章可做。可以设置一个需待解决的题目引入课题,可以从以前的学习内容引入课题,也可以从生活现象、实际问题引入课题,还可以开门见山引入课题,或设置一个疑问、悬念等引入课题。切入课题的方法是灵活的,切入课题的途径是多样的,但不管采用哪种方法、哪个途径,都要求引人注目,力求新颖,更要求与课题的关联紧凑,迅速切题,这是切入课题必须遵循的一个原则,因为我们要把更多的时间分配到新内容的学习交流上。

二、线索要清晰

尽管所有的课都要求讲授线索清晰醒目,但在微型课的讲授中,更要求尽可能地只有一条线索。在这一条线索上突出重点内容,显露出来的是内容的主干,剪掉的是可有可无的举例、证明这些侧枝旁叶。为了讲授重点内容,往往需要罗列论据,要在准备较多的论据中进行精选,力求论据的充分、准确,不会引发新的疑问。

三、语言要得体

语言的准确、简明是教学基本功的一个重要方面,由于受时间的限制,微型课中语言的准确、简明则显得更为突出重要。它并不是要求语速快,相反,它就如盛夏美丽的涧泉,流淌中有舒缓和激越,其表现为抑扬顿挫,口齿清晰,干净利落。尽管这些基本功的呈现在于平常的训练,但在备课的过程中,把自己将要讲述的内容和要说的话语,以及将要采用的表达方式、手势、表情,其中要注意的关键字、关键词的应用,都在自己的头脑中过一遍,这是很有必要的,其实这也是平时的训练方法。在要求语言生动、富有感染力的同时,更要求做到准确,逻辑性强,简单明了。

四、板书要简约

板书的作用是展示授课人讲述内容的要点,帮助听课人了解所听内容的重点,而好的板书则犹如一幅精致明丽的山水画。板书不宜太多,太多会累赘,会冲淡板书对内容要点的提示作用;也不宜太少,太少往往会使板书表达不清。在微型课中,部分板书可以提前准备到纸板上,在授课的过程中以挂图的形式展示在恰当的位置,这样可以节省时间。无论如何,板书都要做到精简,要点突出,以线索清晰为原则,同时以多媒体课件呈现为佳。

总而言之，要把握微型课的特点，弄清微型课与说课的区别，加上标准的语音、得体的教态、漂亮的板书、对教材的准确把握、对教法的恰当选用等，就能上好一节微型课。

五、小结要精炼

一节课的小结是必不可少的，它是内容要点的归纳、梳理和强调，目的是使得讲授重点进一步突出。好的总结可以对讲授的内容起到提纲挈领的作用，可以加深学生对所学内容的印象，减轻学生的记忆负担。好的总结往往给一节优质课起到画龙点睛的作用，可以使一节课提升到一个新的层次，给人一种舒坦的感觉，使人回味无穷、流连忘返。在微型课的结尾，一定要有小结，用1分钟左右的时间对一节课的教学进行归纳和总结，使微型课的课堂结构趋于完整。微型课的小结不在于长而在于精，在注重总结内容的同时更应注重学科思想方法的提炼、升华与拓展。

第四节　微型课的授课策略

一、要处理好"有"与"无"的关系

在微型课的现场没有学生，但执教者心中不能没有学生。微型课的具体教学过程和常规教学是一样的，也是教师在课堂上展示课堂教学的整个流程。对于教学流程中的"学生活动"，教师该提问提问，该布置布置，该指导指导，该点拨点拨，该评价评价。这些"过场"都要一一呈现。只是没有学生实际操作，执教者只是假定学生已经完成、预设学生完成的程度和结果。这种预设是否恰当、点拨评价是否到位，要由专家评委做出判断。所以，要做到预设"恰当"、点拨评价"到位"，执教者就要在备课时研究学生，或设想教材所对应的学生群体的状况，做到"场上无学生，心中有学生"。

二、要处理好"多"与"少"的关系

微型课的时间有限，课堂教学内容的容量有限，处理好"多"与"少"的关系，做到恰到好处尤为重要。内容过多，未免庞杂；内容过少，未免空洞。"庞杂"则显重点不突出，"空洞"则显内容不丰满。无论是常规教学还是微型课，板书都是必需的，只不过在微型课上"多"与"少"的矛盾尤为突出而已。板书太多，既费时，又显累赘；板书太少，虽省了时，但也许会造成表意不清，难以取得预期效果。

三、要处理好"快"与"慢"的关系

微型课时间很短，在导入环节要简洁明了、快速有效。导入的方式方法及途径技巧有很多，需要强调的是，不管用什么方式方法、何种途径技巧，都要与课堂教学内容紧密关联，并力求做到新颖独到、引人注目。在一节课即将结束的时候，教师对内容要点进行归纳是非常必要的，也是不可或缺的。简洁而不拖泥带水的结语在起到提纲挈领、画龙点睛的作用的同时，也会给人以无穷的回味和美好的享受。

第五节　微型课的评价标准

　　一节优秀的微型课的标准是什么？如何评价？这也是专家、评委们关心和研究的问题。通常可以从以下几个观察点来诊断与评判。

　　(1) 目标设定恰当。目标不仅是教学的靶向，也是教学的出发点和归宿，同时也是评价课堂教学效果的依据。目标制定应根据课程标准、教材内容、学生特点、教师情况以及现场的教学环境而定，"目标设定"不仅要明确、具体、简洁，还要注意大小恰当，可测可达。

　　(2) 导入设计简洁。微型课时长短，不得在导入部分绕圈子、讲排场、搞花哨。无论用何种方式与技巧导入，切记都要与课堂教学内容密切相关，力求新颖独到、吸引眼球。其中，"密切相关"是基本要求，"新颖独到、吸引眼球"是获得好评的必要条件。而"激发听课的兴趣，引发探究的欲望，激活创新的动机"等要求不一定面面俱到，能做到其中之一就是好导语，就是成功的导入。

　　(3) 过程表演真实。微型课的教学过程和常态课是一样的，也是教师在课堂上展示课堂教学的整个流程。教师该讲的讲，该问的问，该做的做，该导的导，该评的评。所有"过场"都要全部呈现。老师要声情并茂，与学生进行虚拟交流，千万不能对着课件自言自语，行为动作、肢体语言、师生交流都要像有学生一样具体、到位、真实。

　　(4) 语言表达精准。微型课是"独角戏"，是"话剧"，以讲解为主。因此，授课者的讲解水平深受评委的关注。讲解方式有条理清晰的讲解，有充满激情的讲解，有环环相扣的讲解，有循循善诱的讲解，有启发思维的讲解，有创新拓展的讲解等，无论是哪一种讲解，都以语言为支撑，因此，对于语言的锤炼是必要的。教师语言在要求生动、富有张力与磁性的同时，更应做到准确、简洁、逻辑性强。

　　(5) 亮点展示突出。微型课的时间短，如果平铺直叙，就显得没有亮点，不容易给评委留下深刻印象。所以，一节微型课一定要有自己的独特之处，也就是要有亮点与特色。这个亮点与特色可以是深入浅出的讲解，可以是细致入微的剖析，可以是激情四射的朗诵，可以是精妙完美的课堂结构，也可以是准确生动的教学语言等。

　　(6) 节奏控制和谐。微型课"麻雀虽小，五脏俱全"。因为时间短，把握教学的节奏就显得尤为重要。执教者要在开始 2 分钟左右完成导入，切入正题，要适时引出重点、难点，在恰当的时机呈现亮点。在预设的"问题提问、学生活动、生生互动、师生交流"处，有 2～3 秒钟的停顿，再针对预设的典型错误做简短的点评以推进教学。约在总时间三分之一处要有小高潮(大约为 7 分钟)，三分之二处达到高潮(大约为 15 分钟)，最后 3 分钟左右着手结课。

　　(7) 学情关注细致。在备课的时候，授课者就要把准学生脉搏，设想教材所对应的学生现状，学生哪部分知识点学习有难度，要特别安排点拨与化解，并假设学生学习时的错误行为，及时给予纠正、指导和评价。

　　(8) 板书呈现精美。微型课也有板书要求，不能因为是微型课就没有板书，板书是教师教学基本功的重要方面。板书设计要精练、美观、有条理。好的板书是一节课的主要知识脉络,能给听课者一个完整、直观的效果。板书不宜太多,也不宜太少。板书可以提前准备到纸板或小黑板上,在授课的过程中展示在恰当的位置,这样可以节省时间。

(9)收尾要求快捷。一节课的结语是必不可少的。在一节课即将结束的时候,对知识要点进行梳理与归纳是非常必要的,也是不可或缺的。即使时间紧,最后也一定要对本节微型课的教学内容加以归纳和总结,以求课堂结构趋于完整。微型课的小结不在于长而在于精,在注重总结学习内容的同时,更应注重对学科思想方法、教书育人等正能量的拓展与提升。

课后练习

1. 简述微型课的意义及特征。
2. 上好微型课的基本要求是什么?
3. 论述微型课的评价标准。

第八章

微型课教学案例

> **学习目标**
> 1. 知道小学语数外微型课教案的基本结构。
> 2. 会撰写小学语数外微型课的教案。
> 3. 知道幼儿园微型课教案的基本结构。
> 4. 了解"五大领域"微型课教案的异同。
> 5. 会撰写"五大领域"微型课的教案。

第一节 小学微型课教学案例

一、小学语文学科

《美丽的丹顶鹤》微型课教学案例

【教学目标】

1. 能正确、流利、有感情地朗读课文。
2. 学会本课10个生字,认识两个偏旁,理解由生字组成的词语。
3. 知道丹顶鹤是一种美丽的珍禽,激起学生对丹顶鹤的喜爱之情,激发学生对野生动物的保护意识。

【教学重点、难点】

朗读课文,识字写字。重点理解和运用感情朗读课文第二、第三、第四段,背诵全文,感悟丹顶鹤的外形美与姿态美。动手画出丹顶鹤并向他人介绍,培养学生动手和动口的能力。

【教学准备】多媒体课件。

【教学时间】2课时。

【教学过程】

第一课时

一、情景导入

(1) 秋天到了,许多鸟儿将要飞到南方过冬了,你们知道有哪些鸟儿要到南方过冬吗?今天我们要来认识一位新朋友,它也是要到南方过冬的!

(2) (出示图片)你们认识它吗?对了!它的名字叫丹顶鹤。小朋友抬起手来,跟老师写一写"丹顶鹤",按笔顺写,结构摆好,字就漂亮了。

(3) 说说丹顶鹤给你留下什么印象?

(4) 是呀,丹顶鹤就是这样的美丽。(板书:美丽的)

(5) 齐读课题。

(6) 丹顶鹤美在哪里呢?想读读这篇课文吗?

二、初读感知

(1) 请同学们打开课文,根据自学提示,自主学习课文。

要求:

① 自由朗读课文,读准字音,读通句子,难读的地方多读几遍。

② 自学课文并小组讨论:为什么叫它丹顶鹤?找出描写丹顶鹤美丽的语句。

(2) 检查读书情况,指导学生读正确、流利。

① 看来大家都已经把课文读好了,老师这有几个词语,谁能读准它们?

  遥远 却 不论 显得 传说 所以 度过 黄海之滨

  无忧无虑 引吭高歌 三五成群 展翅飞翔 逗人喜爱

② 这些字中,哪些字音需要提醒大家读准呢?你找得真准。平舌音和翘舌音要分清,就请你做"小老师"带大家读一读。小老师做得真棒,把掌声送给他。

老师把拼音去掉了,你还认识它们吗?(指名读)

③ 下面我们男女生比赛,看男生读得好还是女生读得好。男女生分别读,我们再来开火车读一读。

④ 小朋友生字读准了,可调皮的字宝宝藏进了课文里,你还能读准吗?赶快打开书,自己再把课文读一读,相信这次你会读得更棒。

(3) 检查课文朗读。

① 谁来读读这些长句子,注意读出停顿和节奏感。

"它的头顶就像嵌着一颗红宝石,鲜红鲜红的,怪不得人们都叫它丹顶鹤。"

"丹顶鹤不论是在地上引吭高歌,还是在天上展翅飞翔,都显得那么高雅。"

② 指名分小节读课文。刚才小朋友们把长句读得很好,相信课文一定读得很流畅。

通过刚才的朗读,现在想一想,丹顶鹤给你的印象又是怎样的呢?

初读课文就了解了这么多,小朋友真会读书。

③ 寒冷的冬天就快到了,丹顶鹤从遥远的扎龙保护区飞来了,瞧!(出示图片)真是一群"美丽的丹顶鹤"。

三、识写生字

美丽的丹顶鹤带来了这些生字宝宝:

出示"遥、却、论、引、显、传、所、之、虑、度"。

(1) 谁能说说文中它们分别在哪个词语中?

(2) 你能记住它们吗?

"遥"用"摇"换偏旁。你用"换一换"的方法记住生字,好办法,这两个字有什么区别呢?你能分别用它们组词吗?

谁会用"显"编个儿歌记住它?请你说!"在日光灯下写作业"这个儿歌有意思,真会观察!

"脚"去掉"月字旁"就成了"却",你用了"减一减"的方法,很好。你还有儿歌:一脚把月亮踢没了,想象力真丰富!

(3)这些生字中有两个新偏旁,谁知道?请你说。"虑"字偏旁是虎字头,"却"字偏旁是单耳旁。你真聪明!对,"虑"字的偏旁叫"虎字头",跟老师一起念,看老师范写。另外,"却"也有一个新偏旁"单耳旁",跟老师一起写,别写成"双耳旁"。

(4)出示"论、引、却"。

这三个字虽然都是左右结构,但在写的时候,左右两部分的大小和高低却各不相同。你发现了吗?却,左高右低;论,左窄右宽;引,左右一样高。

看老师写(教师范写),学生在《硬笔习字册》上描一个写一个。

(5)请小朋友把这几个字先描红1个,再仿写1个。

四、课堂作业

(1)练读课文。

(2)临写生字,完成《硬笔习字册》。

第二课时

一、复习检查

听写词语:

| 遥远 | 不论 | 显得 | 传说 |
| 无忧无虑 | 三五成群 | 所以 | 度过 |

二、精读探究

(一)读读、划划、议议

1. 出示探究话题

自由读课文第二、第三自然段,想想丹顶鹤美在哪里?边读边划出重点词句,细细品味。

2. 小组交流讨论丹顶鹤美在哪里

划好的同学可以在小组里讨论丹顶鹤到底美在哪里。

刚才同学们读得很认真,小组交流也很热烈。哪个小组来汇报一下,课文主要写丹顶鹤什么美呢?同学们真会读书。课文主要写丹顶鹤的颜色美、外形美和姿态美。(板书:颜色美 外形美 姿态美)

(二)读读、画画、评评

(1)现在,让我们一起去欣赏丹顶鹤的美丽。(出示课文)

(2)谁来读读课文第二自然段,其余小朋友边听边想:你从哪些颜色感受到了丹顶鹤的美丽?

(3)交流:你找到的是"黑的""红宝石""鲜红鲜红"等颜色。

(4)教师相继评点:丹顶鹤这一黑一白,清清爽爽,黑白之间一点耀眼的红,的确是美!除了这些表示颜色的词,丹顶鹤的名字中也有一个字表示颜色,是哪个字呢?出示"丹":"丹"就是红色,怪不得人们叫它丹顶鹤呢!

(5)小朋友们,赶紧拿出画笔和作业纸,根据课文的描述把你们的丹顶鹤也变得美丽吧!(学生涂色)

你们看他涂得怎样?你说说为什么这儿(指脖子、翅膀)要这样涂?你能用文中的话来说说吗？

老师看这位小朋友的丹顶鹤也涂得很美，特别是把头顶涂得特别红！这位小朋友，你来说说，为什么涂这么红？你能用文中的话来说说吗？

(6) 孩子们，用我们的朗读来赞美它！(齐读第二自然段)

(三) 读读、演演、说说

交流"形体美、姿态美"部分，感受丹顶鹤的美丽。

(1) 丹顶鹤不仅颜色美，还有哪些地方美呢？自由朗读第三自然段，找一找。

(2) 交流：你从哪儿感受到丹顶鹤的形体美、姿态美？说说你的体会。

点拨：它的腿长，脖子长，嘴巴也长。体型修长，形态美(板书)，真逗人喜爱(板书)。

(3) 丹顶鹤不仅形态美，姿态也美。找一找，刚才你们笔下的丹顶鹤，哪只是做"引吭高歌"的姿态？谁来演一演？

看到他做引吭高歌的姿态，老师仿佛听到一只丹顶鹤正在放开喉咙大声歌唱呢！你还会演什么动作？(学生做动作)哦，展翅飞翔，演得真好！

(出示句子)小朋友们，自己加上动作读读这个句子。(学生练习，男女比赛读)

(4) 背诵课文第三段。读得真美，能把它背下来吗？自己练一练。谁来背背看？你的手举得最高，就请你！背得真好，掌声送给他。

(5) 看图练说：丹顶鹤除了引吭高歌、展翅飞翔，还有许多高雅的姿态！(出示图片)谁能用这样的句式夸夸它呢？

丹顶鹤无论是(　　　　)，还是(　　　　)，都显得那么高雅。

小朋友们的想象真丰富，你们真是丹顶鹤的知音！

三、拓展延伸

读读、问问、赏赏，感悟人与自然的和谐美。

(1) 孩子们，用你们喜欢的方式读读最后一个自然段，说说你有哪些疑问呢？

(2) 你想知道什么是"黄海之滨"？滨，水边的意思。看看地图，这里就是黄海，丹顶鹤就生活在黄海边的滩涂上。

(3) 你想知道为什么黄海之滨是丹顶鹤的第二故乡？它的第一故乡在哪里？

(出示图片)黄海边的江苏盐城沿海滩涂珍禽国家级自然保护区是丹顶鹤的第二故乡，这里有水有草，丹顶鹤在高高的芦苇中生活得十分快活，所以它们要在这里度过整整一个冬天。(点地图)它们的第一故乡在黑龙江的扎龙，它们每年秋天飞过来，第二年的三月才飞回故乡。

(4) 关于滩涂上的人和丹顶鹤还有一个真实的故事呢。我们一起来听。

(放歌曲，讲故事)正是有了这些用生命来呵护丹顶鹤的人，它们才能无忧无虑地生活呀！

(5) 让我们带着对丹顶鹤的爱再来读最后一个自然段。不看书，根据老师的提示你能背出来吗？

四、欣赏感悟

孩子们，今天我们欣赏了丹顶鹤的颜色美、形体美、姿态美，它真是逗人喜爱。自然界还有许许多多美丽、可爱的动物，有了它们，世界才如此美丽。让我们一起来欣赏。(播放自然界各种动物的图片、资料)就让我们呵护它们，让它们永远无忧无虑！

五、布置作业

（1）摘抄文中你认为写得很美的句子。

（2）把《美丽的丹顶鹤》背给爸爸妈妈听，再发到班级的微信群里，看谁背得最流利，最有感情。

六、板书设计

美丽的丹顶鹤

颜色美

逗人喜爱　形体美

姿态美

案例评析：

《美丽的丹顶鹤》是一篇描写丹顶鹤的文质兼美的课文，全文充满了迷人的形象美、意蕴美。增强"二十大"报告中的实施生物多样性保护重大工程意识。

识字写字是低年级教学的重点，低年级儿童形象思维丰富、喜爱动物、活泼好动，本课教学鼓励学生自主发现字音、字形教学的难点，用减一减、换一换、编一编等形式充分发挥儿童识字写字的主动性和创造性；采用读、划、画、演、赏、议等多种手段，充分地解放儿童的思维、手脚、时空，将课堂尽可能地打造成儿童主动探求新知，发展言语思维的策源地。将识字学词和词句的品味相连，让儿童发挥创造力，个性化地感悟汉字是音形义的结合体，寻找、尝试、总结适合自己的字词学习方法，感受语言文字的意境美；将绘画和文字的理解相结合，充分领悟丹顶鹤的色彩美；从静态的文字品味到个性演绎的动态表演，激发儿童想象的空间，体会丹顶鹤的形体美和姿态美；将动手和动脑相结合，让儿童在玩中创造美。

二、小学数学学科

《长方体的认识》微型课教学案例

【教材分析】

《数学课程标准》中指出：教师教学应该以学生已有的经验为学习基础。本节内容是在学生认识并掌握了长方形以及长方形的面积计算，认识了一些简单的立体图形并能识别长方体的基础上进行教学的。在探究长方体的特征时，学生通过看一看、摸一摸、数一数等实践活动，逐步认识长方体的特征。

【教学目标】

1. 通过观察、操作等活动，进一步认识长方体，了解长方体各部分的名称。

2. 经历观察、操作和归纳过程，发现长方体的特点，能运用长方体的特点解决一些实际问题。

3. 通过具体的操作活动发展空间观念。

【教学重点】 掌握长方体的特征，认识长方体的长、宽、高。

【教学难点】 初步建立"立体图形"的概念，形成表象。

【教具准备】 长方体实物两个（其中一个是有两个面是正方形的长方体），长方体框架。

【教学过程】

一、谈话导入

（1）课件出示一组平面图形。师：说出这些图形分别是什么图形。生答后，师指出：长方形、正方形、三角形、平行四边形、梯形等都是平面上的图形,我们把它们叫作平面图形。

(2) 课件演示由平面图形得到立体图形的过程:用4个长方形,2个正方形围成一个长方体。师指着长方体问:这还是长方形吗?(学生思考回答)这就是今天我们要学习的内容——长方体。(板书:长方体的认识)

二、探究新知

1. 整体认识长方体的面、棱、顶点

(1) 利用长方体纸盒介绍长方体的面、棱、顶点。师借助长方体纸盒,边指边引导学生认识长方体的面、棱、顶点。围成长方体的长方形是长方体的面;长方体两个面相交的线段叫作长方体的棱;长方体三条棱的交点叫作长方体的顶点。

(2) 同桌互动:拿出一个长方体纸盒,一个同学指长方体的面、棱、顶点,另一个同学说出其名称。

2. 探究长方体的特征

(1) 独立观察、小组合作探究长方体的特征。

刚才我们认识了长方体的面、棱、顶点,现在请同学们拿出长方体实物,仔细观察长方体的面、棱、顶点,看看有什么发现?

(注意:在数面、棱、顶点时,拿着长方体的手不要来回转动,要想怎样数比较好,不重复、不遗漏。)(学生实践尝试,思考后小组讨论以下问题:① 长方体有几个面? ② 每个面是什么形状的? ③ 哪些面是完全相同的? ④ 长方体有几条棱? ⑤ 哪些棱长度相等? ⑥ 长方体有几个顶点?)

(2) 汇报交流,归纳长方体的特征。

面:6个;棱:12条;顶点:8个

3. 认识长方体的长、宽、高

相交于同一顶点的三条棱分别叫作长方体的长、宽、高。

明确:长方体摆放方式不同,长、宽、高的长度也会发生变化,但棱长总和不变。

要想知道做一个长方体框架需多少铁丝,必须知道什么?(师生讨论交流)

4. 小结

通过大家的观察、探究,我们知道长方体是由6个长方形(特殊情况下有两个相对的面是正方形)围成的立体图形。在一个长方体中,相对的面完全相同,相对的棱长度相等,每组的4条棱长度相等,最多有8条棱长度相等,最多有4个面面积相等。

三、巩固深化

(1) 你能根据下面的图形想象出整个长方体吗?

长7 cm、宽8 cm、高15 cm

(2) 生活中什么物品大约是这样大小的?(看课件)

A. 电冰箱　　B. 餐巾纸盒　　C. 橡皮

(3) 长方体后面的面积是多少平方厘米?

A. 56　　　　B. 120　　　　C. 105

(4) 要用铁丝围成一个这样的长方体,至少需多少厘米的铁丝?

A. 100　　　　B. 110　　　　C. 120

四、全课总结

同学们,这节课你们有什么收获或体会?

五、课后作业

自主探究正方体有什么特征,它和长方体又有怎样的关系?

案例评析:

本节课教学的主要内容是通过观察、操作等活动,让学生进一步认识长方体,了解长方体各部分的名称,使学生经历观察、操作和归纳过程,发现长方体的特点,能运用长方体的特点解决一些实际问题,并初步建立"立体图形"的概念,形成表象。本节课的教学设计有以下几个特点:

一是谈话导入,共建师生桥梁。谈话是教师与学生之间最简单的交流方式。课的开始利用谈话导入,拉近了师生之间的距离,使学生从教师的谈话中受到启发和感染,从而引发学生学习的欲望。

二是自主开放,积累操作经验。教学新知时,教师从学生已有的生活经验和认知水平出发,设计开放的问题。"刚才我们认识了长方体的面、棱、顶点,现在请同学们拿出长方体实物,仔细观察长方体的面、棱、顶点,看看有什么发现?"让学生通过小组合作观察面、棱、顶点这三个方面,将课堂的主体地位让给学生,使学生逐步掌握探究这类问题的一些方法。

三是尝试交流,体会合作真谛。课堂上通过小组交流得出结论,又在全班交流,扩大了学生的交流面,促进了生与生、生与师之间的交流。通过合作交流,让学生发现其他同学在理解思维、方法等方面的独特之处,寻找自身的不足及原因,并获得调整思路、修正认识、改进方法的启示,达到集思广益、相互启发、互相提高的效果,最后在各自发现和补充的基础上,学生领会了长方体的特点。在整个过程中,教师自始至终是一个聆听者、参与者,放手让学生充分地表述、交流和碰撞,得出长方体的一些特征,从而体会合作的真谛。

三、小学英语学科

《Unit 8　At Christmas》(Period 2)微型课教学案例

【教材背景】

本课是译林版小学英语五年级上册第八单元第二课时。主要通过对本单元新授词语和句型的归纳,帮助学生理解并初步掌握相关语法知识,提升学生的语言综合运用能力。通过教授歌曲的方式,避免了语法知识讲解的枯燥、乏味,为英语课增添了乐趣。本课时的教学内容是 Grammar time & Song time 两部分,其中 Grammar time 是语法教学,主要帮助学生学习 First, Next, Then 和 Finally 的用法,并附带一个操作活动;Song time 是一首圣诞歌曲,呈现了圣诞节的热闹气氛,教学歌曲的步骤也体现了 First, Next, Then, Finally 的结构,两个部分融为一体。

【教学目标】

1. 知识目标

掌握 Grammar time & Song time 板块的内容,并能进行初步的运用。

2. 技能目标

(1) 能运用 First, Next, Then, Finally 等一系列表示先后顺序的副词结构。

（2）能唱歌曲 We wish you Merry Christmas。

3. 情感目标

（1）激发学生学习英语的兴趣，并养成良好的语法学习习惯。

（2）联系生活实际，培养学生用英语语言解决问题的能力。

【教学重点、难点】 能用 First, Next, Then, Finally 等一系列表示先后顺序的副词结构来描述一件事情。

【教学准备】 PPT。

【教学时间】 1 课时。

【教学过程】

Step 1：Free talk

T：Hello, Boys and girls. Today I'm your new English teacher. Nice to meet you.

S：Nice to meet you, too.

T：What's your name? What day is it today?

S：I'm... It's...

T：What do you like?

S：I like...

T：Do you like...?

S：Yes, I do./No, I don't.

T：Oh, me, too. I like... and listening to the song.

Now, let's enjoy a song. OK?

You can sing after it.

T：Is it nice?

S：Yes.

T：What holiday is it?

S：Christmas Day.

T：Yes. Look, reindeer is coming, and Father Christmas is coming, too. They bring us many beautiful presents. Do you want to know what they are?

S：Yes.

设计意图：合适的歌曲能让学生在轻松愉悦的氛围中学习英语，激发并保持学生的学习兴趣。Free talk 向同学们介绍老师，拉进了师生距离，同时为下面圣诞老人的出场做好铺垫。

Step 2：Revision

1. I can guess

T：Guess, what's in the Father Christmas' bag?

S：It's...

T：Yes. It's a magic sock. There are many presents in it. Let's look.

Before looking, you must read these rules.

Say it out, if you see pictures and phrases;

Say 'Merry Christmas' and clap your hands, if you see Father Christmas.

Understand?

2. I can play (Present 1)

T：Oh, it's Christmas. What do you do at Christmas?

S1：I buy a Christmas tree.

S2：I eat the turkey.

S3：I make a Christmas card.

…

T：Great! You do so many interesting things.

Look! We can see Father Christmas. We can get Christmas presents…

（引导学生看着PPT，说说圣诞节做了哪些事情，进一步巩固课文内容，同时为新课做好铺垫。）

设计意图：通过圣诞老人的第一件礼物，既复习巩固 Story time 中的词汇、短语和句型，还为后面的教学做了必要的准备。同时，激发了学生的学习兴趣，活跃了课堂气氛。

Step 3：Presentation and practice

1. To teach Grammar time (Present 2)

T：This is the first present. But what's the second present? Can you guess?

S：It's a…

T：It's an interesting storybook. Let's read together.

(1) Read the story.

T：Well done! Let's Choose and say.

(2) Choose and say.

（学生自主选一选，说一说。教师选2～3组说一说，再核对答案。）

(3) Read and find.

T：What can you find?

S：First, Next, Then, Finally.（是按照时间顺序的）

T：Yes! Excellent! Please pay attention to this. Let's read them together.

（全班齐读：First, Next, Then, Finally 是表示顺序关系的连接词。First：首先，一定要放在最前面；Finally：最后，一定要放在最后面。）

(4) Let's talk.

T：Well done! Now let's talk.

（Rules：A.四人一组，选择一幅图画，自编对话，每个人至少说一句。B.记得必须用上 First, Next, Then, Finally。）

（请3～5组学生说一说，并给予适当的表扬。准备发一些圣诞贺卡或者其他的小礼物，激发他们说的兴趣。）

设计意图：打开第二件礼物，学习 Grammar time。在教学活动中引导学生对 First, Next, Then, Finally 等一系列表示先后顺序的副词结构进行感知、归纳、总结和演绎。和老师一起读故事，初步感知文本。选一选，说一说，读一读，找一找，让学生总结归纳相关的语法知识点。通过小组合作、看图编对话等活动让学生在创设的真实语言情境中使用句型 First, Next, Then 和 Finally。

2. To teach Song time (Present 3)

T：We have known the second present. How about the third one? Guess!

S：It's a…

T：Look, it's a Christmas song. Come and join me. Let's sing.

T：Read and order.

First,＿＿＿＿ Next,＿＿＿＿ Then,＿＿＿＿ Finally,＿＿＿＿

(Rules：A. follow(跟着) the song B. sing the song C. read the lyrics(歌词) D. listen to the song)

(同伴合作,读一读,再排序。)

T：First, listen to the song. Next, read the lyrics. Then, follow the song. Finally, sing the song.

设计意图： 让学生在音乐声中静静地独立完成作业,既可以培养自主思考、做题的能力,同时也是对本节课的一个检查,看孩子们学会了多少。

T：Let's summarize. What have we learned?

S：We have learned these four words：First, Next, Then and Finally.

T：(板书)First, Next, Then and Finally.(结合装饰圣诞树板书)

First, we buy a Christmas tree. Next, we put a star on the top. Then, we put some pretty things on it. Finally, we put some presents under the Christmas tree. Now we can have a nice Christmas Day! We can say "Merry Christmas"!

S：Merry Christmas!

设计意图： 让学生能在真实的情境中,结合已有的语言知识,操练本课的重点句型,从而提高学生的综合语言运用能力。让学生们在总结本课学习的过程中,一步步地提升自信心,不断享受到成功的喜悦,加深对英语学习的浓厚兴趣。

Step 4：Homework

(1) Teach your friend to decorate(装饰)the Christmas tree with the four words：First, Next, Then and Finally.

(2) Surf the Internet to know more about Christmas.

设计意图： 进一步为学生创设真实的语言环境,让他们在生活中使用语言,训练他们的听、说、读、写综合运用语言的能力。

板书设计：

Unit 8　At Christmas

First,…

Next,…

Then,…

Finally,…

案例评析：

本节课整体设计科学合理,符合五年级学生的认知水平,达到了预期的效果。综合来讲,在这节课上,平时基础较差的一些学生并未像往常一样表现出对英语课的厌烦和畏难情绪,相反,他们在唱英语歌、学唱歌谣、小组合作中能积极参与,并表现出少有的兴奋。通过教授歌曲的方式,避免了语法知识讲解的枯燥、乏味,为英语课增添了乐趣。形式多样的课堂活动、寓教于乐的教学形式在很大程度上调动了学生的积极性,赢得了广泛的参与,充分体现了语言的交际性。

第二节　幼儿园微型课教学案例

一、健康领域

《谁的牙齿最干净》微型课教学案例(中班)

【活动目标】

1. 知道牙齿不仅可以咀嚼食物,帮助消化,还能帮助我们说话清楚。
2. 通过观察阅读画面,初步认识牙齿的好坏,了解刷牙的正确方法。
3. 懂得牙齿的用处很大,要注意保护好自己的牙齿。

【活动准备】

1. 洗好、切好的苹果若干。
2. 幼儿用书《我的牙齿用处大》,铅笔人手一支。
3. 幻灯片《谁的牙齿最干净》。

【活动过程】

1. 每一位小朋友吃一块苹果,说说牙齿的用处

请小朋友慢慢吃苹果,吃完后告诉大家,你是怎样把苹果吃下去的?

引导幼儿说出需要牙齿咬和嚼,帮助我们把食物吃下去。

2. 认识牙齿的构造

请小朋友把嘴巴张开,互相看一看,牙齿是什么样子的?

使幼儿知道每个人的嘴里有许多牙齿,我们的牙齿有上下两排,嘴里牙齿的形状和大小不一样,牙齿是白白的。

3. 组织幼儿讨论:牙齿有什么用

(1) 鼓励幼儿根据自己已有的知识经验,大胆地参与讲述活动。通过讨论,幼儿知道牙齿可以帮助我们将大块的食物嚼碎变成小块的食物。

(2) 启发幼儿想一想:牙齿除了可以帮助我们吃食物,它还有什么作用呢?

教师请小朋友先试一试发"四"这个音,让幼儿感受到,如果没有牙齿不能发出"四",再试一试发"师""自己"等音,没有牙齿行吗?

教师小结:牙齿还可以帮助我们讲话,帮助我们发准音。

组织幼儿讨论:怎样保护自己的牙齿呢?

教师小结:每天早晚要漱口、刷牙。睡觉前不吃零食、少吃甜食和坚硬的食物。

4. 引导幼儿观察幼儿用书《我的牙齿用处大》

(1) 请小朋友说说：画面上哪个小朋友的牙齿好？哪个小朋友的牙齿不好？让幼儿指一指并认一认汉字：好、不好。

(2) 观察画面中刷牙的小朋友，说说：他们是怎样刷牙的？

教师念《刷牙歌》，并带领幼儿念一念，帮助幼儿学会正确的刷牙方法。

案例评析：

每个人都有牙齿，都知道牙齿的作用，但是有些人往往不懂得保护自己的牙齿，很多孩子牙齿都坏了，大多数原因是没有早上起床刷牙的习惯以及刷牙的方法不对。通过这次活动，幼儿可以了解到保护牙齿的常识，掌握正确的刷牙方法。

本次活动将较为形象的物体展示在孩子的面前，让孩子通过动手操作探索正确的刷牙方法。由于幼儿的思维还处在直觉动作思维、具体形象思维阶段，因此这样更能引起他们的注意，以达到让幼儿产生主动求知欲望的目的，同时也可培养他们动手动脑的能力。

二、语言领域

《我的照片》微型课教学案例(中班)

【活动目标】

1. 能运用连贯、完整、富有一定故事情节的语言讲述照片的内容。
2. 感受照片所表现内容的多样性。
3. 体验与人交流的快乐。

【活动准备】

1. 教师准备的照片：示范讲述的照片，孩子在幼儿园活动中拍的照片，三张有益于幼儿经验拓展的照片（少儿频道智慧树节目的剧照，全家福照片，刘翔比赛的照片）。

2. 幼儿准备自己的照片2~3张，课前请家长和孩子共同交流、回忆有关照片的内容。

3. 为了提高幼儿讲述的兴趣，布置照片展览会，为幼儿创设了想讲、愿意讲的环境氛围，这可以使幼儿在有声有色的讲述过程中身临其境，受到感染与教育。

4. 自制一本相册。

5. 实物展示仪。

【活动过程】

(一) 创设情景，组织幼儿参观照片，相互交流照片的内容

(1) 提出参观的要求：参观的时候，请你找一找哪张照片是你的，和好朋友讲一讲你的照片上有谁？照片是在什么地方拍的？当时你的心情怎么样？

(2) 幼儿参观，同伴间互相讲述，教师了解幼儿讲述的大致情况，给予个别幼儿恰当的指导。

(二) 教师示范讲述自己照片的故事

1. 教师示范讲述：我的照片的故事

教师：这是我和我的孩子在泰山旅游时拍的一张照片。放假的时候，我和我的孩子来到了泰山，泰山是一座很高的山，我们沿着台阶向上爬，一路上看到了高高的树、绿绿的草和五颜六色的花，最有趣的是山上的石头，有的像小猴子，有的像老虎，有的像大象，真是好玩极了！我们爬了好长时间，终于爬到山顶了。我们高兴地说道："我们爬到山顶了，我

们胜利了!"

2. 通过提问,帮助幼儿理解讲述的要点以及讲述的条理性和完整性

我的故事里有谁?我和我的孩子在什么时候去了什么地方?我们看到了什么?说了什么?心里觉得怎么样?

教师启发、引导幼儿用连贯、完整的语言讲述各类照片,感受照片所表现的不同内容,体验大胆讲述、与人交流的快乐。

3. 个别幼儿讲述自己照片的故事

教师:谁愿意去选一张自己的照片,将照片的故事讲给大家听?

幼儿一:这是我在奶奶家拍的一张照片。秋天到了,奶奶家里收获了许多花生,我和爸爸帮奶奶晒花生,奶奶要剥花生给我吃,我说:"奶奶,我帮你剥。"我剥不动就用牙齿去咬,爸爸就用照相机"咔嚓"一下把我用牙齿咬花生的样子给照下来了。

幼儿二:这是我过五岁生日时,妈妈带我到小天使影楼拍的一张照片,我特别喜欢奥特曼,就拉着妈妈跟奥特曼一起拍照片留作纪念,我大声喊:"打败怪兽!"妈妈祝我生日快乐!后来,妈妈就去深圳打工了,我很想妈妈……

孩子争先恐后地讲述自己照片的故事,故事内容真实、有趣、完整。

4. 讲述幼儿在幼儿园活动中拍的照片的故事

教师为幼儿准备了他们在幼儿园各项活动中拍摄的照片,如春游、运动会、团体操表演等,孩子们都能用完整、连贯的语言快乐地讲述,而且讲述的内容生动、有趣,是孩子记忆中印象深刻的情景。

5. 经验迁移,讲述他人照片的故事

(1) 少儿频道智慧树节目的剧照。

(2) 全家福照片。(一家人团聚在一起非常开心、快乐、幸福!拍张全家福作为留念……)

(3) 刘翔比赛的照片。(刘翔哥哥在参加跨栏比赛,他跑步的速度非常快,像飞一样,获得了世界冠军……)

6. 自选照片,再次与同伴交流、分享照片的故事

(1) 引导儿童说一说照片上有哪些信息?(人和物)

(2) 想象一下照片上的人或物可能发生过哪些故事?

(三) 分类整理,制作班级相册,共享照片的故事

1. 引导幼儿为照片归类、整理

"每一张照片不仅可以讲述一个好听的故事,还可以帮助我们记住一件事情,每一张照片都很珍贵,我们应该将它保存好。"请幼儿按照片拍摄的地点归类、整理。

2. 制作班级相册,分享活动的快乐

这些照片装在一起,给它加个封面就做成一本相册了,这是我们的班级相册,我们还会有更多的照片存放在里面,我们还要继续讲照片的故事。

(四) 活动延伸

继续收集照片,让幼儿在区域活动中自由讲述。

案例评析:

此次活动的选材直接来源于孩子的生活经验,照片的内容是孩子熟悉的、亲身经历

的,适合幼儿讲述,所以在整个活动中孩子们表现得非常积极和投入,师幼互动也非常热烈、有效。幼儿天生具有良好的模仿性,语言活动中的示范模仿也十分重要,老师的示范讲述引起了幼儿浓厚的讲述兴趣,还让幼儿感受和理解了故事的要素和结构,幼儿在讲述过程中能潜移默化地运用。在这里教师不能只满足于自我示范,更重要的是要让幼儿自主示范,因为身边的小伙伴的示范更能让幼儿接受。同伴的示范讲述进一步开阔了幼儿的思路,让幼儿在模仿的基础上有所发展。根据《幼儿园教育指导纲要》的要求"创设一个自由、宽松的语言交往环境,支持鼓励吸引幼儿与教师、同伴或其他人交流的乐趣",活动一开始教师将幼儿带来的照片布置展览出来,为幼儿创设丰富的物质环境,给了幼儿充分讲述、与同伴交流的自由,使他们快乐的情绪得到释放,满足了幼儿的兴趣和需要。发展语言的关键是创设能使幼儿想说、敢说、喜欢说、有机会说并能得到积极应答的环境,同时幼儿语言的发展与其情感、经验、思维、社会交往能力等其他方面的发展密切相关。活动中生生互动、师生互动,充分体现了"语言是在运用的过程中发展起来的",使每一个孩子都有"说"的机会。在分类整理的过程中,促进了幼儿社会性的发展,帮助幼儿展示和保存活动成果,孩子共享的快乐体验为此次活动画上了圆满的句号。延伸活动将照片丰富到语言区,便于幼儿随时讲述,照片的故事依然继续。

三、社会领域

《小门票,大秘密》微型课教学案例(大班)

【活动目标】

1. 认知:初步观察了解常见景区门票的结构、用途。
2. 能力:发展幼儿观察能力、逻辑思维能力和发散迁移能力。
3. 情感:了解祖国的大好河山,萌发爱家乡的情感。

【活动准备】

1. 幼儿有区角游戏的经验。
2. 幼儿自带门票。
3. 课件:长城、故宫、剑门关等门票,旅游流程图,检票视频。

【活动过程】

(一)谈话导入,引导幼儿认识门票的用途

师:国庆长假,很多小朋友都外出旅游了,还带回了不同景区的门票。提问:在哪些地方会使用到门票?

请个别幼儿讲述,与同伴交流分享自己带的门票是在哪里用过的?

提问:如果没有门票,会发生什么事?

教师总结门票的重要作用:门票是进入景区、公园、游乐园等旅游场所的通行证,是付钱的凭证,也可以留作纪念。

(二)引导幼儿观察门票,了解门票上的信息

师:一张小小的门票,藏着许许多多的奥秘。

(1)出示课件①——剑门关门票正面,请幼儿观察并说出门票正面的主要信息,了解其作用。

提问:你能看出这是哪里?你还看到了什么?

图片:具有宣传作用,让我们看到景区最美的景点。

文字:大的文字是景区的名字,就像每个小朋友都有自己的名字一样。

价格:注明到这个景区旅游需要多少钱。

(2) 出示课件②——长城、故宫的门票,了解每张门票上都有图片、文字和价格这些共同要素。

观看视频,了解副券的重要作用。

提问:什么是副券?撕下副券或打了孔的门票还能用吗?

教师直接介绍:副券是用来检票的,只能由检票员当面撕下副券,你才能进入,如果自己撕下或弄破了副券,门票就作废了。撕下副券和打了孔的门票不能再次使用。

(3) 出示课件③——剑门关门票背面。进一步观察了解门票上更多的信息。

提问:你有什么新发现?谁还发现了不一样的秘密?

条形码:能自动检票,非常方便。

游览线路图:标注景点位置,就像我们请的免费导游。

游客须知:提醒游客爱护景区的公物,不乱扔垃圾,注意安全等。

服务热线:旅游时遇到紧急情况可以拨打电话寻求帮助。

(4) 教师总结:门票既是景区的名片,也是一张知识卡片,门票上的秘密能给我们的旅游带来很多的帮助。

(三) 区角活动:剑门关一日游,巩固对门票信息的理解和运用

(1) 教师引导幼儿熟悉规则。

提问:剑门关是全国著名的5A级旅游景区,都有哪些好玩的景点呢?旅游前,我们要做什么?

出示课件,巩固旅游流程。

现在我们就一起去游览天下第一雄关——剑门关!

(2) 幼儿区角游戏,教师观察指导。

案例评析:

旅游是孩子们很喜欢的活动,在本次活动中,小朋友根据自己的生活经验能说出很多去过的地方,而且兴趣高涨,在后面的游戏环节也很投入,很多有旅游经验的孩子还会热心帮助没有旅游体验的同伴,带好朋友玩。但是第一个环节当孩子们交流分享时,更多的幼儿说自己在哪里玩了什么好玩的,沉浸在游玩的氛围中,分享时间较长。不过课件的运用把孩子们的注意力拉回了主题,老师用神秘的口吻"一张小小的门票,藏着许许多多的奥秘",让幼儿在观察剑门关门票时更专注,较好地完成了活动目标。

四、科学领域

《听声音数糖》微型课教学案例(中班)

【活动目标】

1. 通过游戏提高幼儿对数的实际意义的认识,知道最后一个数词代表集合的总数。

2. 通过"听声音数糖果"默数10以内的数,并能找出相应的数字,尝试着了解"多一"

或"少一"的数概念。

3. 鼓励幼儿积极、大胆地参与游戏活动。

【活动准备】

1. 材料准备

(1) 小纸板6～8块,上面写有数字。

(2) 糖罐子一只(最好是铁罐);糖果若干。

2. 经验准备

在此次活动前孩子们要知道什么是默数,并有过练习作为基础。

【活动过程】

(一) 创设游戏,尝试默数实物报数

今天老师带来了一个糖罐和许多糖果,我们一起来玩"听声音数糖果"的游戏。小朋友分成两组:南南组和西西组,我们要比比看哪组的小朋友最棒。

小朋友必须用手蒙住眼睛,竖起耳朵仔细听,老师往糖罐里放了几颗糖,听完后不能马上说出答案,待老师请小朋友回答时才能站起来大声告诉大家。(听到放进去的是几颗糖,并要及时验证)

游戏规则:

(1) 一定要蒙住眼睛,不能看的哦。

(2) 听完后,待老师宣布开始后,回答有效。

此游戏主要是让孩子们熟悉游戏玩法和规则,学习默数,并在游戏中通过检验,反复感知和理解最后一个数词是代表一个集合的总数。

(二) 出示数字板,体验看数字找数

"今天老师还带来了许多小纸板,上面有数字,我们一起来看看是几呀?"

(老师一边放小纸板,一边让孩子们认识小纸板上的数字)

这次游戏和刚才的不一样了,小朋友蒙住眼睛,竖起耳朵仔细听听,老师往糖罐里放了几颗糖果。听完后不能马上说出答案,等老师说"开始",小朋友就去踩有这个数字的小纸板。

游戏规则:

(1) 一定要蒙住眼睛,不能看的哦。

(2) 老师说"开始",小朋友才能离开座位去踩小纸板。

(3) 踩小纸板时不能拥挤,用脚碰到就可以了。

默数是中班孩子不常用的数数方法,但因为其具有"神秘性",所以幼儿非常喜欢这样的方式。听完数字后不能马上报出答案,而是要捂住嘴巴等到命令后才能去踩相应数字的小纸板,小小的一个动作既帮助幼儿遵守游戏规则,又能让他们在游戏情节中培养数感。

(三) 改编游戏,探索找"多一、少一的数"

接下来我们再来玩一个更加有难度的游戏,大家也要竖起耳朵仔细听,老师往糖罐里放了几颗糖,听完后等老师说"开始",小朋友要跑到比这个数字"多一"的小纸板上,站对的孩子老师要来抱一抱他哦,还有好吃的糖果奖励。

(也可以用同样的方法玩"少一"的游戏。)

游戏规则:

(1) 一定要蒙住眼睛,不能看的哦,用耳朵仔细听声音。
(2) 老师说"开始",小朋友才能离开座位去踩小纸板。

第一个游戏让孩子们熟悉了规则和玩法,第二个游戏让孩子们进一步理解数字的实际意义,第三个游戏让孩子们尝试体验"多一"或"少一"的概念。整个活动设计为"由实物报数,看数字找数,由实物找多一、少一的数"全过程,由浅入深,循序渐进,幼儿在游戏中充分感受基数的意义,培养了儿童的数感和初步的加减运算意识。

案例评析:

小朋友们非常喜欢这则数字游戏活动,其一是游戏中教师所需准备的教具虽然少,但便于操作;其二是规则简单,便于教师向幼儿们交代清楚,同时也能让幼儿理解,在游戏中遵守规则;其三是整个活动层层递进,幼儿在游戏中练习了默数、看数字找数、尝试着理解"多一"或"少一"的数概念等。

在整个活动实施过程中,教师能交代清楚游戏规则,游戏后要有验证环节,因为验证就是手口一致点数的过程,也是让幼儿进一步理解和体验数数时最后一个数词代表集合的总数这一数概念。

五、艺术领域

《圆点宝宝的旅行》微型课教学案例(中班)

【活动目标】

1. 探索出连点成线的多种可能方法。
2. 运用连点成线的技能绘制具有不规则、美感和个性的作品。
3. 围绕自己的作品展开自由联想和想象,并能用简短的语言表述出来。

【活动准备】

1. 调色盘,各色颜料,棉签,大小不一的黑色卡纸,擦手布。
2. 音乐:《一号圆点舞曲》《升c小调幻想即兴曲》及《01小提琴涂色奏鸣曲》

【活动过程】

活动导入:游戏《连连看》。

"小朋友小朋友连连看",可一个、两个、多个幼儿用身体的某个部位相互接触,让幼儿初步感知连接的方法是多样的。

(一)感知探索

圆点宝宝找朋友——画点、连线。

你们来到这里和老师一起游戏,还有一群圆点宝宝也忍不住想探出圆溜溜的脑袋来看热闹了,瞧,它们来啦!(教师在纸上快速用白色颜料画出几个圆点)

1. 个别尝试(请3~4个幼儿同时进行)

指导语:圆点宝宝也想和你们玩找朋友的游戏,谁能帮他们找到自己的朋友?(请几名幼儿尝试)

2. 探索多种连线法

指导语:你觉得这个圆点宝宝的朋友会是谁,请你将他们连起来吧!他们的朋友可能会有很多很多,还有谁可能是他的朋友,帮他们把几个好朋友连在一起吧!她刚刚是用直线连的,谁能用不一样的线连一连?

女宝宝是用温柔的短线连接的,有没有更有力量的男宝宝可以试一试用其他线条,让圆点宝宝与远一点的好朋友连起来?(提示:线与线之间可以有交叉,引导幼儿用长短不同的直线和曲线将点与点之间连接起来,形成封闭的图形。)

(二) 尝试表现

1. 幼儿作画(播放《一号圆点舞曲》,幼儿画点、连线)

指导语:大家都来试一试,先在纸上画一些圆点宝宝,然后用直线或者曲线把他们连起来。这有小、中、大三种不同大小的纸,也可以选择一个人独立完成,或者和几个好朋友一起合作完成,我们约定,当音乐停止的时候,就回到老师这里来。

(1) 幼儿作画,老师巡回观察指导。

(2) 选择具有典型代表的作品,引导幼儿观察。

2. 涂色——圆点宝宝在彩色"地板"上跳舞(多种颜色的颜料)

(1) 激发兴趣。

指导语:圆点宝宝和线宝宝做了一次愉快的旅行,他们还手拉手去参加舞会。可是,他们这黑黑的地毯不够漂亮,你们想想办法变出彩色的地毯,他们就会跳得更开心了。

(2) 自由涂色。(播放《升c小调幻想即兴曲》《01小提琴涂色奏鸣曲》)

指导语:每一种颜料宝宝都有自己的家,一个棉签蘸一种颜料,用过的棉签放回相同颜色宝宝的家里。如果想换颜色就请更换一个棉签。

教师采用暗示、点拨的方法进行指导。

(三) 想象与欣赏

指导语:看,圆点宝宝和线宝宝跳着优美的舞蹈,变出了一幅美丽的图画,我们来猜猜看,这幅图画像什么?

老师带幼儿到稍微远一点的地方去欣赏、想象,引导幼儿大胆说出自己的想法,适时给予肯定和赞赏。

案例评析:

本节微型课设计有两个突出的特点:一是符合艺术教育的本质。艺术教育的本质就是让幼儿用艺术的、审美的方式来个性化地表达自己对世界的理解和体验,教师给了幼儿大量的时间和空间进行表达,幼儿可以自由想象和联想,这些都具体诠释了艺术教育的本质。二是符合幼儿学习的特点。幼儿在游戏状态下的表现要好于单纯的工作或者日常生活状态下的表现,设计者充分认识到了这一点,为幼儿创设了充分的游戏情景,让幼儿在游戏的情景中体验艺术表现和审美,从而将游戏与审美更好地结合在一起,用符合幼儿年龄特点的学习方式来发展幼儿的美术技能和想象力,具有独到的视角和价值。

课后练习

1. 简述小学语数外及幼儿园微型课教案的基本结构。
2. 撰写小学语数外及"五大领域"微型课的教案各一份。
3. 说出"五大领域"微型课教案的异同。

第三篇
模拟授课

微信扫码

模拟授课教学
案例视频

第九章
模拟授课概述

> **学习目标**
> 1. 了解模拟授课的概念、特点及类型。
> 2. 知道模拟授课的基本结构。
> 3. 熟悉模拟授课的一般要求及评价标准。
> 4. 掌握教师资格证考试面试流程及评分标准。

第一节 模拟授课的意义与界定

一、模拟授课的意义

模拟授课是近年来国内教育领域兴起的一种全新教研活动形式。模拟授课有时也叫作试讲，顾名思义，模拟授课就是在没有学生的环境下，教师模拟实际教学情景，在不超过15分钟的有限时间内，通过口语表达、体态语言和其他教学技能与组织形式的展示，按照预先设计的教学方案完成一个或多个教学任务的教学片段。模拟授课是一种崭新的教学形态，基于其较强的针对性、实战性和易操作性，以及教学实施的低成本等特点，迅速在教师招聘以及各种教学技能比赛领域占有了一席之地。

模拟授课也称为"无学生的上课"，就是讲课老师模拟授课的情境，把一堂课中的主要教学过程在没有学生的情况下用自己的语言描述出来。它是一种将个人备课、教学研究与上课实践有机结合在一起的教学活动。模拟授课不仅突出教学活动中的主要矛盾和本质特征，而且能摒弃次要的非本质因素，使教学研究的对象从客观实体中直接抽离出来，一般有情境创设、新知探究、小结作业等程序，不必追求课堂教学环节的完整性，具有省时高效的特点。

二、模拟授课的界定

（一）模拟授课与说课的区别

如果将说课看作一场"讲座"的话，其既有满腹经纶的议论，也有精彩绝伦的演绎，那么模拟授课就是一出精彩纷呈的"话剧"，有波澜起伏的情节，也有绘声绘色的对话，只不过话剧的演员只有执教者一人。

说课通常要说教材的内容、地位、教学目标、重点、难点、教学设想等。它不仅要说出"怎样教",还要说清"为什么这样教"。要让听者不仅要知其然,还要知其所以然,比较侧重理性层面。

模拟授课则是说课的延伸和补充,选取说课中教学流程的主要部分并把它具体化和贴近实战化。把"教材的内容、地位、教学目标、重点、难点、教学设想等"通过模拟授课而表现出来,更侧重于它的实践性。模拟授课主要是围绕教学内容中的某一两个问题模拟实际教学,一般时长在10~15分钟。

(二)模拟授课与微型课的区别

1. 时长不同

模拟授课的时长一般在10分钟左右,最多不超过15分钟(江苏省师范生教学基本功大赛模拟授课的时长为10分钟,答辩为5分钟);微型课时长在20分钟左右,最多不超过25分钟。

2. 流程不同

模拟授课的主要流程是揭示课题和新知探究,不要求授课环节的完整性。对于次要环节如果要陈述也是一带而过。而微型课的主要流程与正式上课的流程基本相同,不仅要求环节完整,而且对于教学活动安排、师生交流、生生互动、结果评价等都要呈现,对于每一项教学活动的任务、要求、目的都要说清楚。

(三)模拟授课与真实上课的区别

1. 对象不同

模拟授课是在面试过程中由专家评委评判应试者所教授的内容是否合适,同时观察、研究应试者的一举一动,诊断应试者讲课的好坏,对应试者面试成功与否做出评判,决定应试者是否可以被录用,这样的情形会使应试者产生无形的压力。

常规课堂教学的对象是学生,教师心理上有一定优势,不会形成较大压力,同时师生配合比较默契,教学内容有一定的连贯性,学生有一定的心理预期。

2. 目的不同

常规课堂教学是循序渐进的,达到教学目标是最终目的。教师讲课的成败不是通过单独的10分钟或一两节课的考查来评判的,而是通过长期努力来实现的。如做学生思想工作、端正学生的学习态度、传授学生学习方法等,这都是一种"磨刀不误砍柴工"的铺垫。而模拟授课是以教学内容与环境为展示的载体,不能脱离教学环节,必须达到一定的教学效果,但最终的目的是表现出自己拥有成为一名优秀教师的潜力,尽量利用有限的时间把自己最优秀的一面展示出来,让评委赏识你、认可你并最终录用你。

3. 教学内容安排不同

面试时,模拟授课展示自己才华的时间是非常短暂的,这个时间值是不确定的,有长有短,有时仅仅为几分钟。应试者要让评委能认真听你继续讲下去,继续保留一种期待,甚至听出兴趣,你必须在每一个时间段都高质量地展示自己的才华。为此,应试者可以采用时空分割法。如"上节课我们学了……通过预习我们又初步了解了……今天我们介绍……""刚才我们学习了……下面我们接着探讨……"这样简短的话便可以很快把评委吸引到另一个教学环节之中,充分展示自己不同的教学才华。此外,教学内容的安排不能贪大求全,不能坚持将每个相关知识点的来龙去脉都讲清楚,要学会截取一个相对独立的侧面。而常规课堂教学的时间一般是固定的,对教师来说最重要的不是展示自己的才华,而是将自己的知识和技能传授给学生,重点在于增长学生知识,启迪学生思维,教授求知方法,在具体讲解过程中也要注意区分详略。

4. 组织教学不同

模拟授课与一般课堂在教学设计上是相同的,如确定教学内容、教学目标、教学方法及教学过程等。在教学过程中,两者最根本的差异是模拟授课的最终目的是实现应试者的选拔,同样,这种差异在组织教学中主要体现在以下几个方面。

(1) 组织重要性差异

一般课堂教学是师生在长期教学过程中通过师生互动逐渐相互了解并形成一定的思维习惯而进行的日常教学。而模拟授课时师生之间缺乏充分的了解和相互之间的情感支持,除了需要讲课内容引人入胜外,教师应该特别注重组织教学。在组织教学的过程中,教师要兼顾到下面听课评委的感受,观察他们的情绪反应,以及时调整教学。

(2) 组织艺术差异

在常规教学中,教师的目光是直视学生眼睛的,是一种"无声"的教学语言。而模拟授课时,台下都是评委,应试者的目光切记不能"咄咄逼人",这样会直接影响应试者在评委心中的形象。应该短暂扫过对方眼睛和嘴之间的部分,以体现出对对方的尊重和关注。

(3) 组织形式差异

常规教学的组织形式多种多样,如启发法、讨论法、探究法等运用得非常多,教学效果也非常好,但非常占时间,有的需要几节课的支持与协同才能完成。而对于模拟授课的应试者,时间是有限的,这些方法在试讲过程中应适当地节制,避免出现尴尬场面。

第二节　模拟授课的类型与结构

一、模拟授课的类型

模拟授课的类型一般有两种形式:面试模拟授课、能力测试模拟授课。

面试模拟授课是人事部门、教育单位在招聘教师面试过程中经常采用的方式,一般由相关单位负责人组织实施,有的教研室主任也参与面试工作。教师是特殊职业,仅仅通过简历是无法判断、识别应聘者的真实能力的。一般情况下,应聘组织部门都会组织面试与试讲,往往是几轮下来,一个一个遴选甄别。面试模拟授课主要是初步考察应聘者是否具有教师岗位所需要的基本素养和基本技能,起到初选作用。通常教师不需要讲授完整的一节课,一般控制在 10~15 分钟即可。试讲通常采用即兴命题形式,考查应聘者对某课程的驾驭能力。

能力测试模拟授课一般在学校内进行,主要目的是培养与提升在职教师或师范毕业生的教学能力。通常有两种方式:一种是指定课程、指定章节的命题模拟授课;另一种是指定课程、不指定章节的自由模拟授课。

二、模拟授课的结构

(一) 准备时间

模拟授课要求时长一般不超过 15 分钟,而前面的准备时间是必需且要充分的。通常面试的准备时间为一个小时,选手要在无网络、无参考资料的前提下进行,主要包括熟悉教材、编写教案、尝试试讲、修改完善等主要环节。江苏省师范生教学基本功大赛的模拟授课比赛中,选手的准备时间为 2 个小时,要求在无网络、无参考资料的条件下,不仅要完成教案编写,同时要利用电子素材包制作课件,比赛时要结合课件进行模拟授课。准备阶段选手的主要工作如下。

1. 初读教材,熟悉内容

因为面试只有课题与教学内容,这是选手手头最有价值的资料。一般在无网络、无参考资料的条件下,选手如果需要制作课件,组委会会提供电子素材包。

2. 精心备课,编写教案

在确定了教学目标、教学重点与难点以后,选手的主要任务就是设计出各个主要授课环节的内容,以及授课的导入语、过渡语和结束语。

3. 尝试试讲,修改完善

教案编写完毕后,要留有足够的时间进行试讲。在试讲中发现问题,及时调整部分不恰当的步骤或进一步完善个别环节。

(二) 上课时间

在实际比赛过程中经常会发生这样的情况:有的选手的比赛时间快到了,然而其还有精彩内容没有呈现出来;有的选手离比赛结束还有几分钟,可是教学内容早早就讲完了,所以一下子就会变得无所适从。究其原因,大多是在教学准备阶段没有合理安排教学时间,或者说科学安排教学时间的意识不强。

日常授课一般来说包括复习旧课、导入新课、讲授新课、复习巩固、布置作业这几个环节,结合比赛的具体特点,可以将上面五个环节缩减为导入(含复习)、新授和结课(含巩固、作业)三个方面,下面以 10 分钟为例。

1. 导入 1 分钟左右

由于比赛的特殊性,导入不宜过分地迂回曲折,最好简明扼要,开门见山,以 1 分钟左右为宜。

2. 新授 8 分钟左右

新授是模拟授课环节的主体,这个环节应该会花费最多的时间,以 7~8 分钟为宜。教师应利用这宝贵的 8 分钟左右的时间突出重点、化解难点,实现教学目标。这 8 分钟的教学活动,学生和教师是教学的主体,根据黄金分割的规律,教师的活动可以安排 8×0.618＝4.994(分钟),也就是说教师活动以 5 分钟左右为宜,学生活动以 3 分钟左右为宜。由于比赛的特殊性,教师的活动时间可以适当延长至 6 分钟左右,学生活动可以缩短为 2 分钟左右。

3. 结课 1 分钟左右

最后的结课环节宜干净利落,不可拖泥带水,以 1 分钟左右为宜。

第三节　模拟授课的基本要求

一、设计新颖

模拟授课是在新课改的背景下诞生的,必须要体现新的理念、新的教法。特别是在竞赛中,同一课题只有不断推陈出新,才可能达到出奇制胜、脱颖而出的效果,并得到较高的评价。切忌面面俱到、蜻蜓点水。

二、层次清晰

由于模拟授课少了学生的互动,一个环节与另一个环节之间所用的时间大大减少,留给评委们思考的时间也随之减少,所以教师要有清晰的教学思路。情境创设需直观,问题要突出,几个主要问题的解决过程要讲求实效。最好能清楚地展现预设如何做,可能出现各种不同的学情,巧妙地抓学情进行教学,生动真实地模拟讲课,重点要突出,理念要先进。

三、有效互动

通过对学生的回答进行复述的形式向评委传递课堂信息,以达到"有效"互动的目的。它采用的关联语句可以是:①"正如刚才同学们说的那样,我们知道了……"②"这位同学的意见(看法)是……"

通过对学生的回答进行巧妙的评价,从而向评委传递课堂信息,以达到"有效"互动的目的。它采用的关联语句可以是:①"对呀,我们知道了……"②"这位同学的方法很好,他采用的……"③"真了不起,这位同学居然……"

通过对学生众多的回答进行归纳概括,从而向评委传递课堂信息,以达到"有效"互动的目的。它采用的关联语句可以是:①"刚才同学们讨论得非常热烈,有的……有的……"②"刚才大家发言很热烈,有的……有的……"

四、激情自信

模拟授课时,教师一上讲台就要有充分的自信,给别人的第一感觉是这位教师的精神状态不错。然后教师开始像正常上课那样进行,话不一定要多,但是每句话每个字都要说得清楚响亮,而且最好要有停顿和变化。尽量避免出现无意义的行为或胆怯的表现,且不要有过多的口头禅。

课堂的生命是什么?是学生的学习热情,是教师投身课堂教学的激情。在模拟课堂时,如果教师没有一点感情,说话声音很轻,语调平平淡淡,如同催眠曲一样,又怎么能调动学生的学习情趣?死气沉沉的课堂又会有什么样的教学效果呢?

第四节 模拟授课的评价标准

所有应试者都会面临一个共同的问题,即如何在有限的时间内突出展示自己的长处,获得评委的认同。评委在进行考查时,注重的是应试者的朝气、能力以及潜质。评委是代表用人单位的,在考查时设计的考查内容可能各不相同,但考查的重点都是教学基本功,一般包括语言表达、教学内容、教学方法、板书艺术等几个方面。

一、语言表达

语言表达主要是指口语的表达艺术和形体语言的表达艺术。口语表达能力的基本要求是口齿清楚,语言流畅,音量适中,教学用语规范,有一定的启发性和生动性。形体语言的基本要求是自然大方,目光亲切,表情、手势自然,并表现出激情和热忱。

二、教学内容

教学内容主要包括内容的选择、内容的组织性和条理性、难点和重点问题的把握与分析、提问的技巧以及教学方法的选择等。内容要全面、完整、无疏漏,同时突出重点、难点及关键点;内容的学习安排要由浅入深、由表及里、符合学生的认知规律;教学手段要多样化,恰当使用类比、图解、举例及提问等方法。

三、教学方法

教学方法的基本要求是灵活多变、全方位展示。比如学习生字,要音、形、义相结合,通过列举对比、造句运用等手段强化这个字的形旁与义旁。倘若利用多媒体,则要求课件精益求精,充分考虑到试讲的特点,不能喧宾夺主、过多占用教学时间。

四、板书艺术

板书艺术的基本要求有几点:① 字迹清楚、工整、漂亮,颜色搭配得当,无错别字;② 不同级别的标题在黑板上应有不同的存留时间和合理的位置安排;③ 标题和内容的位置布局恰当,适时擦掉说明性内容,始终在黑板上表达出清晰的教学脉络。

综上所述,下面以江苏省师范生教学基本大赛模拟授课评分标准为例,见表9-1。

表 9-1　江苏省师范生教学基本功大赛模拟授课评分标准

评价内容	评价指标	得分
教学内容（10分）	1. 善于把握课程标准，科学整合教学内容	
	2. 讲授内容与活动内容具有科学性、思想性和逻辑性	
教学过程（50分）	3. 教学重点突出，难度、深度控制适当，注意与学生已有知识经验相衔接	
	4. 善于设疑导思，指导学习方法，围绕重点问题和难点问题引导探究	
	5. 教学中注重创设情境	
	6. 教学方法手段运用合理，施教步骤清晰	
	7. 教学具有启发性、形象性和生动性，讲解逻辑严密、思路清晰、知识准确，能举一反三	
	8. 教学过程节奏控制张弛有度	
教学技能（20分）	9. 课件设计合理、科学、美观，能恰当使用教学媒体，教学演示规范、熟练，效果良好（本条限需要进行课件制作的学科）	
	10. 使用普通话（中学英语和小学英语学科使用英语），教学语言规范，口齿清楚、表达准确、语言生动、语速适宜	
	11. 有效控制时间，把握课堂节奏	
教学效果（5分）	12. 教学内容有利于教学目标的达成，促进学生全面发展	
综合表现（10分）	13. 着装整洁得体，教态自然大方，有自信心，亲和力强	
	14. 科学、人文素养水平高，体现学科思想	
	15. 思维敏捷、灵活，逻辑性强，有一定的独创性和批判性	
	16. 善于在课堂教学中贯彻课改新理念、新方法	
评委问答（5分）	17. 回答评委提问把握准确、观点鲜明、思路清晰	

第五节　教师资格证考试面试流程及评分标准

一、幼儿园教师资格证考试面试流程及评分标准

（一）面试流程

对于即将参加教师资格证面试的幼师生来说，了解考试流程应该是面试备考的首要环节，而且幼儿园类别的考试流程与中小学类别的并不完全相同，大家应有所准备。

1. 抽签确定考试顺序

考生持身份证、面试准考证按时到达考点后，先找到候考室，监考老师会安排考生排

队依次抽签。这一次抽取的只是序号签，一般五人一组同时到抽题室备课，所以如果抽到比较靠后的序号，可能会等待较长时间。

2. 抽题备课

到达抽题室后，登录面试测评软件系统，计算机从题库中随机抽取试题，考生从抽取的 2 道试题中任选 1 道，经考生确认后，计算机打印试题清单。

考生持试题清单、备课纸进入备课室，撰写教案，准备时间为 20 分钟。

3. 面试

(1) 回答规定的结构化问题：考生进入指定面试室，考官从题库中随机抽取 2 个规定问题，考生回答，时间 5 分钟。

(2) 试讲(模拟授课)：考生按照所抽试题内容和要求以及准备情况，进行试讲(模拟授课)，时间 10 分钟。

(3) 答辩：考官围绕考生试讲(模拟授课)内容和测试项目进行提问，考生答辩，时间 5 分钟。

(二) 面试注意事项

1. 仪表仪态

面试不同于笔试，考官对考生外在表现的印象也会一定程度上影响最终得分。仪表仪态往往是留下第一印象最重要的方面。考生从面试室外推门进入考场的一刹那，考官就会建立对他(她)的整体印象。所以面试穿衣还是有讲究的，要正式中透露大方和得体，不要过于呆板，最主要就是穿出自信。除了衣着之外，精神状态往往更为重要。一个好的幼儿园老师应该是充满活力、有朝气、有感染力的。所以从推门进入考场开始就要向考官展示自信、亲切的笑容。

另外，作为考生，你的举手投足都被考官清清楚楚地看在眼里，谦虚的问候礼仪、得体的教姿教态都会给考官留下很好的印象。

2. 活动设计

考官一直听考生的试讲(模拟授课)，难免会疲劳。所以我们在活动设计过程中要尽量加入一些能够吸引考官眼球的亮点。例如在导入环节设置比较活泼生动的内容，如手指谣、儿歌导入等；在展开部分设置与幼儿的互动，把考官当成幼儿，虽然考官不会有所回应，但是目光的交流也会给我们加分；在结束环节，要适当挖掘整个活动的深层意义，说出活动主旨、升华主题……

(三) 面试评分标准

幼儿园面试评分标准见表 9-2。

表 9-2 面试评分标准(幼儿园)

序号	测试项目	权重	分值	评分标准
一	职业认知	10	5	爱幼儿，尊重幼儿
			5	有热情、有责任心

续　表

序号	测试项目	权重	分值	评分标准
二	心理素质	10	5	能较好地调控情绪与情感
			5	开朗、乐观、善良
三	仪表仪态	10	6	五官端正,行为举止自然大方,有礼貌
			4	服饰得体,符合幼儿教师职业特点
四	交流沟通	15	8	有较好的言语表达能力。普通话标准,口齿清楚,表达流畅,语速适当,有感染力
			7	善于倾听、交流,有亲和力
五	思维品质	15	8	能条理清晰地分析思考问题
			7	有一定的应变能力,在活动设计与实施、环境创设上表现出一定新意
六	了解幼儿	10	5	有了解幼儿兴趣、需要、已有经验和个体差异的意识
			5	能通过观察来了解幼儿
七	技能技巧	20	10	熟悉一些幼儿喜欢的游戏和故事
			10	具有弹、唱、画、跳、讲故事、手工制作等基本技能
八	评价与反思	10	5	能对教育活动和教育行为进行较客观的评价
			5	能根据评价结果提出改进意见

说明:

(1)考官会从八大维度对考生进行测评,幼儿园与中小学标准出入较大,中小学的评分标准考核内容一致,但是分值不同。幼儿园更加重视技能的考察、中学更加注重教学实施是否得当。

(2)中小幼共同考察的内容包括三个维度:职业认知、心理素质、仪表仪态。这三个方面其实主要是看各位考生的外在表现,仪表仪态是否大方得体。要求小伙伴们穿着大方,符合教师的气质,心理素质良好,举手投足间展现出年轻教师的风采。

(3)测评标准中"言语表达和思维品质"(幼儿称之为"交流沟通和思维品质")这两项,主要通过结构化问答和最后的答辩环节来进行考察,要求各位考生能够言语表达流畅、有逻辑性、有条理性,面对问题能够进行全面分析,抓住重点快速反应。

(4)最后三大方面"了解幼儿、技能技巧、评价与反思"主要是通过各位考生的试讲环节来进行考察。在教学设计方面,要求各位考生从幼儿身心发展与认知特点出发,设置三维目标,抓住重点难点。在教学实施环节,要紧紧围绕三维目标和重难点来进行讲解,充分体现游戏化课程理念,关注幼儿自主学习、合作学习和探究学习的方法指导与评价,结合现代化多媒体手段展现完美课堂;在试讲过程中,考生务必记住幼儿园面试主要侧重于技能的考察,例如:弹、唱、画、跳、讲故事等基本技能,要将技能完美融入试讲之中。

二、小学教师资格证考试面试流程及评分标准

(1)候考:考生持面试准考证、身份证,按时到达考点,进入候考室候考。考生可提前

了解面试礼仪,并想好面试中如何进行自我介绍。

(2) 抽题:根据考点安排,登录"面试测评软件系统",计算机从题库中抽取一组试题,考生任选其中一道试题,系统打印备课纸及试题清单。

(3) 备课:考生持备课纸、试题清单进入备课室,撰写教案(或演示活动方案),备课20分钟。

(4) 回答规定问题:考生由工作人员引导进入指定面试室。考官从题库中随机抽取2个规定问题,考生回答,时间5分钟。

(5) 试讲(模拟上课):考生按照准备的教案(或活动方案)进行试讲,时间10分钟。

(6) 答辩:考官围绕考生试讲内容和测试项目进行提问,考生答辩,时间5分钟。

小学面试评分标准见表9-3。

表9-3 面试评分标准(小学)

面试内容	权重	分值	面试评分标准
职业认知	5	3分	热爱教育事业,有正确的职业认知和价值取向
		2分	具备从事教师职业应有的责任心和爱心
心理素质	10	3分	积极上进,有自信心
		3分	具有一定的情绪调控能力
		4分	具有较强的应变能力
仪表仪态	10	5分	行为举止自然大方,有亲和力
		5分	衣饰得体,符合教师的职业特点
言语表达	15	4分	教学语言规范,口齿清楚,语速适宜
		6分	表达准确、简洁、流畅,语言具有感染力
		5分	善于倾听,并能做出恰当的回应
思维品质	15	6分	思维严密,条理清晰,逻辑性强
		5分	能正确地理解和分析问题,抓住要点,并做出及时反应
		4分	具有一定的创新意识
教学设计	10	4分	教学材料处理恰当,教学目标明确,重、难点突出
		3分	能够基于小学生的知识基础和生活经验合理设计教师活动
		3分	学生活动设计有效,能引导学生通过自主参与、合作探究的方式达成学习目标
教学实施	25	8分	教学结构合理,条理清晰,能较好地控制教学节奏
		6分	知识讲授准确,能基本完成教学任务
		6分	能够根据学生认知特点和学科教学规律,选择恰当的教学方法
		2分	能够根据教学需要运用教具、学具和现代教育技术辅助教学
		3分	板书工整规范、布局合理
教学评价	10	5分	能够采用恰当的评价方式对学生的学习活动做出反馈
		5分	能够对自己的教学过程进行反思,做出比较客观的评价

课后练习

1. 叙述模拟授课的概念、特点及类型。
2. 简要回答模拟授课的基本结构。
3. 论述模拟授课的一般要求及评价标准。
4. 说出教师资格证面试流程及评分标准。

第十章
模拟授课策略

> **学习目标**
> 1. 知道模拟授课课前准备基本内容。
> 2. 掌握模拟授课中情景创设的一般方法。
> 3. 了解模拟授课课件制作中的注意事项。

第一节 课前准备策略

走上讲台讲授教学内容之前，必须做充分的准备，对于试讲的应试者更是如此。充分而完整的备课是讲好一节课的必备前提。所谓备课，主要是指掌握教学内容，领会编者意图，确定目的要求，选择教学方法。显然，深入钻研教材是提高备课质量的核心。关于备课，下面将从研读课程标准、搜集学习素材、梳理备课程序、试做实验步骤、重新完善教案、细写授课讲稿这六个方面进行分析。

一、研读课程标准

应试者一定要钻研教师用书上写的内容，了解编者意图，不能自己想当然地确定教学目标，草草列出。课程标准是在详写教案之前列出的一个大概框架，其中描述了讲授这部分教学内容所需要的几个部分，以及对整个教学过程的初步构思，并且将讲课过程中所需要的素材——列出。对于准备写教案的应试者来说，做这一部分的工作不仅能使应试者在整个备课过程中思路清晰，而且能使其避免在详细备课时落下细节内容。

二、搜集学习素材

在对教学过程有了一个大概构思以后，就要清楚地了解自己在详写教案之前所需要的相关知识并尽可能多地搜集讲课过程中需要的素材，如可以看一些经典的课堂教学案例和设计，学习优秀的教案，下载有关的课件，同时准备一些课外扩展知识，以便随时回答学生提问。搜集素材时应有的放矢，尽量寻找与所要讲的课程密切相关的资料。

三、梳理备课程序

作为初次试讲的应试者，在课前不能只准备一个讲课的提纲，对于教学内容、教学对象、教学目标、教学方法、教学过程、课后作业等部分应该在教案中进行具体的分析。应试者在上课前对计划一定要做到心中有数,这样在执行时才能得心应手,顺利告捷。

(一)教学内容

任何一部分教学内容都包含重点、难点和学生较容易理解的部分,对于不同难度及层次的知识点,应有不同的详略安排,对于重难点知识应详细地重点讲述,而对于较容易理解的知识可以相对简略讲述。应试者在这一个环节很容易出现的问题是教学内容重点不突出,或是对重难点的把握不够准确。对于这个问题,一是要求应试者在备课之前对自己所要讲述的教学内容足够熟悉,二是可以向在职的、经验丰富的学科教师请教,这样在教学内容的把握上就不太容易出现偏差。还需要注意的是不同层次的学生群体,接受能力也是不一样的,应试者在安排教学内容时不能太多,也不能过于发散,一定要控制在学生可以接受并且能够基本掌握的范围内。

(二)教学对象

学生是教学的对象,应试者在教学对象的分析上应充分考虑学生的年龄特征、对知识的接受能力,以及所处的校园环境和社会环境等,以便于后面其他教学环节的设计。"备学生"是为了做到根据学生的实际水平的具体需要,有的放矢地进行教学,高质量地完成教学任务。另外,对于应试者来说,在试讲时面对的不仅仅是学生,还有评委,因此,在进行教学时也应当特别注意。

(三)教学目标

应试者在详细分析教学内容和教学对象后,便到了教学目标的编写环节了。对于不同的教学对象群体,即便是相同的教学内容,在教学目标的编写上也要注意层次的区分,应结合教学内容分析中所确定的重难点及详略,安排不同的教学目标,将所要知道、领会、应用、分析、综合、评价等应达到的不同教学目标和教学内容结合起来。应试者对教学目标、教学内容、教学对象的分析是不可分开的,在备课时往往应整体进行,这一点对于应试者来讲非常重要。

(四)教学方法

应试者选择教学方法应符合学生的认识规律、学科特点及学生的年龄特点,有利于应试者发挥主导作用,有利于调动学生学习的主动性与积极性。

1. 备方法

在我国的中小学教育中,常用的教学方法有讲授法、谈话法、读书指导法、练习法、演示法、实验法、实习作业法、讨论法、探究法这几种方法。对于不同学科、不同性质的教学内容,也许有的只需要一种教学方法便可以进行,而有的则需要几种教学方法结合使用。试讲人员在刚开始试讲时,经常单一使用讲授法,这种方法相对其他几种方法较容易掌握,但对于缺乏经验的试讲人员,很难把握如何引导、启发学生思维,这就需要在教学过程的设计中尽可能详细,切勿将知识直接灌输给学生,而应让其发挥主观能动性来主动学习知识。

2. 备感情

除了备方法外,备好教师的感情也是讲好课的重要条件。许多老师都有这样的体会:

走进教室以前,如果自己是兴奋的、愉快的,而且信心百倍的,那一定会讲得津津乐道,学生也会听得全神贯注,讲课的效果就好。反之,如果课前自己心情不畅,那么这节课的气氛一定会受到影响。所以,有经验的教师为了在自己上课时能做到感情充沛、气氛活跃,其在上课前总要收收心(闭眼深呼吸,抛弃杂念)、养养神(回忆一下讲课的内容),这样讲起课来就能轻松愉快、娓娓动听。

3. 备语言

讲课是一种艺术,教师必须充分重视语言技巧。即使一位教师的知识极为渊博,如果不能形象、准确地表达出来,那也是一种遗憾。有人说:"老师的语言是蜜,它可以粘住学生的思维。"据调查统计,学生最喜欢语言风趣、有幽默感的老师上课,因为其可以调节课堂气氛。

4. 备教态

讲课时的姿态、动作是表达语言时的重要辅助形式。教态生动活泼、大方自然,就能使学生的注意力高度集中,利于学生掌握所学的知识。如果讲课时生硬死板,学生就感到枯燥乏味、无精打采。因此,试讲前,教师应该认真选择自己的讲课姿态,改进教法,选择语言,备好教态。对于一些疑点,自己不放心的环节,教师可以利用散步等时间边走边讲,当然不一定要有人听,也不一定要讲出声,当成自己练习便可。

(五)教学过程

教学过程是整个教学设计的重点部分,其中包含所要讲述教学内容的具体解析、课堂提问与回答、教学内容间的过渡、讲述各部分内容所要用的时间安排、各个阶段教师和学生所要做的事情、板书的设计及书写等。对于参加面试的人员,每一部分的设计都应该尽可能详细。在能力允许时,还可以设计教学过程中可能会出现的问题,如学生提问、课外知识的扩充等。

(六)课后作业

在设计课后作业时一定要注意与教学内容的重点、难点及教学目标的设计相结合,设计的课后作业要体现学科特色。练习应从基本的、简单的开始,但不能模式化、固定化,相反,应有一定数量灵活的、综合的、需要创造性思维的练习,只有这样才有助于训练学生思维的全面、深刻、敏捷和灵活。

四、试做实验步骤

在文科类的课程中,这一部分的准备可能相对少一些,但在其他学科的教学过程中,教师可能会向学生播放一些音频以及视频素材,那么学科教师就应该在上课之前试播,以检查素材是否能顺利播放。对于理科类课程,这一部分的工作是不可缺少的。在课堂教学过程中所涉及的实验,除了极少部分经验非常丰富的学科教师,其余大部分教师特别是试讲时的应试者,都应该在条件允许时提前试做实验步骤。这不仅能及时发现实验时可能会出现的问题,采取一定的措施予以预防,可以避免课堂教学中实验失误所带来的时间浪费,而且对于应试者来说,还可以增加其课堂教学时的信心。

五、重新完善教案

将所要涉及的实验步骤都试做完成之后,应该根据实验时所做的详细记录对教案做再一次的修改、补充与完善。应试者一定要再一次检查自己的教案,这不仅包括实验部分,还应包括教案的其他部分,都应做详细的检查与思考,对其进行进一步的修改与完善。

六、细写授课讲稿

讲稿不是教案的简单重复,而是在教案的基础上进一步详细地写出具体课堂教学中的每一个环节。这包括教师在课堂教学中所要说的每一句话、所要做的每一个动作、所要写的每一次板书。当然,计划永远赶不上变化,模拟授课过程中所遇到的问题并不一定在写讲稿时都能涉及,并且有可能几乎脱离讲稿而进行,但提前写好讲稿,对于缺少教学经验的应试者来说是非常有必要的。因为很少有机会讲课,课堂驾驭能力不够强,提前写讲稿有助于整理思绪,即使由于各种原因造成课堂教学脱离原来的教学设计,也可以参考讲稿及时回到原来的教学设计中。写过一次讲稿,就会留下比较深刻的印象,也就是说即便试讲时发散得太广,也会及时发现,做出调整。

备课是一个厚积薄发的过程,没有起点和终点,需要不断深化,不仅要倾注时间,还要凝聚智慧。教师要从"为它所控"转变到"为它所动",最终"为我所用",这需要一个过程。在这个变革的过程中,教师要不断反思,既要学习他人,还要坚持自己的主张。

然而在众多的教师公开招聘面试中,更多会采用模拟课堂教学,应试者必须在30~60分钟内即兴备课。在有限的时间内快速备好一节课,能够较好地考查应试者对某门课程的驾驭能力。那么,如何才能在短时间内快速备好一节课?我们对应试者提出以下几点建议。

(1) 根据抽到的课题内容确定好本节课的重点、难点,再以重难点为中心,围绕它们进行知识线索的建构,设置学生互动的主题,设计板书和精选练习题。这种备课方式粗放而又细腻,简洁而又有序,能使教师在短时间内快速把握讲课内容,理清教学思路,提高上课思维的层次性和宏观化,促进教学目标的有效达成。

(2) 可进行"脉络备课",构建课堂大框架。所谓"脉络备课",就是以这节课的教学目标为核心,围绕主要的学习环节进行板块设计,并有明确的设计意图。这种备课方式可以帮助教师有序地理清教学脉络,明确教学方向,从而促进教学目标的快速达成。

(3) 备课中每个环节的设计要安排清楚,相互要联系紧密,一环扣一环,并且要有整体性。备课中要思考学生可能有疑问的地方,试讲时要讲清楚"我觉得此处学生会有怎样的问题,因此我这样处理"。

(4) 备课要精心设计引入课题的技巧。所谓"良好的开始是成功的一半",聪明的教师往往在"导入"上匠心独运,多数老师通过"激趣""过渡""启发思考""激发认知冲突"等手段来导入。应试者可以发挥了解本学科最新前沿动态的优势,可用一个吸引眼球的标题进行导入。

(5) 在备课时不要追求面面俱到。一方面备课时间和讲课时间都是有限的,面面俱到可能耗费很多时间而没有突出自己的特点和优势;另一方面,课堂是动态的,是变化的,如果备得太细,可能会束缚了手脚、局限了思维,对于突发问题不能随机应变。因此,应试者应该积极运用、调动自己的教育机智和教学智慧进行课堂即时备课,现备现用,使模拟授课教学成为充分展现自己激情与智慧的舞台。

(6)面试前多练习,尤其是教学经验欠缺的应试者,务必在面试之前多演练。在较短的时间里备好课,再自己试着讲一堂课(如果公告有告知多长时间就按多长时间练习),可找关系较好的朋友担任评委,然后根据讲课的效果再修改教案。多次模拟演练之后,必能总结出最适合自己的备课、讲课技巧,面试时也就会胸有成竹,并且不会太紧张。

总之,整个讲课过程所应注意的有:导入技巧,重难点及详略的把握,各知识点间的过渡,板书内容及字体大小,课堂小结,教师的语言、语速、语气及语调等。面试模拟授课主要考查的是应试者的基本教学素质,比较看重教学基本功。记住,要尽量展示你的教学素养和驾驭课堂的能力,不管即时教案是好是坏,你都要在模拟授课中充分表现出自信与激情。

第二节 情境创设策略

一、情境的含义

情境是在新的教学内容或教学活动开始前,引导学生进入学习状态或产生学习问题的教学行为场景。

二、情境的功能

(1)引起注意。注意是心理活动对一定对象的指向与集中。

(2)激发兴趣。兴趣是人们探究某种事物或从事某种活动所表现出来的特殊的积极的个性指向。

(3)促进迁移。迁移是一种学习对于另一种学习的影响。迁移的作用是建立新知与学生已有知识的联系。

(4)完成新旧知识衔接。反映在导入环节上常常是旧知再现、旧知重组、新知诱发。

三、情境创设注意的几个问题

(1)明确目的。情境创设一定要围绕教学目标,从学生实际出发,选择与学生日常生活、社会经验、认知环境相关度较高的材料。

(2)短小精干。情境创设要做到简洁明快、直截了当,切不可烦琐或花枝招展。

(3)别致新颖。创设情境要有新意,有利于激发学习兴趣,容易让学生产生新的问题或新的任务。

(4)因课制宜。要根据不同的教学内容和教学对象采用不同的情境创设方法。

四、情境创设的方法(以数学学科为例)

(一)直观创设

数学概念具有高度抽象性,而儿童思维处于以具体形象思维为主的发展水平,因此,儿童形成数学概念是有一定过程的,不可能一蹴而就。

【例1】教学"平均分"的概念

教学设计:引导学生做分小棒实验。① 把6根小棒分成两份,有几种分法? ② 比较三种分法,从而引进"2份""平均分"的概念。

【例2】教学"5"的认识

教学设计:① 数5支笔、5本书等物体;② 数图片;③ 数珠子、点子图;④ 数数。

(二)旧知创设

当所学知识与学生已经掌握的知识之间联系十分密切时,可在旧知的基础上引进新知。

【例】异分母分数加法的计算法则

教学设计:① 复习同分母分数加法的计算法则;② 分数单位、分数基本性质;③ 求最小公倍数。

(三)计算创设

当通过计算能揭示数与形的矛盾或本质属性时,可以从计算引入新知。

【例1】教学"循环小数"的概念

教学设计:计算 $10÷3$ 及 $3.6÷11$。

【例2】教学"乘法的结合律"

教学设计:计算 $(3×4)×5$、$3×(4×5)$ 及 $3×4×5$。

(四)操作创设

【例】教学"圆周率"的概念

教学设计:让学生分别测量若干个大小不同的圆的周长与直径,计算这些圆的周长与直径的比,由此引入圆周率的概念。

(五)故事创设

儿童喜欢听故事,教学时可以把某些数学知识编成故事,寓教于乐,激发学生学习新知的兴趣。

【例】教学"商不变的性质"

同学们,今天我给大家讲一段在我小的时候老师给我讲的一个小故事,好不好?(学生齐答:好!)

猴王给每只猴子8块饼,要它们平均分2天吃完,小猴子们拍起手来表示满意,唯独肥肥大叫着说:"8块饼太少了,不够吃。"猴王说:"那好,我给你16块饼,平均分4天吃完。"话音刚落,肥肥又叫又跳:"不够,不够。"猴王又说:"那我给你32块饼,平均分8天吃完。"肥肥还没等猴王说完又嚷道:"太少,太少,还不够吃。"猴王最后说:"那我给你64块饼,平均分 16 天吃完,怎么样?"肥肥得意地说:"够了,够了。"猴王和其他小猴子都笑了起来,而肥肥却莫名其妙。

(六)场景创设

场景创设可以使学生身临其境,可以使儿童的思维活动在最佳状态下进行。

【例】教学"相遇问题"

师:小明每分钟走 60 米,3 分钟就可以到学校。请同学们帮忙算一算小明家离学校有多远?

问:为什么要用乘法计算?

导:速度×时间=路程,这是同学们已经掌握的知识。今天,我们在这个知识的基础上进一步研究一种新的数学问题。(揭题:相遇问题)

第三节 新知教学策略

下面以小学数学学科为例。

一、计算教学

【例 1】"十几减 9"的教学

动手操作(小组合作、学生自学、自学讨论)、探究新知(探究算法、探究算理、学习新知)。

(一)自主探究(探究算理,算一算)

(1)谈话(问题):你有办法算出 13－9 等于几吗?先想一想可以怎样算,并按自己的想法算一算;再把你的算法与小组内的小朋友们说一说。

(2)指导:学生自主活动,教师参与学生的活动,并对计算有困难的学生作适当指导。

(二)交流算法(说一说)

(1)反馈(问题):谁来向大家介绍你是怎样算的,怎样想的?

(2)交流:学生交流自己的算法时,根据需要让学生边说边用学具摆一摆。教师及时用课件再演示,相机板书。

(3)小结:学生可能用下面的几种方法计算:① 一个一个地减;② 先从 10 个里去掉 9 个,再把剩下的 1 个和另外的 3 个合起来;③ 先去掉 3 个,再去掉 6 个;④ 想 9 加几得 13;⑤ 先从 13 中去掉 10,再用多减的 1 与 3 合起来等。

(三)比较算法(议一议,形成算法)

(1)谈话:小朋友们真爱动脑筋,想出了这么多计算 13－9 的方法。请小朋友们比较这些不同的算法,看看你比较喜欢哪一种?把你最喜欢的方法和同桌的小朋友互相说一说。

(2)反馈:你喜欢哪种算法?能说说为什么喜欢这种算法吗?

(四)教学(试一试)

(1)出示:12－9＝□   16－9＝□

(2) 谈话:这里还有两道十几减9的算式,你能用自己喜欢的方法算一算吗?先自己算一算,再和小组内的小朋友说一说你是怎样算的。

(3) 交流:学生活动后,让学生说一说自己是怎样算的。

(五) 小结(想一想)

十几减九的常用算法:十几减几先用十减几,再把减得的结果与前面的几相加。(这就是通常所说的"破十法")

二、概念教学

【例2】"分数的认识"的教学

动手操作(小组合作、学生自学、自学讨论)、探究新知(学习新知)。

(一) 直观感知,初步认识

(1) 我们把蛋糕平均分成了几份?"一半"是其中的几份?

结合学生的交流,教师揭示:"一半"可以用 $\frac{1}{2}$ 表示。

(2) 这一份是蛋糕的 $\frac{1}{2}$,那一份呢?

小结:把一个蛋糕平均分成2份,每份是它的 $\frac{1}{2}$。

(二) 动手操作,深化认识(分析比较、形成概念)

(1) 学生动手折长方形纸,并给其 $\frac{1}{2}$ 涂上颜色。

(2) 学生交流各种不同的折法。

(3) 深究:折法不同,涂色部分的形状也不同,为什么涂色部分都是长方形的 $\frac{1}{2}$?

(三) 观察判断,拓展认识

下列图形(图略)中,哪些图形的涂色部分可以用 $\frac{1}{2}$ 表示?

(1) 学生交流,并说明判断理由。

(2) 小结:只有把一个物体或一个图形平均分成2份,每份才是它的 $\frac{1}{2}$。

(四) 认识分数各部分名称

认识分数的分子、分母、分数线。

【例3】"三角形认识"的教学

实践操作,感悟概念。

做三角形:

(1) 谈话:想不想自己做一个三角形?老师今天给大家准备了一些材料:纸、钉子板、棉线、小棒。4人小组每人各选一种材料做一个三角形,然后交流是怎么做的。

学生分小组做三角形,教师巡视。

(2)反馈:哪个小组给大家说说你们是用什么材料做的,怎么做的?

学生在实物投影仪上依次展示用纸、钉子板、棉线、小棒等材料做成的三角形。

(3)质疑:用小棒摆三角形时要注意什么?(强调首尾相接。)哪些同学是用小棒摆出三角形的?

要求:把自己做的三角形举起来给其他小组的同学看看。

画三角形:

(1) 在实物投影仪上完整地出示 4 个不同材料、不同大小和形状的三角形。

(2) 学生思考:看看我们做出的三角形有什么不同点?(材料不同,形状不同,大小也不同。)有什么相同点?(3 条边,3 个顶点,3 个角)现在你知道什么样的图形是三角形了吗?

(3) 你能在纸上画出一个三角形吗?

学生在作业本上画三角形。

(4) 展示学生画的三角形,提问:画三角形的时候要注意什么?(强调首尾相接)三角形有几条边、几个顶点、几个角?

三、公式、法则教学

【例 4】"平行四边形的面积"的教学

动手操作(小组合作、学生自学、自学讨论)、探究新知(学习新知)。

(一)教学案例 1

1. 出示案例 1 中的第 1 组图(图略)

要求:下面的两个图形面积是否相等?在小组里说一说你准备怎样比较这两个图形的面积。(学生分组活动后组织交流)

要使学生明确:它们的面积相等,有两种比较方法。

(1) 方格。

(2) 把左图进行割补、平移后转化成规则的图形与右边进行比较。

2. 出示案例 1 中的第 2 组图(图略)

要求:用刚才的方法还能比较这两个图形的大小吗?(学生交流,教师适当强调"转化"的方法)

3. 揭示课题

今天我们运用已学过的有关知识及转化的数学思想来研究新图形的面积计算公式,即"平行四边形的面积"。(板书课题)

(二)教学案例 2

(1) 出示一个平行四边形,你能想办法把这个平行四边形转化成学过的图形吗?

(2) 学生操作,教师巡视指导。

(3) 学生交流操作情况。

(4) 教师用课件进行演示并小结。

说明:沿着平行四边形的任意一条高剪开,再通过平移,都可以把平行四边形转化成一个长方形。

(5) 小组讨论。

① 转化后长方形的面积与原平行四边形的面积相等吗？② 长方形的长与平行四边形的底有什么关系？③ 长方形的宽与平行四边形的高有什么关系？

(6) 学生总结。

(三) 教学案例3

(1) 提问:是不是任意一个平行四边形都能转化成长方形,都能推导出平行四边形的面积公式呢？请大家从教科书第127页上任选一个平行四边形剪下来,先把它转化成长方形,再求出面积并填写下表(表10-1)。

表10-1　长方形的长、宽、面积与平行四边形底、高、面积比较

转化后的长方形			平行四边形		
长(cm)	宽(cm)	面积(cm²)	底(cm)	高(cm)	面积(cm²)

(2) 学生操作,反馈交流。

在小组里讨论三个问题:

① 转化成的长方形与平行四边形的面积相等吗？为什么？你们能填出平行四边形的面积吗？

② 长方形的长和宽与平行四边形的底和高有什么关系？你是怎么知道的？

③ 根据长方形的面积公式,怎样求平行四边形的面积？你是怎样想的？

根据学生的讨论做如下归纳:平行四边形的面积与它转化成的长方形的面积相等,而转化成的长方形的长等于平行四边形的底,长方形的宽等于平行四边形的高。长方形的面积＝长×宽,平行四边形的面积＝底×高,用字母表示面积公式:

$$S = ah（板书）$$

式中:S——平行四边形的面积;

a——平行四边形的底;

h——平行四边形的高。

第四节　巩固小结策略

一、巩固

(1) 目的:教师引导学生采用各种方式来巩固所学的新知识,使其达到一定的熟练程度。

（2）功能：使学生进一步理解和掌握知识和技能，提高学生的思维能力和分析问题、解决问题的能力，促进知识的迁移，提高学生的应用能力。

（3）原则：巩固性原则，实践性原则。

（4）范例："平均数"教学设计。

下面就用我们刚刚学习的知识来做几道练习。请同学们打开书本做"想想做做"（或练习几）第几题。（学生完成习题）好，通过刚才的练习，我发现同学们掌握的都很好（可对某些题目做适当的点评）。

二、小结（总结）

（1）目的：教师引导学生对所学的知识进行归纳整理，使知识系统化。

（2）功能：系统整理，形成结构；突出重点，强化注意；深化知识，提高素养；启发思考，引导探索。

（3）理论：概括性、简约性、启发性。

（4）范例："平均数"教学设计。

① 这节课我们学习了什么？你有什么收获呢？对的，我们学习了平均数，学会了求平均数的方法。

② 下节课，我们会再继续学习平均数的其他知识。

③ 在下课之前呢，老师留几个问题给大家思考：为什么求出了平均数就可以判断哪一组套圈套的比较准了呢？平均数有什么作用呢？好，这节课就上到这里，下课，同学们再见！

各位评委老师，以上就是我的模拟授课汇报，不足之处请批评指正。

第五节　课件制作策略

多媒体课件是指基于计算机技术，将图、文、音、像等媒体素材有机融合起来完成一定教学任务的教学课件。应用多媒体手段辅助课堂教学，能把抽象内容具体化、复杂过程简单化、枯燥内容形象化、隐性内容显性化，对提高信息传送量、化解授课难点、突出授课重点、优化教学效果起到很好的支撑作用。

一、课件制作的原则

（一）教育性原则

（1）通过多媒体手段，能明确教学目标，突出教学重点，更有助于突破教学难点。

（2）体现多媒体教学的辅助性、直观性、启发性、时效性原则。

（3）表现形式合理、有效、新颖，符合学生认知特点。

（4）适应教学需要，效果突出，有效补充传统教学手段的不足，充分体现多媒体教学的优势。

(二) 科学性原则

(1) 内容正确,结构严谨,层次清晰,内容无政治性、科学性、逻辑性错误。
(2) 场景设置、素材选取、术语运用、操作示范等符合相关标准与要求。
(3) 模拟仿真符合教学规律,各种教学媒体能为学生理解教学内容、达成教学目标服务。
(4) 展示时机恰当,展示时间适中。

(三) 技术性原则

(1) 操作方便灵活;没有导航、超链接错误;具有良好的稳定性与安全性。
(2) 能根据需要选用适当的技术手段,效果良好。
(3) 充分利用视频、音频、动画、超链接等多媒体技术,并具有相应的控制技术。
(4) 结构完整、规范、合理。

(四) 艺术性原则

(1) 页面布局合理,整体风格统一,色彩搭配协调,有视觉冲击力。
(2) 文字、图片、音频、视频、动画等素材处理恰当,与教学主题匹配。
(3) 制作精细,具有较强的吸引力、感染力。

二、课件制作的要求

制作教学课件的软件均适合制作说课、微型课、模拟授课课件,比如 PowerPoint、Authorware、Flash、方正奥思等。PowerPoint 演示文稿制作软件操作简便,图文并茂,是广大师生的首选。本文涉及的操作均以 PowerPoint 2003 版本为例。课件的制作首先要遵循多媒体课件制作的基本原则,再运用一定技巧就可以制作出较为精美、适合使用的教学课件。

(一) 文本处理

文字内容要简洁、突出重点、化解难点,以提纲式为主。尽量减少文字显示数量,不要把课件制作得太拥挤,底部应留白。过多的文字阅读容易产生疲劳。标题文字应与内容文字在字号、字体、颜色等方面有所区别。同一级别标题的字号、字体、颜色应该保持一致。在同一课件中使用的字体最好不要超过三种。文字颜色应与背景有一定的对比度,做到文字醒目、画面和谐,有较好的视觉效果。一般文字应选用暖色调或亮度较高的颜色,背景选用冷色调或亮度较低的颜色。为提高演示效果,文字显示可适当采用自定义动画的效果,将授课内容逐步引入。

(二) 图片处理

选择合适的图片非常重要,这个"合适"绝不是指越美越好或越大越好,关键要看图片在课件中所处的位置和发挥的作用。图片应该清晰,大小要恰当,尽量使用 JPEG 和 TIF 格式,尺寸一般不超过 800×600 像素。图片的位置、大小、颜色等都需要紧紧围绕授课内容。画面布局尽量遵循"黄金分割",即将重点展示的图形放在画面大约三分之一处,这样使人觉得画面既和谐又充满美感。

课件中图片的处理原则：① 能用大图，不用小图。大图是指像素高的图片，一方面，大图更为清晰，可以根据自己的需要随意进行剪切而不影响图片的质量。另一方面，全屏使用的大图，作为文字内容的背景，往往要比配小图更显得大气、有质感和美观。如果为了调节课件页面的平衡感和节奏，选择小图不如采用色块、线条的方式装饰文字。② 选择图片要有整体性，与课件风格、色系相配。所谓的整体性，并不是要求所有的图片必须是一个系列或是一个主题，而是要求图片应该有前后呼应的效果，不要因为喜欢就生硬插入某张图片，让人产生突兀之感。如果有很好的创意，可以在色调、图片剪切上对图片进行统一处理，使课件整体更为协调。③ 采用图片要时刻关注使用目的，千万不要喧宾夺主。对于课件而言，美观绝不是第一考量，重点是课件要达到什么样的目的。图文混排时，尽量突出文字，否则就有哗众取宠之嫌。

（三）音频处理

在课件制作中有意识地使用音乐和音响效果，可以烘托气氛、激发情绪、促进联想，更好地表达教学内容。课件中的音响和音乐应该相互补充、相互联系、相互配合，音响表实、音乐表意，共同为教学服务。舒缓的背景音乐可以调节授课的紧张气氛，有利于引发思考。在说课、微型课与模拟授课中，重点处应选择舒缓、节奏较慢的音乐，过渡性内容应选择轻快的音乐，在演示时设定播放开关按钮或菜单，便于教师随时控制。

（四）动画处理

1. 预设动画

在幻灯片视图下，单击幻灯片中要设置动画效果的对象。单击"幻灯片放映"菜单中的"预设动画"命令，查看子菜单，选择一种动画效果。若要修改动画效果，则选中该对象，重新选择动画效果。如果要取消该对象的动画效果，单击"预设动画"子菜单中的"关闭"按钮即可。

2. 自定义动画

在幻灯片视图下，单击幻灯片中需设置动画效果的对象。单击"幻灯片放映"菜单中的"自定义动画"命令，选择合适的动画效果。单击"预览"查看动画效果，满意后单击"确定"，完成设置。一般我们常用百叶窗、擦除、切入、收缩、展开等几种动画效果。螺旋效果用以引入新的主题或解决方案；回旋效果用以添加悬疑或探索奇怪的问题；从屏幕中心放大效果用以揭示谜底；缩小效果用以强调观点；切入效果可以进行数据比较；如果是重点突出的文字，可以采用闪烁的效果；如果想控制文字呈现的节奏，可设定"按字母方式擦除"等效果。

（五）幻灯片切换

选中需要设置的幻灯片，单击"幻灯片放映"菜单中的"幻灯片切换"命令。在"幻灯片切换"对话框中查看"单击鼠标"时课件页的切换效果，如速度、声音、换片方式，满意后单击"应用"。切换时既要富于变化，又要减少听课者的视觉疲劳。应该慎重使用幻灯片切换时的声音，幻灯片切换时加入的声音主要是要提醒听课者幻灯片已经切换；在重要概念、思想方法以及问题结论处加入不同的声音，强调此处的重要性。在播放时应控制音量的大小，防止分散注意力。

如果两页之间的内容有演变关系，应该采用"溶解"的方式，播完第一张后，第二张逐渐显示；如果是很长的流程图，则应采用"向左插入"的方式，这样画面会更加连贯、流畅；在展示不重要的照片时，可以用从对角线方向"抽出"的方式；如果两页内容变化不太大，标题相同，只是正文内容有些差异，最好不要在两页之间加幻灯片切换。

（六）超链接

1. 动作按钮超链接的修改

对于动作按钮超链接，可以自制有特殊标志的按钮代替，也可以到网络上搜索，如动画格式的图片按钮，但不可使用太多，因为这样容易分散学生的注意力。

2. 图形对象超链接的修改

对于图形对象超链接，可以自制一些图形对象代替，也可以到网络上搜索。

3. 文本的超链接

文本设置超链接时，建议先给文本设置边框，不要设置文本的动作，而是设置文本所在边框的动作。这样，既可以避免使文本带有下划线，又可以使文本的颜色不受母版影响。其操作步骤为选中边框，右键单击，选取"动作设置"项，将文本链接到所要跳转的界面。

课件的制作既要遵循制作的一般原则，又要紧紧围绕说课、微型课、模拟授课的讲稿，体现目的性，需要在授课实践中不断地学习、总结。优秀的课件应融教育性、科学性、艺术性、技术性于一体，最大限度地发挥授课者的教学潜能，将授课意图、教学理念、教学设计、教学方法运用等教学过程的关键要素综合体现出来。

课后练习

1. 叙述模拟授课课前准备基本内容。
2. 简要回答模拟授课中情景创设的一般方法。
3. 模拟授课课件制作中要注意哪些事项？

第十一章
模拟授课教学案例

> **学习目标**
> 1. 知道小学语数外学科模拟授课稿结构及基本要求。
> 2. 会撰写小学语数外学科模拟授课稿。
> 3. 知道"五大领域"模拟授课稿结构及基本要求。
> 4. 了解同一个"领域"模拟授课稿在大、中、小班的差异。
> 5. 学会撰写"五大领域"模拟授课稿。

第一节 小学模拟授课教学案例

一、小学语文学科

《麋鹿》(第一课时)模拟授课教学案例

【教学内容】

苏教版《小学语文》六年级上册第五单元第 17 课。

【教材分析】

"二十大"指出:以国家重点生态功能区、生态保护红线、自然保护地等为重点,加快实施重要生态系统保护和修复重大工程。推进以国家公园为主体的自然保护地体系建设。《麋鹿》是一篇记叙文,它介绍了我国珍稀野生动物麋鹿的外形特点、生活习性和传奇经历,体现了国家对野生动物的高度重视。本课文字简练,情感细腻,既丰富了文章的内容,又使学习者兴趣倍增,在获得知识的同时受到美的熏陶和爱国主义教育。

【教学理念】

在课堂教学过程中,如果我们能够充分注重学生的"自主的阅读、获取和运用",就能使学生真正成为课堂的主人,突出"富有情趣、突出自主、强化实践"的主题,让学生有充分的条件去自主探索,去读书研究,归纳总结,形成自己的认识。

【教学目标】

1. 能正确、流利、有感情地朗读课文。
2. 学会本课的生字,了解本课的词语。
3. 了解麋鹿不平凡的经历,体会保护野生动物的重要性。

【教学重点】
通过反复诵读,体会麋鹿的传奇经历。
【教学难点】
激发学生热爱大自然,保护野生动物的思想感情。
【教学准备】 麋鹿图片、朗读材料等。
【教学过程】
一、情景导入,初识麋鹿
(1) 同学们,中国拥有许多珍贵的野生动物,你们知道有哪些吗?(熊猫、金丝猴、丹顶鹤……)
(2) 有一种动物,它极其珍贵,曾经几乎灭绝;它身上充满了传奇色彩,它是传说中神仙姜子牙的坐骑,它外形奇特,俗称"四不像"。这节课就让我们走进大丰麋鹿放养基地,认识这种动物。
(3) 板书课题"麋鹿",讲解"鹿"字的笔顺。
(4) 老师给大家带来一组麋鹿的图片,欣赏这些图片,它们给你留下什么印象?想进一步了解麋鹿吗?让我们一起走进课文去认识它。
二、初读课文,感知麋鹿
(一) 自读课文,识记生字
(1) 请同学们自由朗读课文。
(2) 同学们读得都很认真。读书就应该这样,琅琅的读书声才是课堂上最美妙的声音。读的效果怎么样呢,先请同桌两人互相考验一下,选一段你认为最难读的自然段考考你的同桌。
这位同学读书姿势真漂亮,给大家示范一下。
(3) 出示生字"涂、榜、敏、捷、繁、殖、孕、匿、输、基",谁来读一读?(指名读)
(二) 感悟词句,感知文本
(1) 这些词语会读了吗?出示以下词语。

　　　　黄海滩涂　土地广阔　气候温和　林茂草丰
　　　　四不像　奇特　独一无二　棕红色
　　　　哺育　沼泽　跋涉　繁殖
　　　　销声匿迹　惨遭厄运　漂泊不定　颠沛流离

词语是有温度的,指名读第一行。第一行词语主要介绍了什么?(板书:生活环境)
词语不仅有温度,还有生命,指名读第二行、第三行。第二行、第三行又介绍了什么呢?(板书:外形特点、生活习性)
词语不仅有生命,还有活力,指名读第四行。这一行又介绍了什么呢?(板书:传奇色彩)
(2) 这四行内容,你对哪一部分最感兴趣呢?读一读这些词语。
三、品读课文,情系麋鹿
(1) 麋鹿的生活环境是优美的,外形是奇特的,但是它的经历更具有传奇的色彩,请同学们默读课文第5~7自然段,仔细品读体现麋鹿传奇色彩的句子。
(2) 出示"据科学家考证,早在3 000多年前,我国黄河、长江中下游地区就有麋鹿,但汉朝以后就逐渐减少,再后来竟然销声匿迹。"谁来读一读?

(3) 麋鹿3 000多年前那么多,后来为什么会销声匿迹了?(播放朗读材料)听完后你会知道些什么呢?

(4) 听到麋鹿销声匿迹,你的心情怎么样?谈谈你的感受,哪些同学还能再来读一读?

(5) 让我们穿越时光隧道,感受侵略者的暴行。(观看图片资料)

(6) 各位心情怎么样?教师读"1900年,'八国联军'入侵北京,最后一群麋鹿惨遭厄运,有的被杀戮,有的被装上西去的轮船。从此,麋鹿在国内几乎绝迹。"能用"我_____,是因为_____。"这样的句式说说你的感受吗?

(7) 麋鹿的传奇色彩扣人心弦,你还能找出有关麋鹿的句子吗?(学生读最后一小节)

(8) 这是新中国成立后,麋鹿回归祖国的情景,读最后一段。(播放视频:回国后的情节)

(9) 现在心情怎么样?用"我高兴,是因为_____。"的句式说说此时的心情。

是啊,正是由于麋鹿这充满了传奇色彩的经历,才使得它们显得那样珍贵!

四、角色扮演,迁移练说

(1) 刚才我们通过课文的介绍,了解了麋鹿的传奇色彩,但还有很多人不了解麋鹿的这些经历。假如:

① 你就是一只麋鹿,你会怎样来介绍自己?

② 假如你是姜子牙,你骑着麋鹿上天庭,你又如何向天上的神仙们介绍你的坐骑?

请大家自由选择一种角色,小组交流介绍。

(2) 指名介绍、评价。听了同学们的介绍,我们更深刻地了解了麋鹿传奇的经历,现在它们幸福地生活在我们的祖国,然而这幸福是多么来之不易啊!

五、作业

(1) 把你知道的珍稀动物介绍给大家。

(2) 收集国家级保护动物的资料并开展交流活动。

【教学评价】

1. 较好地把握了"模拟授课"的特点

模拟授课是一节课的主要教学片段,教学内容比较集中,教学形式相对简单。本教学设计较好地把握了"模拟授课"的特点:

(1) 构建了较完整的课堂结构。本教学设计形体齐备,课的主要环节有导入、探究新知、板书、作业等,组织教学、评价等环节都能顾及,简捷导入正题后,或指导朗读,或引导识字,或精要讲授,或巧妙启发,或简要总结,使课堂结构趋于完整,在有限时间内能够圆满地完成课题所规定的教学任务。执教者突出了教学重点、难点,精选了课题内容,精简了教学环节,精练了教学语言,在相对较短的时间内突出了一个教师的实际教学水平、教学基本功和基本素养。

(2) 选用了恰当、合理的教学方式。模拟授课时间短,现场又没有学生参与,是不是就只能虚拟师生互动,或者就平铺直叙地一讲到底呢?答案当然是否定的。根据模拟授课的要求,在教学方法上,当然是以讲授为主,但执教者心中不能没有学生,要做到估计

"恰当"、点拨评价"到位"。本教学设计的执教者能在备课时研究学生,恰当设想教材所对应的学生群体的状况,讲授充满激情,环环相扣,循循善诱,充分启发了学生思维,做到了"场上无学生,心中有学生",体现出了教师个人的教学能力和水准。

2. 较好地把握了"第一课时"的特点

目前语文阅读教学中的第一课时教学现状不容乐观,许多教师对阅读教学的第一课时不感兴趣,认为第一课时上不出精彩,有的把第一课时变相地上成了第二课时,长此以往必然会对学生语文素养的提高产生不利影响。

阅读教学是整体性的体验建构工程,一篇课文并没有严格意义上的课时界定标准,但阅读是一种被引导的创造,从学生的认知特点看,必定有个从整体到部分再到整体回归的过程。从教学的有效性角度审视,第一课时承载着学生识字学词、读通句子、对文章谋篇布局的初步感知,以及适度地、有重点地建构文本意义的使命。"凡事预则立,不预则废",第一课时就如同建设高楼时的地基工程,起着支撑整座大楼的作用;它又如砍柴前的磨刀功,能加快砍柴的速度。没有扎实的第一课时的教学,第二课时、第三课时的教学就会变成空中楼阁。因此语文教师要有明确的课时观,首先要有明确的学生观,本教学设计做到了以下几点。

(1) 激发了学生的学习兴趣。在形式上吸引学生,在情感上震撼学生,在心灵上呼唤学生,从而使学生产生一种强烈的阅读期待。

(2) 给学生充裕的时间读书,让他们更多地接触语文材料,整体感知把握课文内容。

(3) 舍得花时间,引导学生识字学词,感受语言,积累语言,培养语感。

(4) 引导学生质疑问难,交流读书心得与困惑,明确学习重点、难点,为深入学习做好准备。

二、小学数学学科

《认识几分之一》模拟授课教学案例

【教学内容】

苏教版《小学数学》三年级(上册)第98~100页。

【教材分析】

本课主要教学认识几分之一和几分之几,比较同分子(分子是1)或同分母分数的大小,同分母分数加减法(分母小于10)等。这部分内容是在学生掌握了一些整数知识的基础上初步认识分数的含义,从整数到分数是数概念的一次扩展。无论是在意义上、读写方法上,还是在计算方法上,分数和整数都有很大差异。学生初次学习分数会感到困难。因此,本单元主要是创设一些学生所熟悉并感兴趣的现实情境,并通过动手操作,帮助学生理解一些简单的分数的具体含义,给学生建立初步的分数概念,为进一步学习分数和小数打下基础。

【教学理念】

数学教学活动是学生观察、猜测、实验、操作、独立思考与合作交流的过程。教学中要为学生提供大量自主学习的素材,创设涂一涂、比一比、折一折、填一填等实践活动,不仅能激发兴趣,而且能促进学生在自主的数学活动中理解数学、体验数学。

【教学目标】

1. 使学生结合具体情境初步认识几分之一,并学会运用直观的方法比较几分之一的大小。使学生认识分数的各部分名称,能正确读、写表示几分之一的分数。

2. 结合分数认识教学,引导学生和同伴交流数学思考的结果,获得积极的情感体验。运用观察、操作、比较、联想等活动与方式,丰富学生的数学活动经验,培养学生的思维能力。

3. 使学生体会数学来自生活实际的需要,感受数学与生活的联系,进一步产生对数学的好奇心和兴趣。

【教学重点】

1. 认识几分之一。

2. 比较分子都是1的几个分数的大小。

【教学难点】

理解几分之一的含义。

【教具、学具】

多媒体课件,长方形纸,圆纸片,正方形纸,水彩笔。

【教学过程】

一、导入

(1) 创设情境:星期天,小明和小兰去野餐。我们来看看这两位同学带了哪些食品。(出示场景图,让学生说出场景图中每种食品的数量)

(2) 提问:他们打算把每种食品都平均分成2份,你会帮他们分一分吗?

(3) 组织学生依次讨论:把4个苹果平均分成2份,每人分得多少?用哪个数表示?把2瓶矿泉水平均分成2份,每人分得多少?用哪个数表示?把1个蛋糕平均分成2份,每人分得多少?用哪个数表示?

(4) 由最后一个问题的讨论,引出课题并板书。

二、认识 $\frac{1}{2}$

1. 继续讨论怎样分蛋糕

(1) 把1个蛋糕平均分成2份,可以怎样分?(引导学生用圆纸片代替蛋糕分一分)

(2) 提出要求:把1张圆纸片平均分成2份,其中的1份用水彩笔涂上颜色。

(3) 展示学生的操作结果,并说明:把1张圆纸片平均分成了2份,每份都是它的二分之一,写作 $\frac{1}{2}$。

(4) 追问:这张圆纸片中,涂色部分是它的几分之一?没有涂色的部分呢?

(5) 介绍分数各部分的名称,并提问:$\frac{1}{2}$ 的分母是几?分子是几?

(6) 强调:现在你知道小明和小兰各分得多少蛋糕了吗?

2. 教学"试一试"

(1) 出示一张长方形纸,提问:你能表示出这张纸的 $\frac{1}{2}$ 吗?

(2) 学生操作后组织交流,展示各种不同的表示方法。

(3) 观察这些不同的分法,想一想:它们有什么共同的特点?这些长方形纸都被平均分成了几份?每张纸中的涂色部分都能用哪个数来表示?

三、进一步认识几分之一

1. 做"想想做做"第 1 题

(1) 师生讨论,完成第 1 题,引导学生完整地表达思考的过程。学生独立完成其余各题。

(2) 学生完成后追问:这个图形被平均分成了几份?涂色部分是这样的几份?涂色部分可以用什么分数来表示?

2. 做"想想做做"第 2 题

(1) 学生独立完成后,重点讨论:几幅图形都分成了 4 份,为什么有些图里的涂色部分可以用 $\frac{1}{4}$ 来表示,而有些却不能?

(2) 强调:只有把一个物体或一个图形平均分成 4 份,这样的 1 份才能用 $\frac{1}{4}$ 来表示;如果不是平均分成 4 份,通常不能用 $\frac{1}{4}$ 来表示其中的 1 份。

四、比较两个几分之一的大小

1. 教学第 99 页的例题

(1) 同桌两人合作,按题目要求折一折、涂一涂、再比一比 $\frac{1}{2}$ 和 $\frac{1}{4}$ 的大小。

(2) 讨论:你们的比较结果是怎样的?能说说你们是怎样比出来的吗?

(3) 小结:可以根据两张圆纸片中涂色部分的大小来判断;也可以根据 $\frac{1}{2}$ 和 $\frac{1}{4}$ 的含义来思考,即"把同样大小的一张圆纸片平均分成的份数越多,每一份自然就越小"。

(4) 进一步要求:再拿一张同样大小的圆纸片,折一折、涂一涂,表示出它的 $\frac{1}{8}$,然后把它和上面的两个分数分别比一比大小。

(5) 学生操作后讨论:$\frac{1}{8}$ 和 $\frac{1}{2}$ 比,哪个分数大?$\frac{1}{8}$ 和 $\frac{1}{4}$ 比呢?通过上面的比较,你有什么发现?

2. 做"想想做做"第 3 题

(1) 让学生先在书上填一填,再读一读填出的两个分数,然后比较两个分数的大小。

(2) 要求学生结合图形比一比填出的两个分数的大小。

(3) 讨论:从图上看,几个 $\frac{1}{3}$ 是 1?1 里面有几个 $\frac{1}{3}$?你还能想到什么?

五、课堂作业

1. 做"想想做做"第 4 题

重点让学生说说表示出了哪些分数,各是怎样折、怎样涂的。

2. 做"想想做做"第5题

先让学生在书上涂一涂、比一比,再指名说说比较相关分数的大小时是怎样想的。

3. 做"想想做做"第6题

学生了解题意后,教师启发:如果把黑板报的整个版面平均分成2份,那么"科学天地"大约是这样的几份?要想估计"艺术园地"大约占整个版面的几分之一,你可以怎样想?

六、全课小结

同学们,今天这节课你们学习了什么?有什么收获?还有什么疑问和困惑?

【教学评价】

本节课强化操作,让学生在直观操作中积累感性经验,形成认知升华。通过涂一涂、比一比、折一折、填一填等直观操作活动,驱动学生内在的思维活动,以外显动作促进数学思考,把具体的感知上升为数学经验,逐步形成概念。此活动过程不仅有利于学生认识由许多部分组成的一个整体,而且能促进学生的操作活动系统化,有助于学生理解"一个整体的几分之一"的含义。

三、小学英语学科

Unit 3 《How many?》模拟授课教学案例

【教学目标】

1. 知识技能目标

① 能理解 How many 与 How much 的共同点。

② 能熟练掌握 How many 对可数名词的数量进行提问的用法。

③ 能熟练掌握 How much 用来表示询问事物的数量以及物品的价钱时的用法。

2. 情感目标

能积极参与课堂活动,熟背记忆口诀,提升学习英语的兴趣,树立学好英语的信心。

【教学重点、难点】How many 与 How much 的不同点。

【教学过程】

T:Hello, welcome to my mini-class.今天就请大家跟着老师一起来比较词组 How many 与 How much。Are you ready? Let's begin.

T:首先,我们来看一看 How many 与 How much 这两个词组有什么共同点。大家说一说。

Ss:…

T:Right! Good! How many 与 How much 这两个词组都可以用来表示数量的"多少"。下面,就请你们来翻译两个词组。首先,请翻译词组,多少个芒果。

Ss:…

T:Yes! Right! How many mangoes? 接下来,多少牛奶,应该怎么说呢?

Ss:…

T:Yes! How much milk?

T:小朋友,现在请你们仔细观察,这两个词组有什么不同呢?仔细观察哦!

Ss:…

T:首先,我们来看,"How many mangoes?"这个词组中,mangoes 是可数名词的复数形式。"How much milk?"中,milk 是不可数名词,大家观察得真仔细!

T:好,下面我们就来看一下 How many 的用法。How many 对可数名词的数量进行提问,后加可数名词的复数形式。采用的句式是 How many＋可数名词复数形式＋一般疑问句。你们记住了吗?那老师来考考你们哦!

T:首先,请看第一句。There are <u>three books</u> on the desk.请你对画线部分提问,开动脑筋想一想哦!

Ss:…

T:Well done! How many books are there on the desk?

T:好,那老师再来考考你们。仔细看哦! There is <u>a book</u> on the desk.同样,请你对画线部分提问。好好思考哦!

Ss:…

T:Good! How many books are there on the desk?

T:为什么这两个是同一个问句呢?小朋友,这里一定要注意哦,对 there be 句型中主语的数量提问时,如果主语是可数名词,不管它是单数还是复数,一般都要用复数形式提问。因为问话人不知道具体的数量是多少,而且单词 many 只能接可数名词复数形式,所以 be 一定要用 are,你记住了吗?

Ss:…

T:Very good!

T:下面,就请大家跟我一起来说一说记忆口诀吧:How many 词组在句首,名词复数跟着走,一般问句紧相随,其他成分不要丢。你记住了吗?再说一遍哦,How many 词组在句首,名词复数跟着走,一般问句紧相随,其他成分不要丢。

Ss:…

T:Well done!

T:那么,下面我们再来看一下句式 How much 的用法。首先,当它用来表示询问事物的数量时,后面要跟"不可数名词"。采用的句式是 How much＋不可数名词＋一般疑问句。

T:我们一起来看例句:杯子里有多少咖啡?注意哦,这里的咖啡是不可数名词,这句该怎么翻译呢?

Ss:…

T:You are so excellent! How much coffee is there in the cup?

T:注意,除了表示不可数名词事物数量的多少,How much 还可用来询问事物的价钱,意思是"多少钱"。How much (money),这里的 money 通常是可以省略的。

T:好,老师现在来考考你们,这把尺子多少钱?

Ss:…

T:Yes! How much is the ruler? 大家掌握得真不错!

T:注意 How much 还可以用来询问重量和数学计算的结果,在今后的学习当中大家会接触到哦!

T:好,今天我们学习的是 How many 与 How much 的共同点和不同点。下面,我们一起来总结一下。首先,我们来看 How many,它对可数名词的数量进行提问,后面要加可数名词的复数形式。而 How much,当它用来表示询问事物的数量时,后跟"不可数名词";当它用来询问事物的价钱时,意为"多少钱",大家记住了吗?好,我们一起来复述一遍。

Ss:…

T:Wonderful! 那么,下面我们一起来做练习吧。用 How many 或 How much 来填空。

1. _____ kites do you have?

I have one.

2. _____ are these grapes?

They're forty yuan.

3. _____ water is there in the cup?

There is little.

…

T:小朋友们,大家应该已经做好了吧?

Ss:…

T:那么下面就跟着老师一起来对答案吧。好,来看第一题,应该填什么呢?

Ss:…

T:Yes! You are right! 应该填 How many。我们看一下答句(I have one),说明问句是在对数量进行提问。然后我们再来看名词 kites(风筝)是可数名词的复数形式,所以这里要填 How many。

How many kites do you have?

I have one.

T:那么第二题应该填什么呢?

Ss:…

T:Good! 同样,我们先来看答句(They're forty yuan),说明问句是在对价钱进行提问,所以我们要填 How much。

How much are these grapes?

They're forty yuan.

T:好,我们来看最后一题,大家加油哦! 应该填什么呢?

Ss:…

T:Excellent! 应该填 How much。我们看一下答句(There is little),说明问句是在对数量进行提问,再来看名词 water 是不可数的,所以我们会想到用 How much。

How much water is there in the cup?

There is little.

T:You all work hard today. Very good! 看来大家对今天的知识都已经基本掌握

了,课后记得复习哦,回家完成今天的平台作业,See you!

Ss:...

【教学评价】

本节课围绕知识点 How many 与 How much 的比较展开。本堂课能够根据学生学习语言的认知规律,围绕教学目标,共同摸索并总结得出语言规律,然后充分利用记忆口诀,寓教于乐,为学生提供真实的语言环境,设置难度递进的练习题,帮助学生形成对学习英语的积极态度,提高对语言的感受能力,帮助学生了解中西方文化差异带来的语言表达上的差异,提高学生对中西方文化差异的敏感度,让学生了解语言是文化的载体,学习一门新语言,实际上是适应一种新文化的过程,从而实现教学目标。

第二节 幼儿园模拟授课教学案例

一、健康领域

《球》模拟授课教学案例

【活动目标】

1. 掌握投掷的技巧,能投到 5 米远。
2. 动作协调、灵敏,掷到移动的目标。
3. 喜爱体育运动并能够积极地参与各项活动。

【活动准备】

1. 经验准备:幼儿掌握跑跳和投掷的基本动作。
2. 物质准备:人手一张大的旧报纸,一把伞,粉笔,怪兽头饰一个。

【活动过程】

(一)游戏导入,做活动准备

(1)师:今天天气有点冷,让我们动一动,暖起来。(游戏:《听信号,做相反动作》)

师:我看到我们小朋友都不像刚才那样蜷缩在一起了,是不是暖和了?

(2)师:我们每个小朋友手里都有张旧报纸,用旧报纸怎么玩?今天我们把它当球玩。(教师自编律动,将纸变成球)

(二)投掷游戏,锻炼四肢的协调能力

(1)教师用粉笔画线,开始投掷游戏。(图 11-1)

师:现在我们自行分成俩队。

师:(学生想要老师参与)可以,少一个人,我加入你们的队伍。

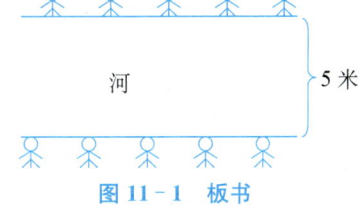

图 11-1 板书

师:听好游戏规则,两队站在线的外侧,用纸球砸向对方球员,由对方球员砸回,如果球掉进了河里,只有我这个裁判可以拿,如果谁触犯了规则,谁就会被淘汰!

(2)向移动的物体投掷。

师:现在游戏升级啦,我现在是大怪兽,我会跑,看看你们有谁可以砸到我?

(3) 收拾玩具，做放松运动，愉快地结束运动。

师：现在老师有一把伞，咦，举过头顶，你们可以把纸球投过来吗？我还会跑哦！（做橡皮人的活动，放松心情）

师：我们今天玩得开不开心？（学生回答）好，下次我们有机会再玩这个游戏。

(4) 教师总结。

原来一张废报纸可以让我们玩得这么开心，既可以锻炼身体，也可以废物利用，我们班的小朋友都表现得非常好，我们都可以很准确地投掷目标。

【活动延伸】

幼儿回去动动脑筋，我们利用废报纸还可以做什么游戏或者变废为宝，大家共同分享。

【活动评价】

整个活动的气氛很愉快，与幼儿也能进行很好的沟通，达到了预想的效果，下次在类似的活动当中要注意到个体差异。此外，针对幼儿年龄的特点开展体育活动，还有哪些更好的形式和方法？需要教师思考。

二、语言领域

《小熊过桥》模拟授课教学案例

【活动目标】

1. 欣赏儿歌，学习有节奏地朗诵儿歌。
2. 通过观察画面体会小熊过桥时的心情，并能用语言、表情或动作加以表达。
3. 体验与同伴共同表演的乐趣，懂得要相信自己，不事事依赖别人。

【活动准备】

教学挂图《小熊过桥》；小熊、鲤鱼、乌鸦、流水头饰各1个，小熊玩具1个；自制小竹桥、小熊、鲤鱼、乌鸦、流水图片各1张；语言磁带、录音机。

【活动过程】

(一) 师幼谈话，引出小竹桥的特征

(1) 教师："刚才我们在外面玩了走独木桥的游戏，你还走过一些什么样的桥呢？"

(2) 教师出示小竹桥图片，帮助幼儿用语言描述小竹桥的特征。"小竹桥看上去怎么样呢？"（幼儿回答）"对，摇摇晃晃，感觉很危险。"

(二) 幼儿欣赏，教师有感情地朗诵儿歌第一段

(1) 教师出示小熊玩具，模仿小熊声音有感情地导入活动。

(2) 教师出示教学挂图并念儿歌。指图念儿歌时，注意两句一组（最后三句为一组）地念，念出儿歌的节奏和韵律。

(三) 指导幼儿根据图片学习儿歌的第一段

(1) 教师根据幼儿的讲述出示相应的图片。

(2) 教师通过形象的图片启发幼儿体会小熊过桥时的心情，然后朗诵儿歌第一段，模仿小熊声音说："妈妈，妈妈，快来呀！快把小熊抱过桥。"

(四) 幼儿欣赏，教师有表情地朗诵儿歌第二段

(1) 教师边出示图片边有表情地朗诵儿歌第二段。
(2) 幼儿学习朗诵:"小熊,小熊,不要怕,眼睛向着前面瞧。"
(3) 指图帮助幼儿学习朗诵:"一二三,走过桥,小熊过桥回头笑,鲤鱼乐得尾巴摇。"
"你们瞧,小熊在妈妈的鼓励下,勇敢地走过了桥,我们为它鼓鼓掌。"

(五)配乐儿歌朗诵

幼儿尝试用动作、表情表达自己对儿歌的理解。

(六)集体表演儿歌

(1) 教师出示头饰,请四位幼儿分别扮演小熊、鲤鱼、乌鸦、流水,其他幼儿一起有节奏地念儿歌。"下面我请四位小朋友扮演不同的小动物,一起来念儿歌,好不好呀!"
(2) 幼儿边念儿歌边完整地表演,教师随后播放配乐儿歌,提醒幼儿表演的速度要与录音同步。"让我们一起跟着儿歌表演吧!"

【活动延伸】

(1) 将挂图投放到语言区,供幼儿进一步学习、朗读。
(2) 将"头饰""小河""独木桥"投放到表演区,鼓励儿童用夸张的动作、表情表演儿歌。

【活动评价】

此语言活动有丰富的活动准备,同时通过不同的倾听、表演和练习方式,幼儿能很好地理解儿歌中的故事以及复述儿歌。

三、社会领域

《交通规则我知道》模拟授课教学案例

【活动目标】

1. 了解行人在马路上应该遵守的交通规则。
2. 形成初步的安全意识,能正确辨别行为的对与错。
3. 体验做文明守则的行人的自豪感。

【活动准备】

1. 小兔过马路故事的系列图片。
2. 红绿灯标志。
3. 有关模拟游戏的情境创设。(红绿灯牌、小哨子、交警帽、罚单)
4. 幼儿与成人有一起外出的经验。

【活动过程】

(一)图片导入,激起幼儿兴趣

师:小朋友们,大家好!今天老师带来了几张有趣的图片,你们想不想看呀?(幼儿回答)

师:嗯,那小朋友要睁大你们的眼睛,仔细地看看图片中到底发生了什么。教师出示图片并讲述图片的内容。

小兔子拎着菜篮子准备回家(图11-2)。

可它走到了十字路后,没有走斑马线,也没有等红绿灯,自顾自地向前走去,突然来了一辆车,小兔子被吓得跌倒了,一直在哭(图11-3)。

大熊交警来到了小兔的身边,告诉了小兔它的错误,并将小兔扶了起来,送回了家中(图11-4)。

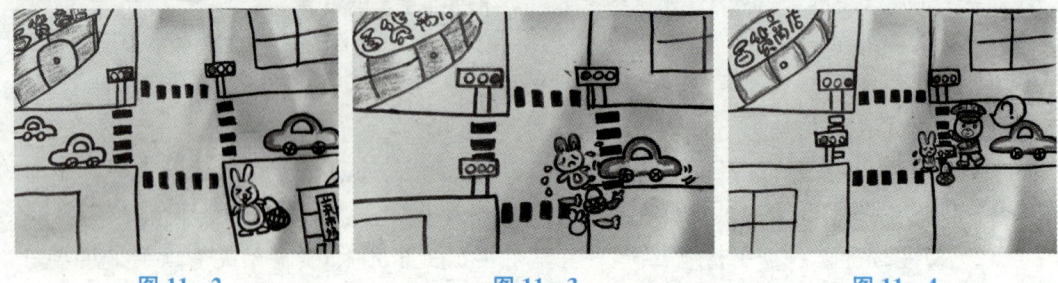

图11-2　　　　　　　图11-3　　　　　　　图11-4

(二)基础部分,边看图片边讨论

(1)出示图11-2内容,进行提问。

师:这幅图片里是谁呀?(小兔)小兔在做什么呢?(拎着菜篮子买菜,走路)

教师归纳:我们看到了小兔子拎着菜篮子在马路上走呢,我们接着往下看。

(2)出示图11-3内容,进行提问,幼儿讨论。

师:① 小兔子怎么坐在马路上哭呢?(差点被车撞到)

② 小兔走得好好的,怎么会差点被车撞到呢?我们一起开动脑筋,再仔细地观察这幅图,互相讨论,告诉老师你们的想法。

(提出问题,让幼儿带着问题去看图,讨论过后,依次请幼儿回答)

教师归纳:小兔子在过十字路口的时候没有走斑马线,而且最关键的是这么危险的十字路口,小兔子还不看红绿灯行走,这可真是太危险了。

师:我们小朋友能像小兔子那样做吗?(不能,如果这样做太危险)

(3)出示图11-4,进行经验性总结。

师:谁来了?(大熊交警)你觉得大熊交警会和小兔子说些什么呢?请幼儿模仿回答。(根据自己的生活经验)

(请个别幼儿模仿大熊之后,教师以大熊交警的口吻说出对小兔子的话)

教师归纳:我们小朋友以后和爸爸妈妈一起过马路时,一定要走在斑马线上,过十字路口的时候要看清红绿灯,红灯停,绿灯行!

(4)以对话回答的方式加深幼儿对交通规则的印象。

教师带领幼儿加上动作再次复述一遍,对话如下。

师:走路要走?　幼:人行道。

师:过马路要走?　幼:斑马线。

师:红灯?　幼:停。

……

(三)情境游戏,加强认识

教师创设一个过马路的情形,教师先扮演交警,幼儿扮演过路人,当教师拿出红灯牌标志并喊出"红灯停"时,幼儿要停止向前行走,若有幼儿依旧前行,可贴出一张罚单,积满三次罚单将会被淘汰;当教师拿出绿灯牌时,幼儿可继续向前行走。

在游戏过程中要注意让幼儿走在斑马线上,离开斑马线时要知道靠右行走。游戏时幼儿要注意前后距离,不能拥挤。

【活动延伸】

师:今天我们玩得可真开心,小朋友知道了那么多的交通规则,一个个都是文明小路人!老师今天给你们布置一个小任务,回家后和爸爸妈妈一起分享这个好玩的游戏,看看你们的爸爸妈妈是不是也和你们一样,是个遵守交通规则的文明小路人。

【活动评价】

"二十大"指出:实施公民道德建设工程,弘扬中华传统美德,加强家庭家教家风建设,加强和改进未成年人思想道德建设,推动明大德、守公德、严私德,提高人民道德水准和文明素养。整个活动,有三大亮点:① 在活动当中,整合了社会、健康、语言等领域的内容,各领域的内容相互渗透,有机结合,从不同的角度促进幼儿情感、态度、知识、能力等方面的发展;② 活动设计体现了幼儿的认知特点,从设置悬念,再现生活情境入手,由易到难,层层深入;③ 活动过程体现了师幼互动、生生互动以及动静交替的原则。

四、科学领域

《空气的秘密》模拟授课教学案例

【活动目标】

1. 通过动手操作,感知空气是无色无味的,到处都有空气。
2. 了解空气与生活的关系,人和动物都需要空气。
3. 经历探索过程,增强保护环境的意识。

【活动准备】

1. 经验准备:幼儿知道什么是空气。
2. 物质准备:塑料袋,蜡烛,玻璃罩(大小不同)。

【活动过程】

(一) 游戏导入,激发幼儿兴趣

师:小朋友们,今天我们一起玩捉空气的游戏吧,怎么捉呢?把你的小椅子下的塑料袋拿出来吧。(捉空气)

师:小朋友们都捉到了,嗯,谁捉的最多呢?(老师将自己的袋子打开拍向幼儿,让幼儿感知空气是无味的)

师:我们活动室里有空气,那外面有吗?我们也去捉看看。

教师总结:空气是无色、无味、无处不在的。

(二) 通过操作实验,知道空气的重要性

师:我们可以生活在没有空气的环境中吗?(憋气)

师:原来我们呼吸也需要空气中的氧气,所以没有空气,我们人类是无法生存的。

师:除了人类需要空气,还有哪些事物需要空气?

教师带领幼儿进行操作、探讨,发现火焰也需要空气才可以燃烧。

师:小朋友们,我们一起做实验,看看会发生什么(幼儿人手一份设备,便于亲身体验)。

实验:① 在空气中自由燃烧蜡烛;② 将玻璃罩盖在蜡烛上,将其与空气隔离;③ 蜡烛熄灭;④ 得出结论,没有空气,蜡烛无法燃烧。

师:火焰为什么会熄灭?(引导幼儿猜想)

教师总结:人是离不开空气的,植物、动物也无法离开空气,就连火的燃烧也需要空气的支持,由此可见空气可真重要。

(三)教师播放图片

(① 污染的环境;② 干净的环境)

师:第一幅图怎么样?第二幅呢?

教师让幼儿总结,并且再次强调清新的空气很重要。

【活动延伸】

幼儿活动后通过与自己的家长合作共同完成实验:不同大小的玻璃杯罩中,蜡烛会有什么变化,一样吗?说一说为什么?

【活动评价】

整个活动达到了预想的效果,幼儿对实验和游戏很感兴趣,满足了幼儿的好奇心和求知欲。不足之处是学具的准备,因为火对于幼儿来说是比较危险的,因此采用了教师与幼儿陪伴探究的方法进行。为了满足幼儿动手操作的需要,活动延伸的内容既能满足幼儿的探究欲,又保障了幼儿安全。

五、艺术领域

《美丽的海底世界》模拟授课教学案例

【活动目标】

1. 通过欣赏、讨论,感知海底生物的外形特征和丰富的色彩。
2. 能用多种工具、材料,运用不同的表现手法表现海底世界。
3. 细心创作,大胆想象,体验活动带来的乐趣。

【活动准备】

1.《海底世界》视频、背景音乐、蓝色颜料、油画棒、大张画纸、桌布、围裙。
2. 画有海底水草的背景图若干张。

【活动过程】

(一)观赏视频《海底世界》,引导幼儿感知海底动物的多样性和不同的外部特征

(1)教师:今天我们来到了海底世界,我们一起来看看,在美丽的海底都有些什么呢?

(2)观看视频,通过提问,引导幼儿感知各种动物的不同外部特征(外形、花纹、颜色的不同)。教师提问:海底都有些什么?海底里有这么多的动物,它们长得一样吗?哪儿不一样?

小结:大海里动物的种类很多,每种动物的外形、颜色、花纹都不一样。

(二)创设情境,激发幼儿绘画的兴趣

(1)(创设没有鱼的大海情境)海底世界好热闹,可是你看,这片大海静悄悄,什么动物都没有,大海妈妈好孤单。你们有什么好办法来帮帮大海妈妈,让这片大海也热闹

起来？

（2）请个别幼儿说一说：海底世界里你最喜欢画什么？你想怎么画？

（3）教师明确要求，引导幼儿大胆想象，细心创作。

（4）幼儿按意愿分组创作，教师巡回指导。

（三）作品展示，分享快乐

幼儿自由欣赏。教师：哎呀，现在的大海好热闹呀！我们来看看，哪些动物身上的色彩最漂亮？为什么？哪些动物身上的花纹最特别？为什么？

【活动延伸】

教师：小朋友们回家后把今天画的海底世界讲给爸爸妈妈听一听。

【活动评价】

选择的内容符合幼儿的兴趣，神秘的海底世界能给幼儿带来无限的遐想，给予幼儿充分的机会让其自由作画。不足的是最后环节"作品展示，分享快乐"部分，应增加幼幼自评、小组互评、教师点评等环节。这样做一方面能帮助幼儿发现绘画作品中的问题与不足，激发创新思维，促进相互学习；另一方面也能训练幼儿的语言表达能力，为活动营造热烈、民主、和谐的良好氛围。

课后练习

1. 叙述小学语数外学科及"五大领域"模拟授课稿结构及基本要求。
2. 撰写小学语数外学科及"五大领域"模拟授课稿各一份。
3. 比较同一个"领域"模拟授课稿在大、中、小（班）差异。

参考文献

[1] 方贤忠.如何说课.上海:华东师范大学出版社,2008.
[2] 刘显国.说课艺术.北京:中国林业出版社,2000.
[3] 朱慕菊.走进新课程:与课程实施者对话.北京:北京师范大学出版社,2002.
[4] 傅建明.教师专业发展——途径与方法.上海:华东师范大学出版社,2007.
[5] 胡庆雯,朱震远.新一轮课程改革研究与实践.上海:东华大学出版社,2003.
[6] 朱永飞.师范生说课训练研究.高等函授学报(哲学社会科学版),2011,24(7):46-48,69.
[7] 吕健,衡耀付.师范生说课能力培养的探讨.华北水利水电学院学报(社会科学版),2005,21(4):52-54.
[8] 陈耀华.师范生说课技能训练有效策略探讨——以玉林师范学院历史学专业为例.玉林师范学院学报,2013(3):148-152.
[9] 谢建平.高师院校应重视师范生"说课"能力的培养.教育探索,2007(11):72-73.
[10] 袁春玲.应重视师范生的说课训练.洛阳师范学院学报,2003,22(4):141-142.
[11] 潘超.数学微型课及其教学设计.内江师范学院学报,2010,25(2):80-83.
[12] 宋伟富.如何上好一节微型课.新课程(综合版),2012(1):85-86.
[13] 孟祥增,刘瑞梅,王广新.微课设计与制作的理论与实践.远程教育杂志,2014,32(6):24-32.
[14] 宋伟富.微型课的十大评价标准.新课程(综合版),2013(10):69.
[15] 马英.基于师范生教学技能竞赛的模拟授课策略探析——以汉语言文学专业为例.湖北第二师范学院学报,2016(5):76-80.
[16] 张宏智.体育教师应聘考核面试中模拟授课的教学设计策略.湖北科技学院学报,2015,35(9):166-168.
[17] 梅纳新.幼儿教师说课技能训练.上海:复旦大学出版社,2015.
[18] 蔡旺庆.师范生说课训练与指导.南京:南京大学出版社,2014.
[19] 蔡旺庆.探究式教学的理论、实践与案例.南京:南京大学出版社,2015.
[20] 蔡旺庆.幼师生说课、微型课与模拟授课技能训练.南京:南京大学出版社,2019.